山東博物館藏青銅器全形拓集成

山東博物館 編

上海書畫出版社

《山東博物館藏青銅器全形拓集成》編輯委員會

主任
劉延常

副主任
王勇軍　盧朝輝　張德群　高　震　田松青

委員
于　芹　徐文辰　孫若晨　莊英博　姜惠梅
李小涛　李　娉　魯元良　羅萬鑫

主編
劉延常

副主編
于　芹　朱艷萍

執行主編
張祖偉　孫若晨　董倩倩

校審
孫　暉　李柯霖

文物攝影
阮　浩　周　坤

『古董·今董——山左金石全形拓文化藝術展』工作團隊

策展團隊
于　芹　張祖偉　吕　健　湯　銘　張穎昌　付少振
張　媛　楊　青

策展撰稿
張祖偉　于　芹

展陳設計
張露勝　姜　鹿

展品籌備
吕　健　董倩倩　張祖偉　鮑艷囡　范菲菲　楊　青
王紅泉　孫凌霞　鍾　寧　董宜彬　張　媛　湯　銘
付少振　卞長永　劉安魯　布明虎

文物保護
魯元良　孔梅仙　張　興　許　剛　吕　雲　宋朋遥

宣傳教育
張　玥　劉學蓉　高　嘉　張暢航

信息推廣
陳　娟　張　琳　王玉娟　楊　帆　胡素娟

安全保衛
趙洪浩　張晗臨　季玉泉

序

中華文明源遠流長，金石文物就是其重要載體，其中尤以青銅器最經典。其源起於史前，興盛於商周，歷來在國家禮儀、社會生活中扮演重要角色，是支撑中華文明連續發展最爲重要的文化基因。習近平總書記十分關注青銅器及其背後的歷史文化底藴，他曾向外國友人講述堇鼎與伯矩鬲、何尊、曾侯乙編鐘等青銅重器，特别談到青銅器藴含的禮樂文化和制度，有教化民衆的作用，并指出：『文物承載燦爛文明，傳承歷史文化，維繫民族精神，是老祖宗留給我們的寶貴遺産。』

孕育齊魯文化的山東地區自古以來都是中國文化最發達的地區之一。先秦古國衆多，金石資源豐富。孔孟故里，儒學興盛，士大夫素養高雅。得益於如此豐厚土壤，山東一直都是金石學研究重鎮。北宋金石學初創，便出現了王俅、劉跂、劉繹如、晁公武、趙明誠等金石學家，創作了以《嘯堂集古録》《金石録》爲代表的一大批金石學著作。逮於有清，隨着金石學進入巔峰時期，山左金石研究迎來輝煌成就。阮元督學山左，首倡金石學而編《山左金石志》。黄易居濟寧而訪古齊魯，成《得碑十二圖》。本籍李璋煜、劉喜海、翟雲升、桂馥、許瀚、吴式芬、李佐賢、高鴻裁、王懿榮等數十家，群星璀璨，集古天下，著作如林。辨名物，考制度，證經史，補遺文，蔚然大觀。其中，陳介祺爲海内宗仰，凡文字之迹皆入囊中，『所藏鐘鼎彝器金石爲近代之冠』，又首肇古陶文學術價值，爲金石學開辟新領域。

爲了展示山東璀璨的金石文化，紀念山左先賢在金石研究方面的功績，追思名家創新求索的精神，山東博物館瞄準當前展覽的文化需求主題，策劃了『器以載道——山東晚期銅器的古意與新義展』與『古董·今董——山左金石全形拓文物藝術展』，并於二〇二三年十一月二十一日聯袂開展。

全形拓是清中期應金石學家對器物圖形資料的研究、觀賞、交游等需求而誕生的一項金石拓製技術。隨即作爲伴手禮，在金石學家間盛極一時。齊魯本土以及宦游齊魯的金石學家也皆精拓全形，或饋贈或互易或轉贈，與遠方金石契友頻繁地進行學術交流。而陳介祺更以『分紙拓』在全形拓技藝發展上寫下濃重一筆。全形拓在今天成爲一種非物質文化遺産，其獨特内涵值得我們繼承和探究。舉辦此全形拓展正是基於山東在金石學、全形拓發展史上的重要地位以及我館對全形拓、金石學家交流的重要媒介的獨特理解。在廣泛借鑒他館側重從技法表現力及傳承的角度解讀全形拓的基礎上，我們獨具匠心地采用技法與金石文獻并重，又格外突出後者的雙重詮釋角度，在精選文物的强力加持下，别具一格的叙述結構深受觀衆好評。

爲了進一步深化金石雙展，爲展陳提升改進提供寶貴的研究支撑，山東博物館又於十二月八日主辦了『晚期銅器與金石學』學術研討會。來自上海博物館、陝西歷史博物館、山西博物院、浙江省博物館、中國科學院自然科學史研究所、北京大學、山東大學、復旦大學、濰坊市博物館等文博單位、科研院所及高校的四十餘名專家學者參加了此次會議，并發表論文近二十篇。其中中國科學院自然科學史研究所教授蘇榮譽、濰坊市博物館研究員孫敬明、上海博物館研究員周亞等分别作主旨講座，從不同角度探討了晚期青銅器的發展、金石學價值闡釋及器物專題陳列藝術。在分組討論中，圍繞『金石學』主題，山東大學文化遺産研究院教授劉海宇、山東博物館館員張祖偉、陝西歷史博物館研究員萬曉、上海博物館館員李孔融、濰坊市博物館館員王曦澤等分别作《日本藏陳介祺金石題跋兩種考述》《全形拓拾遺補闕價值淺談》《陝西歷史博物館藏全形拓本整理與研究》《〈愙齋集古圖〉中的全形拓——兼議清代全形拓技術》《金石學在日本傳播概述》等報告，探討了清代全形拓拓藝發展史，尤其討論了早期全形拓技藝的起源問題及進化過程。討論了金石學發展史，以及在中國金石學的帶動下，日本金石學的發展狀況。呼籲重視全形拓在非拓技方面的多維度文獻價值，期待這一學術資源發揮其價值。

近些年來，山東博物館秉持學術立館理念，着力打造以學術爲支撑、以展覽爲核心的發展體系，注重加强對館藏藏品、考古成果和博物館學科體系的研究。圍繞館藏文物、山東歷史文化發展脉絡和突出特徵、重要考古成果，致力於舉辦更多深受社會大衆喜愛的展覽。這是山東博物館緊扣習近平總書記關於中華優秀傳統文化『兩創』的重要論述，秉承守正創新的正氣和鋭氣，聚焦文化的傳承和創新，充分發掘館藏文物資源，將展覽與學術緊密結合的典範成果。

山東博物館館長
刘延常

形可傳神　亦佐金石

——以館藏爲例淺論全形拓的金石文獻價值

張祖偉（山東博物館）

全形拓，又名立體拓、器形拓等，是一種將金石器物立體形態高度保真地呈現到紙張上的傳拓形式，在傳拓藝術中表現力最豐富，但技法最複雜，難度最高。全形拓能够在平面展現三維視覺效果，是古人爲古器存圖的智慧結晶，在某種程度上展現出了攝影的功能，又因兼具傳統水墨韵味而極具觀賞性。全形拓在誕生之初便風靡一時，却在百餘年後退出歷史舞臺。如今知者甚少，或僅把它視作藝術品觀賞。但作爲傳統金石學的重要組成部分，全形拓具有獨特的金石文獻價值與文化内涵，值得進一步探討。

目前學界共識，全形拓由馬起鳳始創。『吴門椎拓金石，向不解作全形，迨道光初年，浙禾傅岩能之。六舟得其傳授……又陽湖李錦鴻亦善是技，則得之六舟者。曾爲吴子苾、劉燕庭、吴荷屋、吴平齋諸老輩所賞識。』[一]馬起鳳字傅岩，浙江嘉興（簡稱禾城、禾）人，生平不載。令人遺憾的是，除《金石屑》收録一件其制作并題跋的漢洗全形拓外，未見其製作的全形拓實物傳世。

其弟子釋達受（一七九一—一八五八），字六舟，號海昌，以字行，浙江海寧人，主西湖净慈寺。嗜金石，精鑒别，『壯歲行脚所至，窮山邃谷之中，遇有摩崖必躬自拓之，或於鑒賞之家得見鐘鼎彝器，亦必拓其全形』。[二]與當時金石名家交游極廣，尤與阮元契交，阮氏譽之『金石僧』。其製拓傳世尚見，本館藏有一軸出自其手的格伯簋全形拓。是簋傳世四件，阮元得其一，十分珍愛，將之與周虢叔大林鐘、寰盤、漢雙魚洗置於家廟作祭祀之用，世人統稱『阮氏家廟四器』。[三]拓本鈐『阮氏家廟藏器』『六舟所拓金石』兩印，器形構圖整體協調，器口兩端橢圓過渡自然，通幅以六舟擅長的淡墨施拓，使得花紋雖繁複但清晰分明，在構圖、用墨普遍失當的全形拓發展早期中已屬良品。

再傳弟子李錦鴻，江蘇常州人，生平亦不詳。本館也藏有其手拓的漢衛少主菅邑家鼎、承安宮鼎全形拓兩條屏。不過，它們并非原器拓而是翻刻拓。此兩拓本器形合理協調，鼎口、腹等部過渡自然，用墨濃淡結合，塑造出較强立體感，是此類良品代表作。所鈐『李錦鴻拓』『陽湖李錦鴻手拓』表明製拓者。又皆有陳介祺題跋，如跋承安宮鼎拓本：『此器，余於吴子苾閣學雙虞壺齋中曾一見之，色澤之舊，似未入土而傳世又最久者，蓋千年物也。……竹朋兄屬陳介祺題。』據此知，拓本係藏器者海豐吴式芬邀陽湖李氏製拓，贈予李佐賢，李氏又囑陳氏題跋。反映了三位魯籍金石學家以全形拓爲媒介的交流狀况。

至陳介祺時，全形拓進入一個全新的發展階段。陳介祺（一八一三—一八八四），字壽卿，號簠齋等，清代金石學領軍人物之一。收藏巨富，凡有文字之品皆入藏，且鑒賞力卓越。基於傳古思想，其極度重視傳拓，甚至認爲『拓與刻之功，與藏器并大』。更難得的是他能付諸於實踐，積極吸收他人長處，形成了一套非常完善的技法。這點可以從凝聚其製拓心得的《傳古别録》窺知，無論從前期的紙墨選擇、器物的除銹剔字，到根據古物材質的墨拓之法，再到後期的成品拓紙管理等，無不見證着其遠超常人的用心。其在全形拓製作中最大的貢獻當屬改進上紙法，摈棄前人的整紙拓，推行分紙拓。整紙拓是用一整張紙完成整個器形的墨拓。因透視變化，整張拓紙不可能一次性都恰如其分地貼合到原器各相應部位上，其上紙及捶拓均囿於實際限制而需分段依次進行，每次上紙及拓製均要立即注意到與上次上紙時的花紋綫條及部位之間的銜接。稍有差錯，即失真走形。這不僅難度極高，且十分費工。而分紙拓是先將整張拓紙按部位或區域分割爲若干合適塊面，再分别貼合到器物相應部位捶拓，最後逐一修整，拼成全圖。這不僅降低了操作難度，還大大減少了工時。前者遭到簠齋嚴厲批評：『似巧而俗，不入大雅之賞。』[四] 這反映了他着眼於更好更快地呈現器物信息而非一味强調技術難度的炫技思想。

簠齋在全形拓制作上素來享有盛譽，吴大澂贊之：『三代彝器之富，鑒别之精，無過長者；拓本之工，亦從古所未有。』[五] 館藏有其監制全形拓二十餘件，幾乎件件精品。其中即有其最著名藏器毛公鼎的全形拓及矢朐瓦盤全形拓。毛公鼎，道光年間出土於陝西岐山（今寶鷄市岐山縣），銘文近五百字，是目前已知彝器銘文之最，記録了周宣王請叔父毛公輔政之事，是西周晚期政治史的重要研究史料。輾轉後先歸簠齋，身後又爲端方、葉恭綽、陳咏仁等遞藏，現藏於臺北故宫博物院。簠齋極度珍視此器，一反與好友共賞的常態，秘不示人，甚至連拓本亦鮮少製作與贈送。至交吴大澂便稱，『拓本至不易得，尤爲可寶』。[六] 而諸家拓本中簠齋監拓本備受推崇。王國維稱，『此鼎器小而字多，故拓墨不易。余見秦中舊拓與端氏新拓此鼎皆不佳，惟陳氏拓最精』。[七] 根據銘文用紙數量，簠齋拓本又有『四塊本』『二塊本』之分。前者是指簠齋初期因無法解决銘文拓紙恰當貼合弧形内壁而出現的褶皺問題，不得不將拓紙分成無序的四塊，其拼合效果極差，打亂了銘文原次序。後者則是技藝嫻熟後，銘文墨蜕祇需分成能够保持原次序的左右兩塊，與前者高下立判。館藏簠齋監拓本上銘下圖，銘文墨蜕平整無褶，左右對稱，狀如對靴，即所謂『二塊本』。構圖比例協調，耳穿、鼎足的陰陽面、鼎腹及兩側等處濃淡墨處理得當，耳、足等部立體感强。

古陶文學術價值的發現肇始於簠齋，古陶文是其後期搜集重點，藏量堪稱時人第一。除多達五千餘枚殘片外，至少還有六十三件完整器，『古陶今得邑人姚公符學桓作圖，尚精細。今寄圖屏六十二幅，又矢昀盤（有考未及書）大紙者一幅，共六十三紙』。[八]惜完整器均不知所踪，拓本亦罕見。本館幸存四組七種古陶器全形拓，以矢昀盤最美。拓本鈐『萬印樓』『平生有三代文字之好』『古陶主人』『齊東陶父』等印，構圖協調順目，通幅淡墨施拓，恰到好處地呈現了陶器表面多顆粒的獨特質感。簠齋又題考釋：『周矢昀瓦盤。光緒戊寅七月十八日丙寅得古瓦盤一，內左右大字各一曰矢昀，文古甚。按矢疑齊掌矢之官，以官族或邑，故紀其官邑曰矢，又紀其地曰昀也。簠齋記。』

進入民國後，全形拓製作迎來頂峰時期。其吸收西方素描的透視、光影等理論，構圖比例及墨色表現、陰陽明暗趨向科學，立體感大大增强，整體風格由古樸神似向逼真寫實轉變。主要代表人物有周希丁、馬子雲等。但這也是最後絕唱，因受同時期傳入的攝影、印刷等近代影像呈現技術的强力衝擊，其保存器形的功能大爲减弱，逐漸陷入難以爲繼的困境，并最終退出歷史舞臺。

在新時代，隨着非物質文化遺産保護意識的興起，全形拓又重新進入人們的視野，我們非常有必要重新審視并評估其價值。全形拓最直觀的藝術鑒賞性依然值得肯定，作爲古人在二維空間表現三維空間的奇思妙想，清人早就對其不吝贊美之語了。程洪溥初見六舟所製全形拓便贊嘆道『創從來未有之事，開金石家一奇格』。[九]吴雲贊陳介祺『觀者莫不驚心動魄，嘆羡不已』。[一〇]而這點於當今文博單位又有獨特價值。其别樣的紙墨結合方式能够藝術性地表現出器物銹迹斑斑的歷史滄桑感，這種肅穆厚重古拙韵味是攝影等影像呈現技術無法展現的，且在博物館展覽等特定場景中會加倍放大，無疑是器物展覽的重要輔展手段。但絶不能將全形拓價值局限於視覺效果領域，僅視作藝術品與輔展手段。因爲全形拓本質是器物圖形文獻。

拓片是金石信息的載體，是金石學研究的重要輔助資料，所以全形拓必然是應金石學發展的需求而誕生的。金石學在宋代初創後，經過元明幾百年的發展，來到清嘉道年間，受高壓文化政策的影響，懷抱補益經史的理念，衆多學者相互促動，以前所未有的熱情投身於金石研究，將金石學推向極盛。學者們開展了頻繁且廣泛的學術交流，伴之而來的是對器物綜合信息的强烈渴望。而之前僅捶拓銘文、花紋而不呈現器形的平面拓，自然達不到金石學家的要求。宋代以來的雕版印刷術既耗時耗工，也無法將金石學家新得器物的器形等綜合信息及時傳遞。於是，金石學家及優秀拓手將目光投向了傳拓技法，希冀能够實現突破。在他們的積極探索下，全形拓應運而生，并在隨後的學術交流中發揮着重要媒介作用，逐漸成爲金石學的一個重要分支，豐富并推動了金石學的發展。隨着時間的推移，其也積累成豐富詳實的資料淵藪，在當今學術研究的視角下，這無疑極具文獻價值，雖皆爲細枝末節，但對相關問題却不可輕視。

（一）爲失載失傳器物存圖

古代金石學家素重先秦而輕秦漢，故大量秦漢器失載，造成其知聞範圍及時效性十分有限。一旦失傳，信息極易蕩然無存。若幸有全形拓，則可據之考知。館藏即有提供此種信息的漢弩全形拓一件。

漢弩機雖不乏傳世者，但能保持完整者非常少見，其製拓亦較難。概因其個體不大，但結構相對複雜，多交叉面，又銘文纖細。若再銹迹斑斑甚至磨泐剥蝕，對精拓的操作要求更高。館藏一件漢永始元年弩機全形拓却是難得佳品，構圖恰當，墨色濃淡結合，古樸寫實，歷史感濃鬱，立體感强。所鈐『六皆手拓』表明其出自程謙吉之手。其字六皆，江西德興人，客居杭州，咸豐、同治年間著名拓手。又鈐『王懿榮』『蓮生所藏金石』表明其器主爲王懿榮，另有光緒二十年（一八九四）吳道芬跋進一步説明器物來源：『古弩機最多，然全美者不甚見。案此器爲福山廉生太史視學陝西時所得，字迹略有剥蝕，尚不爲害，宜其寶之。光緒甲午新春吳道芬識。』王懿榮藏器目未見編纂，他書亦未全面著録。此拓不僅增加了一件王懿榮藏器，且還保存了器物圖形并補充了出土地等信息。

（二）人物傳記補遺

全形拓是金石學交流的媒介，贈拓或轉贈時，監拓者、收藏者、鑒賞者等常常鈐印或題跋。這些增益信息對完善相關人物傳記也有意料之外的補充價值。

杜錫九，陳介祺搜古助手之一，信息罕有，僅王獻唐《五燈精舍印話》提及，『簠齋收集金石時，有四人專爲之供奔走，號高趙杜馬，即高文翰、趙允中、杜錫九、馬慶灝也。馬爲臨淄人，餘皆濰縣人。藏石最著之君車畫像，爲臨淄于家莊出土，杜以百一十元爲陳氏得之』。[二] 而館藏一件陳介祺監拓十一名家跋者沕鐘全形拓，其纍纍題跋能提供一個剪影，有助於我們進一步了解其人。

者沕鐘，又名古奇字編鐘等，十鐘山房藏鐘之一。簠齋入藏經歷以往不明，而此拓簠齋跋則恰好補充此空缺：『此余藏四小鐘拓屏之一，杜錫九得於京師海王村。』即杜氏爲簠齋訪求到此鐘後，簠齋監拓并回饋，當屬首拓本。其他題跋如光緒十一年（一八八五）孫汝梅跋：『錫九尊兄好古精鑒，時爲予收泉印小品。乙酉仲春來都，出此屬題。』同月周鑾詒跋有『錫九尊兄索題』，同月吳大澂亦有跋。三年後，順天府府尹潘祖蔭有跋：『吾於舊友惜壽丈，於新知惜奮生，絶世聰明，若其不死，豈若尋常考據家哉？今爲錫九題此不勝惘惘。』光緒十六年（一八九〇）員外郎端方跋：『錫九生平所得金石未可屈指數，獨此與《張貴男志石》稱最，竭生平之力而所得僅如此，則古物之難得可知矣。』光緒十八年（一八九二）御史李盛鐸跋：『錫九兄出此屬附識於此。』另有無年款的王懿榮跋：『錫九老兄精於鑒古，當年爲簠齋搜訪甚力，東南之美多出其手，今出此幅索題。』黄紹箕跋：『錫九尊兄屬題。』柯劭忞跋：『與錫九吾兄。』可見，以上皆杜氏屬跋。即杜錫九多年間多次進京時特意携帶此拓，遍訪諸家題跋。僅以交游圈之廣，就不能將之視作一般古物商賈。

吳公謹（一八〇五—？），字修梅、愓勤、小菘、荻思，號鐵琴先生，因排行又自稱吳九，齋號養雲仙館，浙江嘉興平湖人。出身名門望族，協辦大學士吳璥之子、三朝閣老阮元之婿，但仕途短暫且無顯名，僅知鬱林州、南寧府、平度州。富收藏，多精品，得『晉孫登』製天籟鐵琴、《吳門名士手柬》手卷等項元汴舊藏珍品，弱冠即據家藏蘇軾等名家真迹鎸刻法帖《養雲山館法帖》四卷。與阮元門生及江浙地區衆多知名文人雅士結交，品鑒書畫，可以説是道咸時期江浙地區頗有影響力的鑒賞家、文化名流。雖然其傳記一向附於《吳璥傳》後且隻言片語，但通過勾稽傳記、方志等各種文獻，尚可拼湊以上概況。而館藏兩件拓本又可補吳公謹後期曾易名吳慈之闕。

洹子孟姜壺，舊稱齊侯罍等，共兩件，阮元得其一，視爲珍寶。館藏其監拓是器全形拓，自題曰：『此真孔子適齊聞《韶》時所鑄器，《説苑》全合。閩陳慶鏞通釋。』又咸豐二年（一八五二）吳慈追跋：『右案此器蓋齊侯朝於王，王爲立欒。因報聘於齊，陳氏爲作《韶欒》，祭於廟以迎天子之賓而行饗禮之事也。頤性老人得此罍於纂刻《積古齋鐘鼎彝器款識》之後，故書中所未載。釋詳《齊陳氏韶舞樂罍上篇》。丙午初冬，因賀重宴鹿鳴，來甥館，貽予一器一銘拓本藏之，誠厚幸矣。壬子春二月花朝，吴慈謹識。』他處又鈐『惕勤審定』『慈園所藏金石文字』等。鹿鳴宴，中國古代科舉制度中於鄉試放榜次日舉辦的祝賀新科舉人的宴會，因歌《詩經・鹿鳴》而得名。重赴鹿鳴宴，對鄉試中舉者滿六十周年的一種慶祝儀式。即此拓是道光二十六（一八四六）吴慈祝賀阮元獲此殊榮時而得到的贈品。

寰盤，阮氏『家廟四器』之一，館藏其監拓六舟手製是器全形拓，亦有吴氏同年跋：『嘉慶九年，先外舅文達公撫浙時得此器，銘凡一百三字，與虢叔大林鐘并寶。其時正造家廟，分嵌於東西壁中，墻内鑿孔，兩耳穿以銅索繫之，四圍砌以石版護之，珍重極矣。余於丁未之春計偕北上，道出廣陵，遇詩僧六舟於梅花嶺下，屬爲余拓全形，藏之行篋。每一展對，猶憶昔館廟東時，雅結金石緣也。親朋凋謝，古道寥落，述此以志追慕。壬子二月望後五日，慈記。』他處又鈐『惕勤審定』『小天籟閣印』『頰僧所摹吉金全象印』等。此拓是道光二十七年（一八四七）吴慈在揚州梅花嶺向金石好友六舟索求而來，咸豐二年因感於阮氏已逝，六舟等故友暮年而追題。

跋語中的『先外舅』『甥館』表明阮元與吴氏係翁婿關係，但據王章濤《阮元年譜》，[二二]阮元共育有三個女兒。長女阮荃，五歲亡。次女阮安（一八〇三—一八二一），字孔静，江都張熙（一八〇三—一八二二）妻，著《百梅吟館詩》一卷。三女阮正，適吴公謹。據《清史列傳》《平湖縣志》及其父《吴菘圃府君自訂年譜》等，吴公謹并無吴慈的用名。目前與吴慈相關的文獻僅一處，其作爲知州撰寫的《重修平度州志序》稱：『余幼歲先宫保東河帥任居山左日最久，屢奉移節南河、兩江，内擢中臺，薦升揆席，隨侍往來……余初筮仕粵西鬱林時，於勾漏洞窺秘書，權守南寧，於昆侖關……錢塘吴慈撰。』[二三]尾鎸『吴慈』『臣慈』兩印與館藏兩拓所鈐相同，可見二者爲同一人。恰巧的是，同籍、同樣蔭生出身的吴公謹也作過山東平度知州，且吴慈序中所述父子的履歷與吴公謹父子的履歷完全重合，故吴慈就是吴公謹。可見，吴公謹其後半生曾以吴慈行世，或使用期較短而導致後世不知。這一傳記拾遺無疑有利於吴公謹個人及家族研究，且吴慈名下用印的發現也有助於完善相關藏品的流傳經歷。

（三）補益器物考釋

監拓、贈拓、轉贈或鑒賞時，金石學家的隨手題跋中時常包含對器物的考釋。有些是僅見的對自藏器某一階段認識，或者對他人藏器的考釋。

前述李錦鴻製拓陳介祺跋漢衛少主菅邑家鼎全形拓，就保存了目前僅見的簠齋對是鼎的考釋：『漢鼎器文十一字，曰「衛少主菅邑家鼎，容五升，重六斤。第一」。蓋文曰「衛少主菅邑家五升鼎，蓋重十二兩。第一」。藏海豐吴子苾閣部家。按《後漢書・后紀》末：「漢制，皇女皆封縣公主，儀服同列侯。其尊崇者，加號長公主，儀服同蕃王。」（以李夫人石考之當作藩王）此曰少主者，所以别於長也。曰衛者，少主所封治國也。《續漢志》，東郡衛公國本觀故國，光武更名。曰菅邑者，少主適菅邑侯或侯之世子也。少主，當是别於長之稱。竹朋二兄屬考……甲戌乾月小暑乙丑陳介祺書。』不過，其考釋存在失誤：少主當指宗室女，《漢書・蕭望之傳》：『先是烏孫昆彌翁歸靡因長羅侯常惠上書，願以漢外孫元貴靡爲嗣，得復尚少主。』顔師古注引蘇林曰『宗室女』。衛，應是少主的母姓而非食邑，如漢武帝衛皇後的長女又稱『衛長公主』。邑，當是少主的食邑，《漢書·百官公卿表》『皇太后、皇后、公主所食曰邑』。菅邑，當是《漢書·地理志》濟南郡之菅縣。雖是如此，也不能否定其保存陳氏考釋的價值。

咸豐七年（一八五七）山東膠縣靈山衛古城出土的子禾子釜、陳純釜、左關鉙三件量器，統稱『靈山三量』，是研究齊國量器製造及管理制度的重要實物，輾轉歸陳介祺。館藏一件簠齋監製并跋的陳純釜全形拓，其最貴重之處是兩篇從未出版的千餘字考釋長跋，結合其他文獻可知，是簠齋對三量最早最詳的考釋：

咸豐丁巳間，膠西靈山衛古城，旁土中出古銅器三，時張小雲明經祖樾主講其地，[一四]屬爲購得之。其二器形如罌，小口大腹，可持而傾，皆有銘於外。一九行，行十二字，共一百餘字。泐缺三十餘字，文有『子和子』字『陳』字，是田常曾孫太公和所作器也。又有『品』字，當是『豆區釜鍾』之區，器之名也。陳完敬仲之如齊，在桓公十四年，以陳字爲田氏。應劭曰食采地也。周敬王三十九年，田常專權，齊自是稱田氏。昔釐子乞事景公，爲大夫，其收賦税於民，以小斗受之，其粟予民以大斗。敬王四年乙酉，彗星見於齊分野。晏子曰：『田氏有德於齊，可畏。』蓋謂此也。乞子常，是爲田成子，復修釐之政，以大斗出貸，以小斗收。齊人歌之曰：『嫗乎采芑，歸乎。』竊謂『嫗』不可通，當即『區』之訛。言出徵婦而作區也。……同治丙寅三月廿八日夜作考，……五十四歲陳介祺記。

目前簠齋著述中有七種涉及對陳純釜的命名，但并不完全相同。《簠齋藏器目》（第二本）、《簠齋吉金録》《濰縣陳氏寶簠齋藏器目》與館藏拓本同稱區，《簠齋藏古册目并題記》《簠齋金文題識》稱區的同時，又額外標明吳大澂稱釜，《簠齋藏器目》《簠齋藏古目》則稱作釜。其中兩種著述有明確時間，據簠齋序，[一五]《寶簠齋藏器目》係同治十年（一八七一）吳重憙襄助而成。據陳文會跋，[一六]《簠齋藏古目》定稿於同治十三年（一八七四）。再結合館藏拓本的同治五年（一八六六）題跋可知，簠齋對此器有一個受吳大澂影響而先『區』後『釜』的認識轉變。因前述七種簠齋著述皆係僅有命名的著録，故館藏拓本題跋是簠齋第一篇非常詳細的考釋。不僅可以找到一些觀點的源頭，如製器者爲齊太史公田和，二量是田氏收放貸用器等，更有一些僅見於此的觀點，如三器製於田和伐安陵歸途中，猷或爲太公之名，陳逆敦、陳逆簠皆田氏製器等。同時，其釋『[illegible]』爲『次』，『[illegible]』或爲『識』，『[illegible]』爲地名等，也與《簠齋藏古册目并題記》不同。這豐富了簠齋考釋三量的資料，極具文獻價值。

（四）豐富金石學家藏器信息及器物流傳經歷

器物流傳信息的勾稽，以往基本完全依賴金石著述。但有些器物是在著述完成後入藏，或者短暫入藏又流出，甚至部分收藏家從未編纂藏目，種種情况造成器物某段流傳信息缺失。有時全形拓上留存的鈐印、題跋也有豐富金石學家藏器信息及器物流傳經歷的功效。

師奎父鼎，又名寶父鼎，西周中期器，關中出土，劉喜海、吳大澂、費念慈、徐乃昌遞藏，現藏上海博物館。龔叔父辛卣，殷器，流傳狀况不明，現存中國國家博物館。昷弗生甗，又名西弗生甗、函弗生甗等，西周早期器，清道光年間陝西咸陽出土，姜愛珊、潘祖蔭、端方舊藏。木鉞祖戊觚，又名木戉祖戊觚、且戊觚等，殷器，陳介祺、劉體智舊藏，今與前器同下落不明。館藏一套鈐有劉喜海用印的四器全形拓，器形整體比例協調，但器口均有失真。又用墨濃淡虛實結合，立體感强，金石味皆濃厚且一致。除師全父鼎見於《長安獲古編》外，其他皆未見劉氏收藏記録。但四件拓本又均鈐『燕庭收藏鐘鼎文字』，且無論構圖還是用墨，風格完全相同，明顯是同一拓工同一時期之作。衹有四器均爲劉氏舊藏，方能同工同時拓製。故此組拓本至少可爲劉喜海補充三件藏品，也豐富了此三器的流傳經歷。

父癸鼎，殷器。束父乙卣，又稱癸父乙卣，西周早期器。二器均爲吳式芬舊器，今下落不明。頌簋，西周晚期器，傳世八件（六器，二蓋），一蓋爲陳介祺、姚觀光、劉體智遞藏，現藏上海博物館。杞伯每刃匜，又稱杞伯每亡匜等，春秋早期器，清道光、光緒年間山東新泰出土，以往流傳不明，現藏故宫博物院。館藏一套吳重憙翻刻四器全形拓，每件拓本均鈐印『海豐吳氏』『石蓮闇拓』『戊辰兵燹壬辰灰盡之餘』，最後一印中的『戊辰兵燹』指同治七年（一八六八）清軍圍追捻軍中的一支捻軍一度進入海豐引燃戰火，『壬辰灰盡』指光緒十八年（一八九二）吳氏藏器處『十間房』火災。這組用印表明原器均曾入藏海豐吳氏，且由吳式芬之子監拓。這豐富了頌簋蓋與杞伯每刃匜的流傳經歷，也填補另兩件下落不明器的圖形之闕。

守鼎，舊稱[illegible]鼎等，西周中期器，端方、丁麟年舊藏，現藏上海博物館。館藏一件是器全形拓，俯視構圖，構圖比例協調，器身過渡圓潤自然。善用淡墨，頗有簡約凝練之風。所鈐『允勤藏器』表明係張篤誠舊藏，又鈐徐蔭田『周遺』『周遺心賞』『己卯七品』『戎馬書生』諸印并有其題記，『守鼎，吳大澂藏器，周遺記』。鈐印及題跋可增補吳大澂、張篤誠收藏信息。

這方面價值最突出的當屬亞髸父甲卣全形拓。原器殷商器，流傳一向不明，至民國時，僅羅振玉《三代吉金文存》、王辰《續殷文存》兩家著錄，且前者還將之誤入觚及彝類，蓋羅氏未見原器及全形拓所致。時至今日，《殷周金文集成》《商周青銅器銘文暨圖像集成》等今人權威著述亦不知其流傳及圖形信息。而館藏是器拓本正可補充這兩方面信息。除蓋鈕稍有常見失調外，器身比例協調。墨色濃淡虛實結合，纖薄的提梁、圈足、獸首環耳，施拓格外用心，質感鮮明，立體感强。鈐印『君錫』『吳大澂印』『黄縣丁幹圃收藏金石』『徐蔭田字少山號周遺山東省黄縣』『周遺審定』。又有光緒十二年（一八八六）跋：『商父甲卣。是卣器、蓋同文，父甲二字上亞形中有析木形，下如其字。器爲内府所藏，光緒六年六月御賜肅邸四十正壽者。君錫先生得拓一紙，裝而成幀，囑題其端，謹志數語於末。丙戌嘉平十有七日。寅生陳麟炳呵凍書。』陳氏（一八三〇—一九〇八）大興（今北京）人，首創墨盒刻銅藝術，與姚茫父、張樾臣并稱刻銅大師。囑跋及製拓者君錫，原姓，事迹不載，本館藏有王懿榮監拓其製拓的秦漢瓦當拓本冊及王懿榮跋其製拓的易縣齊侯四器全形拓，當係晚清製拓名家。根據時間可以斷定監拓者爲和碩肅親王隆懃（一八四〇—一八九八），其同治九年（一八七〇）襲肅親王。即此拓是肅親王隆懃因壽受賜是器而令原氏製作，後又經吳大澂、丁樹楨、徐蔭田遞藏。除提供圖形資料外，是拓題跋還解釋了民國前此器罕見的緣故。先是一直深藏内府，且《西清古鑑》《内府藏器著録表》等内府藏目未收録，後又入王侯，故非常人所能寓目。

全形拓是金石學與傳拓技術相結合的産物，是重要的金石文獻。雖因實用功能落伍而徹底退出歷史舞臺，但豐厚的文化内涵不容抹殺，絶非某些學者理解的係古人鬥奇争巧的淫技與僅供觀賞的藝術品。新時代的傳承，我們應當從藝術鑒賞價值、文化價值、文物價值、文獻價值等多角度綜合審視，尋找新思路。即宣傳其外在之美，擴大受衆群體，培養愛好者及潛在傳承者。文博單位要依據豐富的館藏，積極發揮展覽功能，也要注重在器物展覽中充分發揮其獨特韵味，讓其在展覽中復活，延長其生命。更要深度挖掘其文獻性等内涵，重賦其靈魂。即觀衆、傳承者、學者等各有所獲，共同賦予其新生。

注釋

[一]（清）徐康：《前塵夢影録》卷下，遼寧教育出版社，一九八〇年，第四〇頁。
[二]（清）達受：《寶素室金石書畫編年録》，《北京圖書館藏珍本年譜叢刊》，北京圖書館出版社，一九九九年。
[三]（清）徐珂：《清稗類鈔》，中華書局，一九八四年，第四三三五頁。
[四]（清）陳介祺：《傳古别録》，《美術叢書》第二集第二輯，浙江人民美術出版社，二〇一三年，第三頁。
[五]謝國楨：《吴愙齋尺牘·光緒元年十二月三日致陳介祺書》，《近代中國史料叢刊》第七二輯七一四册，臺灣文海出版有限公司，一九九二年。
[六]（清）吴大澂：《愙齋集古録》，《金文文獻集成》第十二册，綫裝書局，二〇〇五年，第二〇三頁。
[七]（清）王國維：《觀堂集林·别集》，中華書局，一九六一年，第一九九一頁。
[八]（清）陳介祺：《簠齋尺牘·光緒四年十月九日致吴大澂》（五册），民國石印本。
[九]（清）達受：《寶素室金石書畫編年録》，《北京圖書館藏珍本年譜叢刊》第一四四册，北京圖書館出版社，一九九九年。
[一〇]（清）吴雲：《兩罍軒尺牘》卷八，上海古籍出版社，二〇二〇年，第九六頁。
[一一]王獻唐：《五燈精舍印話》，齊魯書社，一九八四年，第九頁。
[一二]王章濤：《阮元年譜》，黄山書社，二〇〇三年，第七八四頁。
[一三]（清）吴慈：《重修平度州志序》，清道光二十九年（一八四九）刻本。
[一四]張祖樾，字筱畇，山東膠州人，幼時隨父任職而輾轉京師、廣東。屢薦不售，考授雲南宣威州吏目，後主講高陽縣濡上書院。晚年歸鄉，主講膠西、靈山、珠山三書院。
[一五]（清）陳介祺：《濰縣陳氏寶簠齋藏器目》，《山東文獻集成》第四輯第二〇册，山東大學出版社，二〇一一年，第三〇四頁。
[一六]（清）陳介祺：《簠齋藏古目》，《金文集成》第一八册，綫裝書局，二〇〇五年，第一三八頁。

凡例

一、本書以整體展示山東博物館館藏全形拓，突出山東百年金石學成就爲目的，在二〇二三年舉辦『古董·今董——山左金石全形拓文物藝術展』的基礎上擴充延展，共收録單幅全形拓七十六件，組軸全形拓二十二組八十七件，合計一百六十三件。

二、本書從形式與内容分列四個單元：單幅全形拓、組軸全形拓、清供及潁拓，以及器物圖示溯源。單幅全形拓排序依次爲：青銅器全形拓、秦漢器全形拓、陶器全形拓，其中青銅器全形拓有著録信息者排序以吴鎮烽《商周青銅器銘文暨圖像集成》爲參照，無著録信息者附後。組軸全形拓單幅在前，條屏附後，并以監拓者生年爲序排列。

三、爲方便讀者由名知物，拓本命名包含監拓、製拓、題跋三要素。同一器物的重複拓本若監拓、製拓、流傳信息等不同，悉數并存。

四、全形拓著録包含拓本信息與器物信息兩方面。拓本信息涵蓋時期、尺寸、鈐印、監拓、製拓、題跋、流傳等内容；器物信息涵蓋器名、類别、時期、釋文、出土時地、遞藏、現藏、著録等内容。器物信息以出現的第一件爲準著録，其餘省略，以『信息見前』標示，因版面需要，少量以『信息見後』標示。

五、器物名稱、釋文等依據《殷周金文集成》《商周青銅器銘文暨圖像集成》。器物尺寸遵從當今收藏單位公布的官方數據，一時難以查詢者，依據以往金石著述并標明來源典籍。器物疑僞者，其尺寸、釋文、著録均不注明。器物著録書目一般使用簡稱，全稱見附録『參考書目』。

六、本書原則上祇收録全形拓原件，因館藏數種全形拓石印本較爲稀見，故一并收入。

目録

單幅全形拓

亭父癸鼎全形拓

拓本信息

時期：清末民初

尺寸：横五〇厘米，縱八七厘米

器物信息

器名：亭父癸鼎（□父癸鼎、尊父癸鼎、酉父癸鼎）

類別：食器

時期：殷商晚期

釋文：□（亭）父癸。

出土時地：不明

遞藏：李佐賢、丁樹楨、羅振玉

現藏：瑞典斯德哥爾摩遠東古物博物館

著録：《總集》0431、《三代》2·29·6、《夢續》3、《殷存上》4·12、《小校》2·10·6、《山東存》附17·7、《集成》1680、《商周》940、《國圖拓》1·30

牛鼎全形拓

拓本信息

時期：民國

尺寸：横三二厘米，縱八三厘米

器物信息

器名：牛鼎

類別：食器

時期：西周早期

尺寸：通高三一厘米，口徑二五點七厘米

釋文：牛。

出土時地：不明

遞藏：黄濬、盧芹齋

現藏：美國費城賓夕法尼亞大學博物館

著録：《總集》0020、《三代》2·2·7-8、《尊古》112、《小校》2·2·4、《盧氏》圖版17、《通考》12、《美集録》183、《綜覽》鼎161、《彙編》9·1637、《青全》5·20、《集成》1104、《商周》9

太保鼎全形拓

拓本信息

時期：民國

尺寸：橫五三厘米，縱六二厘米

鈐印：丁麟年印

流傳：丁麟年

備注：石印本

器物信息

器名：太保鼎（大保鼎）

類別：食器

時期：西周早期

尺寸：通高五七點六厘米，口橫三二點八厘米，口縱二三五點八厘米

釋文：大（太）俘（保）盨（鑄）。

出土時地：山東壽張梁山

遞藏：鍾養田、張筱農、李山農、丁彥臣、端方

現藏：天津博物館

著録：《三代》2·32·4、《攗古》1之2·5·3、《愙齋》7·6·1、《綴遺》4·2·1、《奇觚》1·14·1、《敬吾下》51·3·5、《小校》2·21·7、《銅全》5·4、《總集》0457、《綜覽》方鼎71、《銘文選》35、《山東存下》5·1、《鬱華閣》46·1、《美全》4·177、《山東成》133、《集成》01735、《商周》1065

良季鼎全形拓

拓本信息

時期：清

尺寸：横三九厘米，縱八二厘米

鈐印：陶齋所得、陶齋所藏金石文字印

流傳：丁樹楨

器物信息

器名：良季鼎

類别：食器

時期：西周晚期

尺寸：通高二五點二厘米

釋文：良季乍（作）寶鼑（鼎）。

出土時地：傳出土於陝西扶風、岐山間，與函皇父諸器同出

遞藏：不明

現藏：不明

著録：《集成》2057、《北圖拓》49、《商周》1464、《國圖拓》1・138

備注：《陝西歷史博物館藏古器物全形拓整理與研究》載同銘鼎，形制與此有差異。

雍伯鼎全形拓

拓本信息

時期：清末民初

尺寸：横三三厘米，縱四九厘米

鈐印：萛盦藏古金文

流傳：徐蔭田

器物信息

器名：雍伯鼎

類別：食器

時期：西周早期

釋文：王令雝（雍）白（伯）啚于㞢爲宫，雝（雍）白（伯）乍（作）寶隣（尊）彝。

出土時地：不明

遞藏：盛昱、羅振玉

現藏：不明

著録：《總集》1047、《三代》3·31·3、《周金》2補、《夢郼上》10、《小校》2·66·4、《銘文選》131、《集成》2531、《商周》2045

釋文

隹王九月既望乙
子遣仲命穿
嗣鄭田穿拜稽首
對揚遣仲休用作
朕文考釐叔尊
鼎其孫孫子子其永寶

周進記

張篤誠監拓徐蔭田跋宁鼎全形拓

拓本信息

時期：清

尺寸：横四五厘米，縱一一〇厘米

鈐印：允勷藏器、周遺、周遺心賞、奠盦所藏吉金、己卯七品、戎馬書生

監拓：張篤誠

題跋：徐蔭田題端：宁鼎。吴大徵（澂）藏器，周遺記。

徐蔭田過録吴氏《愙齋集古録》釋文：釋文。惟王九月既望乙子，遺仲命宁𤔲鄭田，宁拜稽首，對揚遺仲休，用作朕文考釐叔尊鼎。其孫孫子子其永寶。周遺記。

器物信息

器名：宁鼎

類別：食器

時期：西周中期

尺寸：通高二七點一厘米，口徑二四點八厘米

釋文：隹（唯）王九月既望乙子（巳），趞（遣）中（仲）令宁𤔲（司）奠（奠）田，宁𢶡（拜）𩒨（稽）首，對䰜（揚）遣中（仲）休，用乍（作）䑞（朕）文考釐𠦝（叔）䵼（尊）鼎（鼎），𠀠（其）孫孫子子𠀠（其）永寶。

出土時地：不明

遞藏：端方、吴大澂、張允勷、丁麟年

現藏：上海博物館

著録：《總集》1262、《三代》4·21·1、《愙齋》6·6·1、《周金》2·30·2、《小校》3·14·2、《斷代》末1、《銘文選》208、《上海》（2004）298、《集成》2755、《商周》2398

備注：據拓本鈐印『允勷藏器』及徐蔭田題跋『吴大澂藏器』，補張允勷、吴大澂藏器記録。器形翻刻。

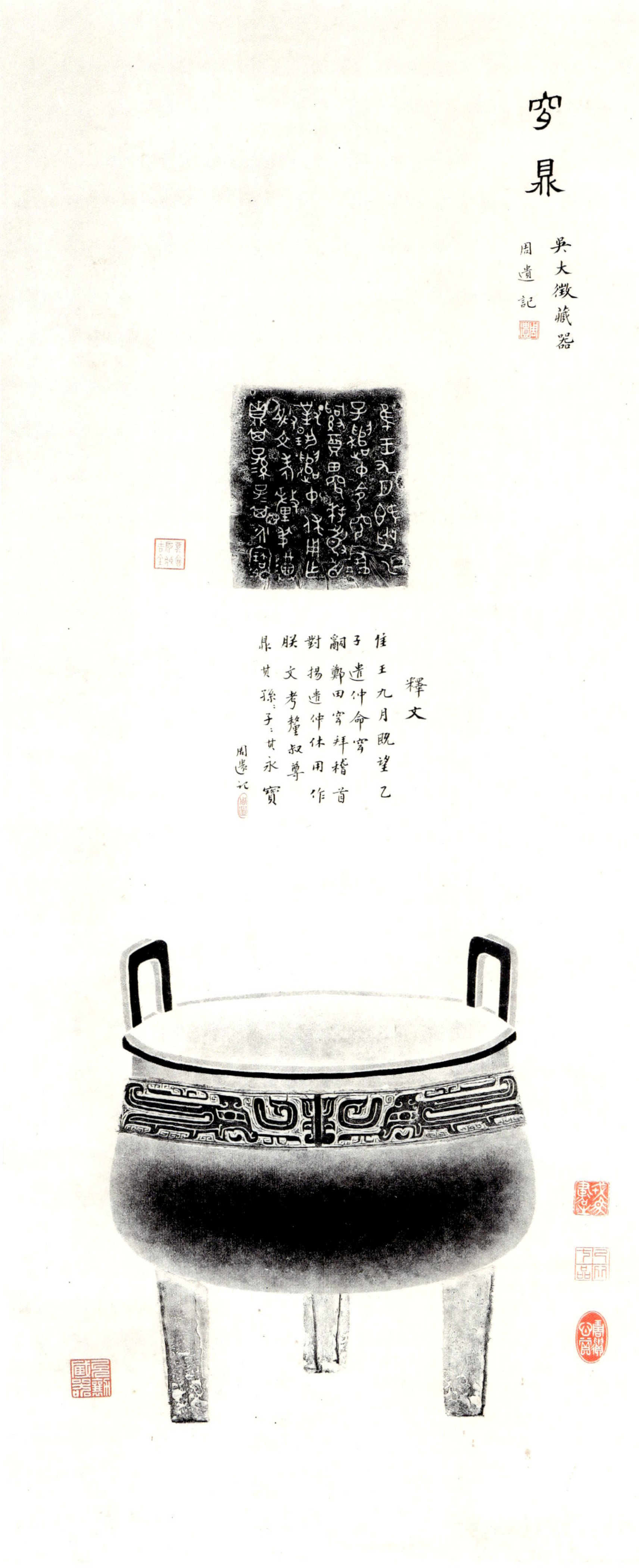

釋文：

隹（唯）王廿又三年九月，王在宗周，王命譱（膳）夫克舍（捨）令（命）于成周，遹正八𠂤（師）之年。克乍（作）朕皇且（祖）釐季寶宗彝，克其日用𩰫，朕辟魯休，用匃康勵（勱）、屯（純）右（祐）、釁（眉）壽，永令（命），霝（令）冬（終），邁（萬）年無彊（疆）。克其子子孫孫永寶用。

小克鼎全形拓

拓本信息

時期：清末民初

尺寸：橫七四厘米，縱一五〇厘米

器物信息

器名：小克鼎

類别：食器

時期：西周晚期

編者按：此器拓爲銘文未剔拓本，雖與《總集》1293著録銘文拓本近似，細觀則有差異，顯非一器。或爲著録七器之外第八器，亦未可知，識之以待知者。

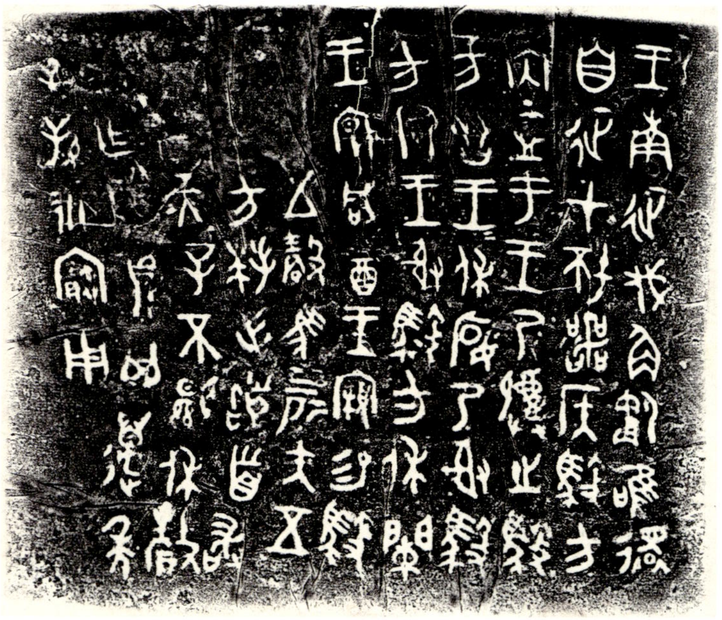

釋文：王南征，伐角、僪（遹），唯還自征，才（在）坏（坯），噩（鄂）医（侯）駿（馭）方內（納）壺于王，乃鄭（祼）之，駿（馭）方畬（侑）王，王休偃（偃），乃射，駿（馭）方佮王射，駿（馭）方休闌，王宴，咸畬（飲），王寴（親）易（錫）駿（馭）方玉五㲉（瑴），馬亖（四）匹，矢五束，駿（馭）方𢷎（拜）手韻（稽）首，敢對䚄（揚）天子不（丕）顯休贅（賚），用乍（作）隮（尊）鼎，其邁（萬）年子孫永寶用。

陳介祺監拓噩侯馭方鼎全形拓

拓本信息

時期：清

尺寸：橫七〇厘米，縱一〇三厘米

監拓：陳介祺

鈐印：簠齋藏三代器、文字之福、收秦燔所不及、有周匋正之後、海濱病史

備注：器形翻刻

器物信息

器名：噩侯馭方鼎（鄂侯馭方鼎、王南征鼎）

類別：食器

時期：西周晚期

尺寸：通高二六厘米，腹深一三厘米

出土時地：不明

遞藏：陳介祺、陳大年（《奇觚》）

現藏：上海博物館

著録：《總集》1299、《三代》4・32・1、《愙齋》5・8、《奇觚》2・7、《簠齋》1 鼎 2、《小校》3・23・2、《周金》2・24・1、《大系》90、《斷代》154、《辭典》319、《銘文選》406、《集成》2810、《商周》2464、《國圖拓》1・192-197

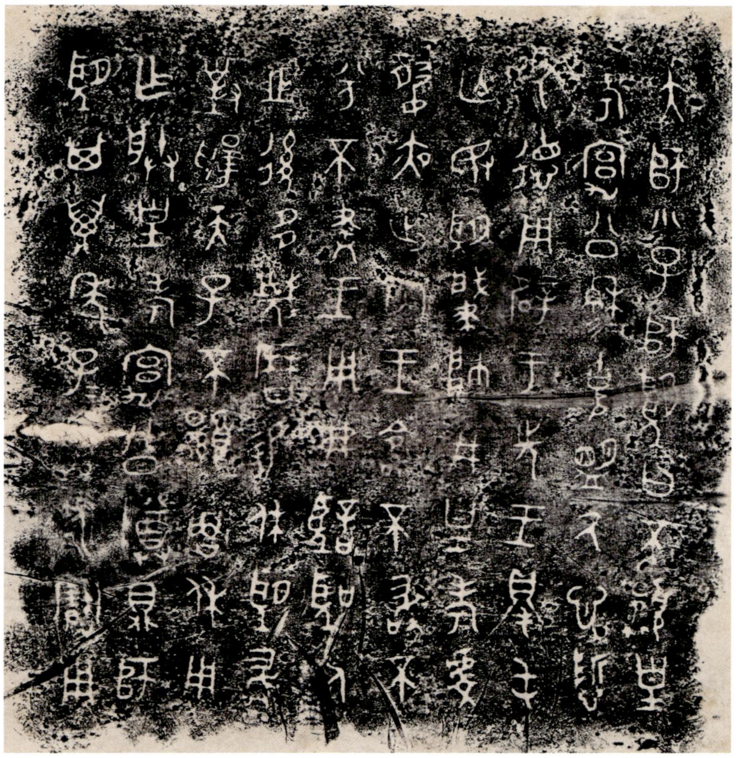

释文：大（太）師小子師朢（望）曰：不（丕）顯皇考亮（宄）公，穆穆克盟（明）氒（厥）心，悊（慎）氒（厥）德，用辟于先王，䙷（得）屯（純）亡（無）臤（慜），朢（望）肇帥井（型）皇考，虔夙（夙）夜出內（入）王命，不敢（敢）不夊（勉）不叏，王用弗䛰（忘）聖人之後，多蔑曆（曆）易（錫）休，朢（望）敢（敢）對䚫（揚）天子不（丕）顯魯休，用乍（作）朕（朕）皇考亮公𪡀（尊）鼎，師朢（望）甘（其）萬年，子子孫孫永寶用。

吳隱製拓師望鼎全形拓

拓本信息

時期：清

尺寸：橫六七厘米，縱一三〇厘米

鈐印：石潛手拓、吳隱私印、張氏五世同堂水門書畫印

製拓：吳隱

題跋：吳隱題端：周小子師望鼎。庚戌夏日，石潛吳隱。

器物信息

器名：師望鼎

類別：食器

時期：西周中期

尺寸：通高四九厘米，口徑四三厘米

出土時地：相傳左宗棠出征新疆時所得

遞藏：左宗棠、胡雪巖、沈秉成、程霖生、陳仁濤

現藏：美國芝加哥藝術博物館

著錄：《總集》1307、《三代》4·35·1、《愙齋》5·7、《周金》2·22、《大系》63、《小校》3·27·2、《金匱》58頁、《彙編》3·50、《銘文選》213、《綜覽》鼎303、《集成》2812、《商周》2477、《國圖拓》1·200

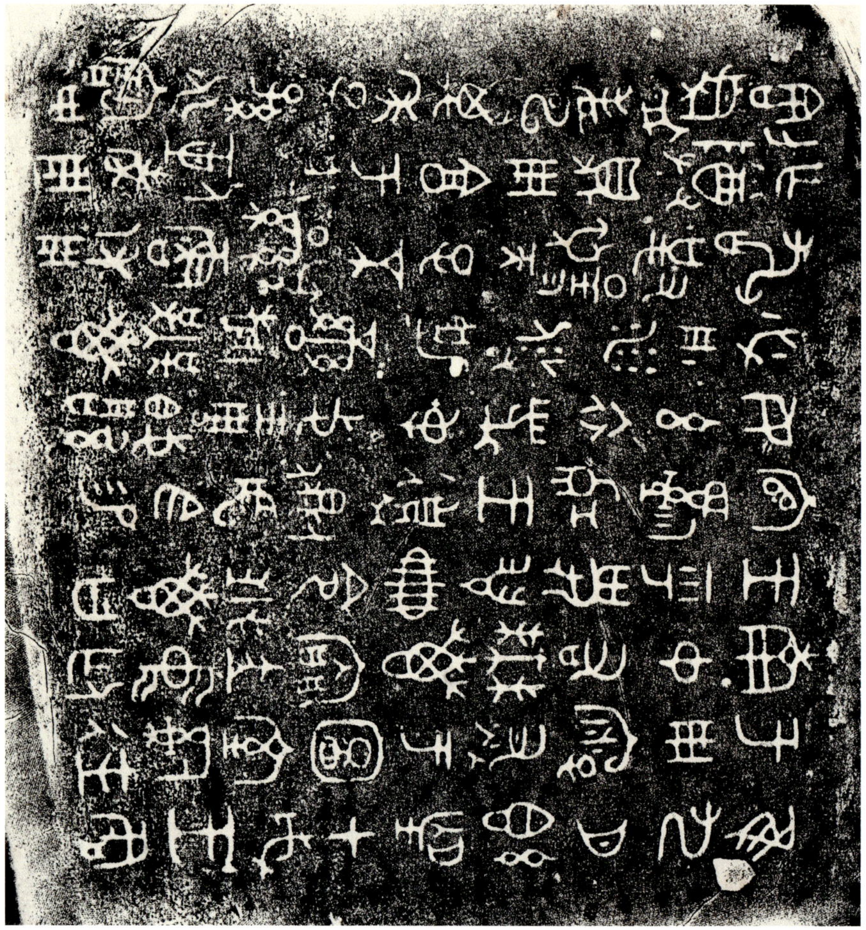

無叀鼎全形拓

拓本信息

時期：清末民初

尺寸：橫六二厘米，縱一三三厘米

備注：器形、銘文翻刻

器物信息

器名：無叀鼎（無專鼎、鄦專鼎、焦山鼎）

類別：食器

時期：西周晚期

尺寸：通高五四點二厘米

釋文：隹（唯）九月既望甲戌，王各（格）于冋（周）廟，灰（賄）于圖室，𤔲（司）徒南中（仲）右無叀內（入）門，立中廷，王乎（呼）史翏冊令（命）無叀，曰：『官𤔲（司）穆王遉（正）側虎臣，易（錫）女（汝）玄衣、黹屯（純）、戈琱㦸、𠩘（厚）必（秘）、彤沙（緌），攸（鋚）勒、鑾（鑾）旂。』無叀敢對揚天子不（丕）顯魯休，用乍（作）障（尊）鼎，用亯（享）于朕剌（烈）考，用𠛬（匄）𥂴（眉）壽萬年，子孫永寶用。

遞藏：鎮江焦山定慧寺

現藏：鎮江市博物館

著録：《三代》4•34•2、《積古》4•28、《攈古》3•2•8、《從古》2•2、《金索》1•29、《愙齋》4•22、《奇觚》2•10、《周金》2•23•1、《大系》143、《小校》3•27•1、《集成》02814、《總集》1306、《銘文選》444、《鬱華閣》65•1、《商周》2478

大盂鼎全形拓

拓本信息

時期：清末民初

尺寸：横九一厘米，縱一五七厘米

鈐印：奠盦所藏吉金

流傳：徐蔭田

備注：器形翻刻

器物信息

器名：大盂鼎

類别：食器

時期：西周早期

尺寸：通高一〇一點九厘米，口徑七七點八厘米，腹深四九點四厘米

釋文：隹（唯）九月，王才（在）宗周，令（命）盂。王若曰：『盂，不（丕）顯玟（文）王，受天有大令（命），在珷（武）王嗣玟（文）乍（作）邦，辟（闢）氒（厥）匿，匍有三（四）方，畯（畯）正氒（厥）民，在雩邻（御）事。戲酉（酒）無敢醭（舔），有髭（祡）蒸（烝）祀無敢醿。古（故）天異（翼）臨子，灋保先王，匍（敷）有四方。我聞（聞）殷述（墜）令（命），隹（唯）殷邊侯、田（甸）雩（與）殷正百辟，率肆（肆）于酉（酒），古（故）喪自（師）巳（已）。女（汝）妹（昧）辰又（有）大服。余隹（唯）即朕小學，女（汝）勿𢓊（逸）余乃辟一人，今我隹（唯）即井（型）啚（稟）于玟（文）王正德，若玟（文）王令（命）二三正。今余隹（唯）令女（汝）盂召（紹）燮（榮），苟（敬）雝（擁）德巠（經）。敏朝夕入讕（諫），亯（享）奔走，畏天畏（威）。』王曰：『而，令（命）女（汝）盂井（型）乃嗣且（祖）南公。』王曰：『盂，廼召（紹）夾死（尸）𤔲（司）戎，敏諫罰訟，夙（夙）夕召（紹）我一人䈞（烝）四方，雩（雩）我其遹省先王受民受彊（疆）土。易（錫）女（汝）鬯一卣、冂（裳）衣、市（韍）、舄、車馬。易（錫）乃且（祖）南公旂，用遷（狩）。易（錫）女（汝）邦𤔲（司）四白（伯），人鬲自駿（馭）至于庶人六百又五十又九夫，易（錫）尸（夷）𤔲（司）王臣十又三白（伯），人鬲千又五十夫，遷（亟）𡨄遷自氒（厥）土。』王曰：『盂，若苟（敬）乃正，勿灋（廢）朕令（命）。』盂用對王休，用乍（作）且（祖）南公寶鼎。隹（唯）王廿又三祀。

出土時地：道光初年郿縣禮村

遞藏：邑紳郭氏、周廣盛、左宗棠、潘祖蔭、上海博物館

現藏：中國國家博物館

著録：《總集》1328、《三代》4•2•1、《從古》16•31、《恒軒》9•2、《攈古》3•3•31-33、《愙齋》4•12、《綴遺》3•22、《奇觚》2•34-36、《周金》2•10、《大系》18、《小校》3•41、《斷代》74、《上海》29、《銘文選》62、《彙編》2•8、《綜覽》鼎187、《歷博》52、《辭典》276、《美全》4•147、《集成》2837、《商周》2514、《國圖拓》1•126-133

毛公鼎立體拓分解拓

拓本信息

時期：清末民初

尺寸：横二五三厘米，縱六四厘米

器物信息

器名：毛公鼎

類别：食器

時期：西周晚期

尺寸：通高五三點八厘米，腹深二七點二厘米，口徑四七厘米

釋文：王若曰：『父厝，不（丕）顯文武，皇天引猒（厭）氒（厥）德，配我有周。雁（膺）受大命，衒（率）褱（懷）不廷方，亡不閈于文武耿光。唯天𨸏（壯）集氒（厥）命，亦唯先正䇂辥（嬖）氒（厥）辟，爵（勛）堇（勤）大命，緐（肆）皇天亡昊（斁），臨保我有周，不（丕）巩（鞏）先王配命，旼（旻）天疾畏（威），司余小子弗彶（及），邦𨸏（將）害（曷）吉。𩁹𩁹三（四）方，大從（縱）不静。烏虖！䢅（趯）余小子圂湛于囏（艱），永巩（鞏）先王。』王曰：『父厝，今余唯肈（肇）巠（經）先王命，命女（汝）辪（嬖）我邦、我家内外，惷于小大政，甹（屏）朕立（位），虩許上下若否雩（于）三（四）方，死（尸）。母（毋）童（動）余一人在立（位），引唯乃智（智），余非，墉（庸）又聞（聞），女（汝）母（毋）敢妄（荒）寍（寧），虔夙夕叀（惠）我一人，擁（雍）我邦小大猷，母（毋）折緘，告余先王若德，用卬（仰）卲（昭）皇天，䌛（申）圝（恪）大命，康能三（四）或（國），俗（欲）我弗乍（作）先王憂。』王曰：『父厝，雩之庶出入事于外，尃（敷）命尃（敷）政，埶（藝）小大楚（胥）賦。無唯正䎽（聞），引其唯王智（智），迺唯是喪我或（國），厤（歷）自今。出入尃（敷）命于外，氒（厥）非先告父厝，父厝舍命，母（毋）有敢惷尃（敷）命于外。』王曰：『父厝，今余唯䌛（申）先王命，命女（汝）亟（極）一方，囩我邦、我家，母（毋）顀于政，勿雝（壅）逮庶[illegible]，母（毋）敢龏（拱）橐，龏橐，迺敄（侮）鰥寡。善效乃又（有）正，母（毋）敢湎于酉（酒）。女（汝）母（毋）敢彖才（在）乃服，圝（恪）夙夕，敬念王畏（威）不睗（易）。女（汝）母（毋）弗帥用先王乍（作）明井（型），俗（欲）女（汝）弗吕（以）乃辟圅（陷）于囏（艱）。』王曰：『父厝，巳（已）曰，𢦚（抄）兹（兹）卿事寮（寮）、大（太）史寮（寮）

于父即尹，命女（汝）耤嗣（司）公族，雩（與）參（三）有嗣（司）、小子、師氏、虎臣，雩（與）朕褻事。吕（以）乃族干（捍）吾（敔）王身，取貴（賦）卅寽（鋝），易（錫）女（汝）䰞（秬）鬯一卣（卣）、鄭（祼）圭瓚（瓚）寶、朱市（韍）、悤（蔥）黄（衡）、玉環、玉瑹（琮）、金車、𠦪（賁）縟較（較）、朱䩛𡇨靳、虎冟（冪）熏裏、右軛、畫（畫）轉、畫（畫）輴（輯）、金甬（桶）、遣（錯）衡、金踵（踵）、金豙、約（約）盛（盛）、金簟（簟）弼（茀）、魚葡（箙）、馬三（四）匹、攸（鋚）勒、金嚝（鉤）金雁（膺）、朱旂二鈴（鈴），易（錫）女（汝）兹（茲）关（賸），用歲用政（征）。』毛公厝對揚天子皇休，用乍（作）障（尊）鼎，子子孫孫永寶用。

出土時地：道光末年陝西岐山

遞藏：陳介祺、端方、葉恭綽、陳咏仁

現藏：臺北故宫博物院

著録：《總集》1332、《三代》4•46•2-491、《從古》16•18、《擴古》3•3•51-55、《窓齋》4•2、《奇觚》2•41、《周金》2•1、《簠齋》1鼎1、《大系》131、《小校》3•47、《故圖下》83-85、《銅玉》173頁、《斷代》201、《彙編》2•2、《銘文選》447、《綜覽》鼎310、《青全》5•36、《周録》96、《集成》2841、《商周》2518、《國圖拓》1•222

陳介祺監拓毛公鼎全形拓

拓本信息

時期：清

尺寸：橫八五厘米，縱一七九厘米

監拓：陳介祺

鈐印：文字之福、海濱病史、簠齋藏三代器

器物信息

信息見前毛公鼎立體拓分解拓

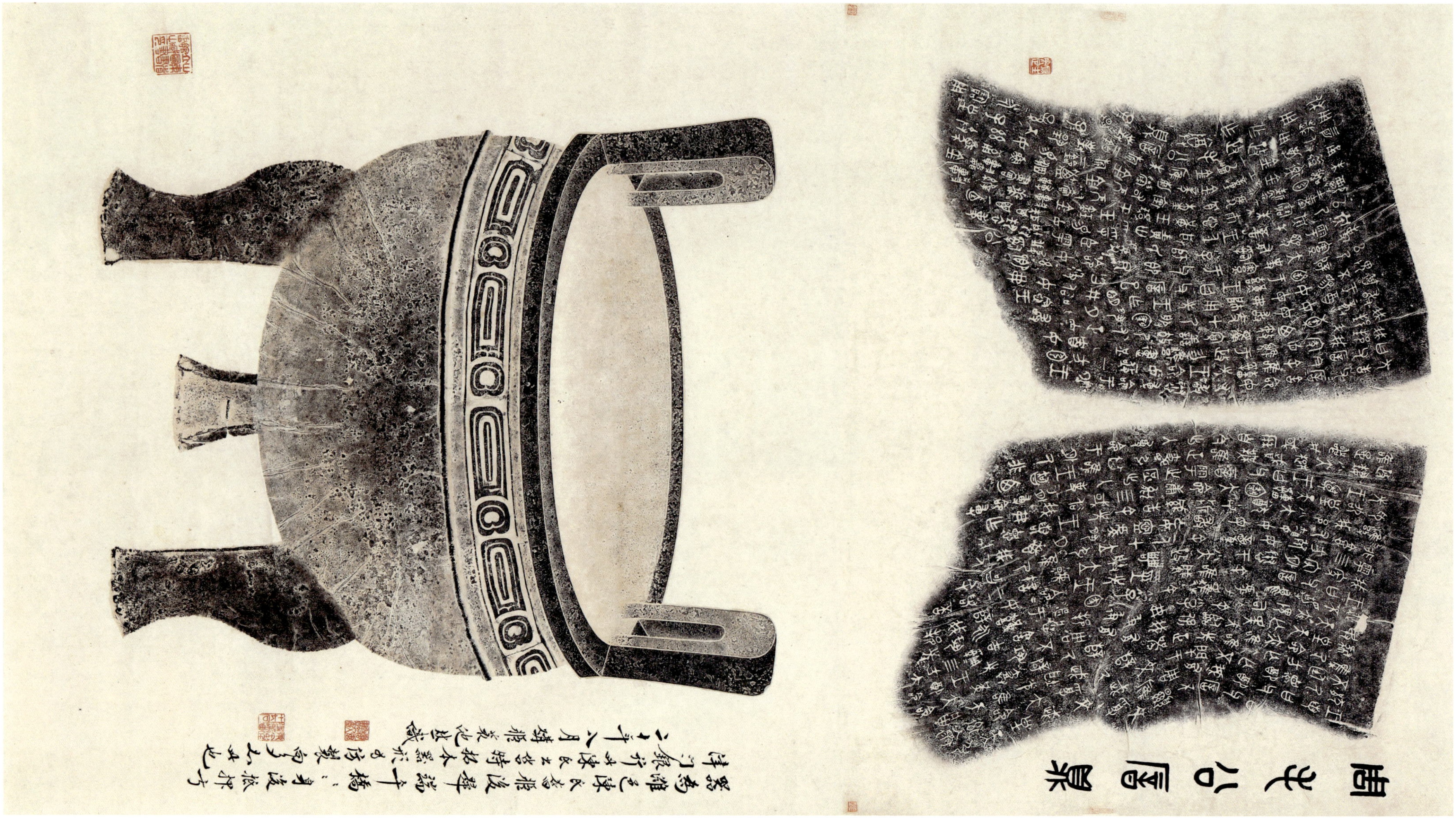

陳介祺監拓王獻唐跋毛公鼎全形拓

拓本信息

時期：清

尺寸：横七三厘米，縱一四〇厘米

監拓：陳介祺後裔

鈐印：鳳生審定、獻唐詩文書畫、庚午年得漢畫十七石、山東省立圖書館藏書畫之印

題跋：王獻唐題外簽：周毛公厝鼎真本。二十年八月裝池。二十六年事變爲平民搶出，歸於市賈之手，余於二十九年十二月重價購回。

王獻唐題跋：周毛公厝鼎。器爲濰邑陳氏舊藏，後歸端午橋，午橋身後，抵押於津門銀行。此陳氏出售時拓本，器形爲仿製，向多如此也。二十年八月購藏裝池并識。

流傳：山東省立圖書館

器物信息

信息見前毛公鼎立體拓分解拓

陳介祺監拓吳廷康翁大年跋毛公鼎全形拓

拓本信息

時期：清

尺寸：横八〇厘米，縱一七〇厘米

監拓：陳介祺

鈐印：簠齋藏古、十鐘主人、簠齋、平生有三代文字之好、吴廷康印、晋齋、翁大年印、叔均

備注：器形、銘文翻刻

器物信息

信息見前毛公鼎立體拓分解拓

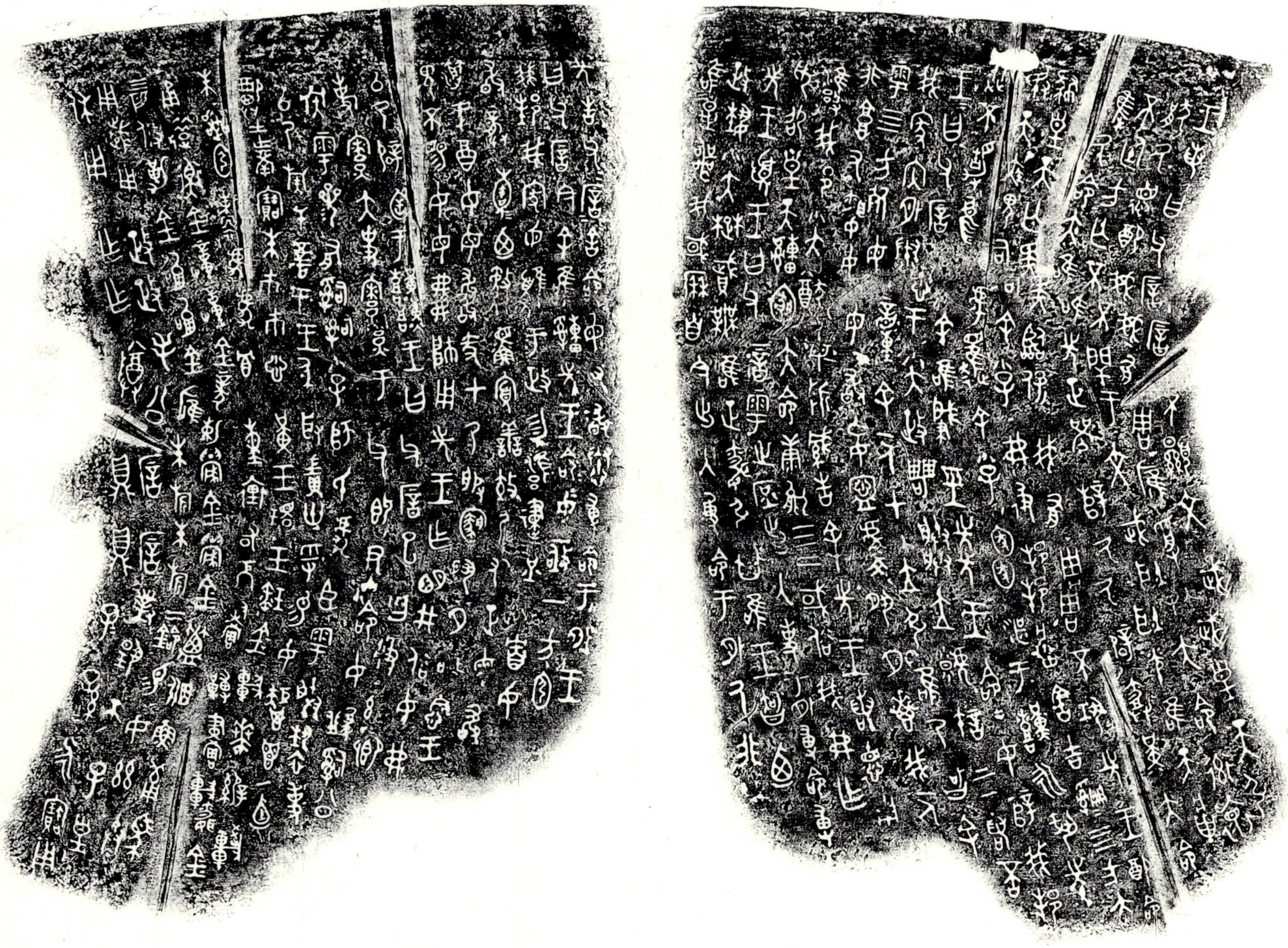

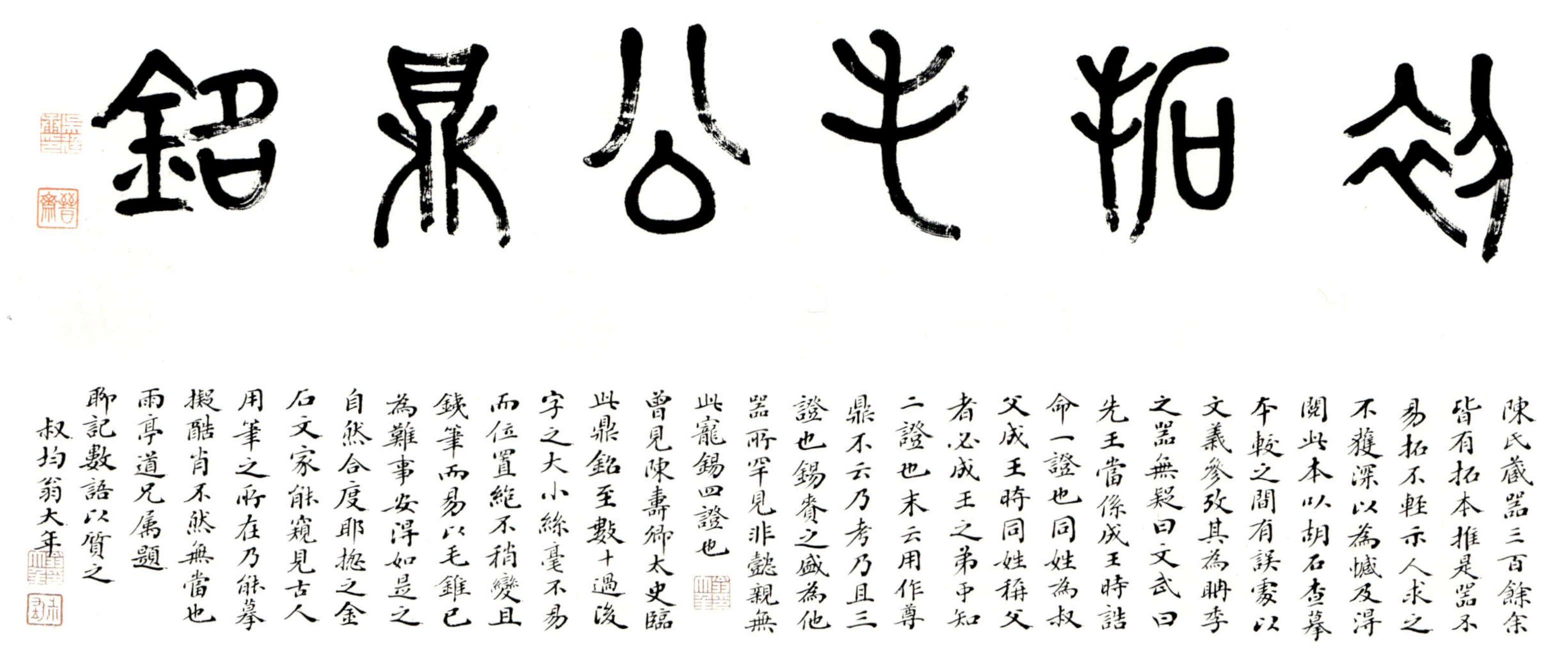

題跋：

吴廷康題端：初拓毛公鼎銘。

翁大年題跋：毛公鼎銘三十二行，連重文四百八十四字，今世界所存三代之器字數無多於此者。舊藏濰縣陳氏，其授受源流不可考。《通志》：毛氏爲周文王之子毛伯明之所封，世爲周卿士，食采於毛。子孫因以爲氏。又《通考》：毛，姬姓，伯爵，文王之後封於毛，地在畿内，成王時爲卿士，與召公、芮伯、畢公、衛侯同受顧命立康王，自此世爲卿士。《元和姓纂》：周文王第九子毛伯受封毛國，因氏爲毛，子孫爲周卿士。按鼎文一則曰父厝，再則曰父厝，通體凡五見，稱之曰父，蓋伯叔父之親也。厝，自是毛公之名，至銘文之末，始見毛公字，其非初封毛國時所賜可知。考彝器銘文之多者，大半皆書年月或有月日而無年，而此鼎皆無。但一再丁寧誥誡之詞，并錫之弓矢秬鬯圭玉車服，使之專命於外，而又一再以『汝毋敢』三字申警之。其自稱則曰『余小子』。按《春秋》例曰小子，未成君之稱。合前後語氣、時代考之，恐係康王時賜毛公之物，因毛公同受顧命，故錫之寵命鑄鼎以銘其勳，當時召、芮、畢、衛亦必同拜王賜，惜器之存亡不可知耳。此時，康王諒闇，成王未葬，猶未成君，故不稱朕而稱余小子也。薛氏《鐘鼎款識》有師毛公敦，跋云『史稱武王克商，毛叔奉明水。稱叔者字也』。《史記》作『毛公鄭奉明水』，鄭與明不知是一是二。總之，文王之子、武王之弟斷無可疑，或即始受封之毛伯歟。此毛公厝者按世系當爲毛叔之子，故康王以父呼之。《竹書紀年》『康王十二年秋，毛懿公薨』，豈即厝乎？同治九年秋九月重陽節前四日，叔均翁大年題記。

翁大年題跋：陳氏藏器三百餘，余皆有拓本。〈推〉惟是器不易拓，不輕示人，求之不獲，深以爲憾。及得閱此本，以胡石查摹本較之，間有誤處。以文義參考，其爲聃季之器無疑。曰文武，曰先王，當係成王時誥命，一證也。同姓爲叔父，成王時同姓稱父者，必成王之弟可知，二證也。末云用作尊鼎，不云乃考乃且，三證也。錫賚之盛爲他器所罕見，非懿親無此寵錫，四證也。

翁大年題跋：曾見陳壽卿太史臨此鼎銘，至數十過後，字之大小絲毫不易而位置絶不稍變，且鐵筆而易以毛錐已爲難事，安得如是之自然合度耶？總之，金石文家能窺見古人用筆之所在，乃能摹擬酷肖，不然無當也。雨亭道兄屬題，聊記數語以質之，叔均翁大年。

毛公鼎銘三十二行連重文四百八十四字令世界所存三代之器字數無多於此者舊藏濰縣陳氏其授受源
文王之後封於毛地在畿內成王時為卿士與召公芮伯畢公衛侯同受顧命立康王自此世為卿士元和姓纂周文
叔父之親也厝自是毛公之名至銘文之未始見毛公字其非初封毛國時所賜中知考彝器銘文之多者大半皆書

授受源流不可攷通志毛氏為周文王之子毛伯明之所封世為周卿士食采於毛子孫因以為氏又通考毛姬姓伯爵
纂周文王第九子毛伯受封毛國因氏為毛子孫為周卿士按鼎文一則曰父厝再則曰父厝通體凡五見稱之曰父蓋伯
大半皆書年月或有月日而無年而此鼎皆無但一再丁寧誥誡之詞並錫之弓矢秬鬯圭玉車服使之專命於外而又

一再以汝毋敢三字申警之其自稱則曰余小子按春秋例曰小子未成君之稱合前後語氣時代考之恐係康王
可知耳此時康王諒闇成王未葬猶未成君故不稱朕而稱余小子也薛氏鐘鼎款識有師毛父敢跋云史稱武王克
或即始受封之毛伯歟此毛公厝者按世系當為毛叔之子故康王以父呼之竹書紀年康王十二年秋毛懿公薨豈

康王時賜毛公之物曰毛公同受顧命故錫之寵命鑄鼎以銘其勳當時召芮畢衛亦必同拜王賜惜器之存亡不
武王克商毛叔奉明水稱叔者字也史記作毛公鄭奉明水鄭與明不知是一是二抑之文王之子武王之弟斷無可疑
公薨豈即厝乎

同治九年秋九月重陽節前四日叔均翁大年題記

鄭幹丞録張天雲跋毛公鼎全形拓

拓本信息

時期：清

尺寸：横八八厘米，縱一六〇厘米

監拓：陳陔

鈐印：陳陔拓先藏金石文字、陳陔續拓先藏金石、紱臣父、天雲、幹丞之印

流傳：丁麟年

器物信息

信息見前毛公鼎立體拓分解拓

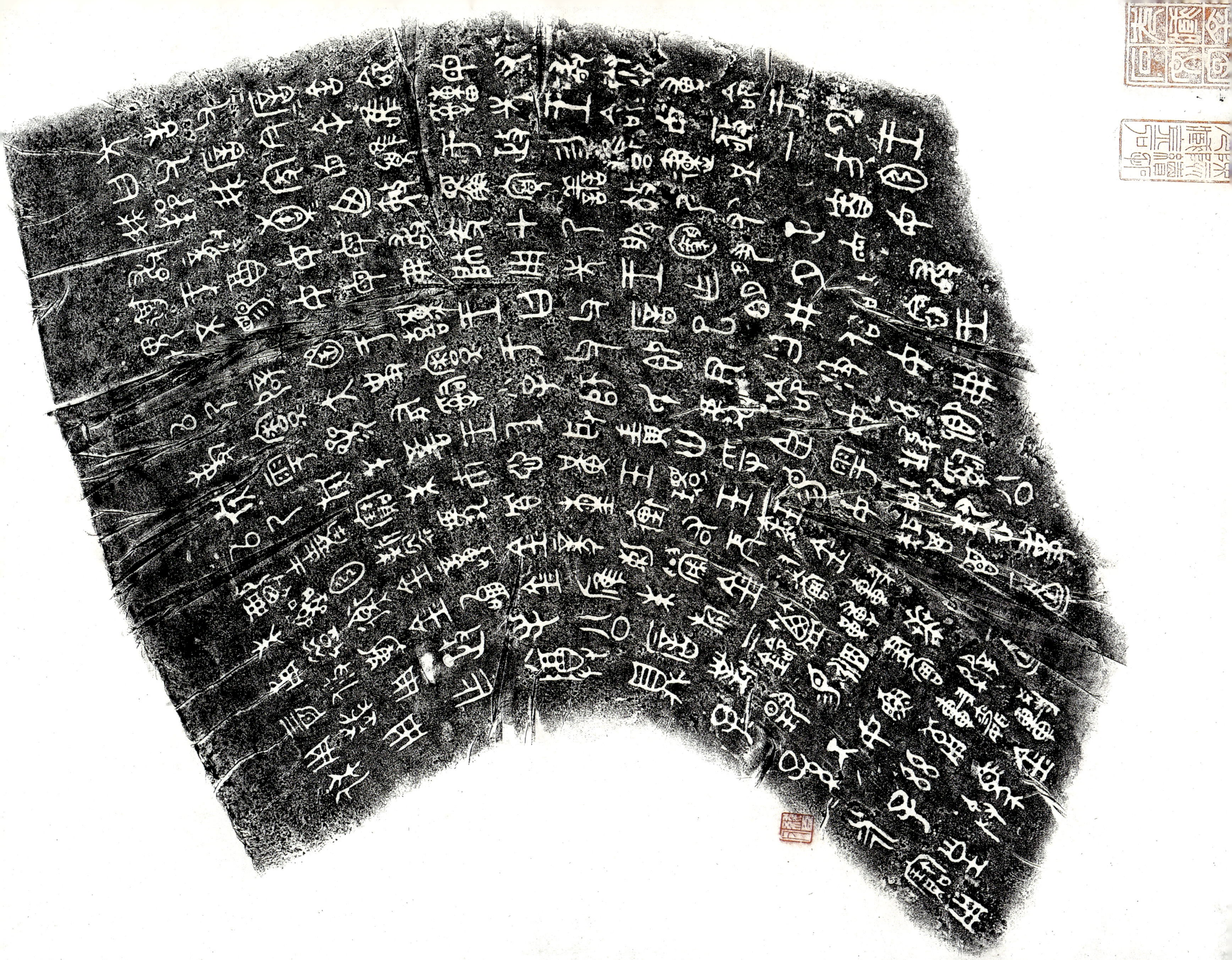

乃辟（治也）揹（書作…不昏作勞昏勉也）勤大命肄（也）皇天無斁（也）臨保我有周不恐（不恐）先王配命愍天疾威司余小子弗敢邦庸（也何以言吉治善其治）

治四方大縱不靖
烏虖懼余小子家湛（深也）于艱永奉
先王（此段言周之盛德王難于為繼）
王曰父厝余唯肇
經（始也）先王命命汝
辥我邦我家內外
惷于小大政甹朕
位虩許（音虎）上下（虩虩許許）
（恐懼之意）若否粵四方
尸（主也）毋動（主政事不輕更易）
余一人在位弘唯
乃智余非庸（好大之意）
又昏汝毋敢妄寧
虔夙夕惠我一人
雝（和也）我邑小大猷
毋折緘告余先王
若德用仰昭皇天
纘造大命康能四
國俗我弗作先
王頻（此段責厝以直言匡德）

王曰父厝粤之庶（庶政）
出入事于外敷命敷
政藝小大楚（薪也）賦無
唯正昏（正昏相反之辭）弘其唯
王智廼唯是喪我國

厤自今出入敷命于
外乃非先告父厝父
厝舍命（舍不先告則舍置不行）毋有
敢惷敷命于外（此段授厝以權）
（兼及掌賦）

王曰父厝今余唯纘先王命汝亟（急也）一方弘我邦我家毋顀于政勿壅逮庶人賁（對下勿否賞）毋敢龔橐（勿斂財入橐）龔橐廼務鰥寡善效乃友正毋敢湎

毛公厝鼎釋文 凡四百九十五字

此為周成王時器厝即毛叔鄭武王之弟成王之叔為司徒冊命之文
其文字與書酒誥多士相類

王若曰父厝不丕顯文武皇天弘
厭饜乃德配我有周膺受大命衒率褱懷
不廷庭方亡罔不閈于文武耿光唯天庸用通
集乃命亦唯先正克辪乃辟𨕖堇勤大命
肆皇天亡罔哭斁臨保我有周不巩恐肴先王配命
敃愍天疾畏威通司余小子弗敢邦庸害段作曷吉嗣=治四方大
從縱不靜靖通烏虖趯音義同懼余小子家湛于囏艱永奉先
王=曰父厝余唯肈巠經先王命=女汝辪我邦
我家內外惷于小大政甹朕立位虢許上下若否
粵四方死尸毋童動肴余一人在立位弘唯乃智余
非𦎫廓通又婚昏女汝毋敢妄寍虔夙夕惠我一人
雝我邑小大猷毋折威緘告余先王若德用
印仰卲昭通皇天纘䌁造大命康能四國俗我弗作
先王顛王曰父厝粵之庶出入事于外尃敷命尃敷
政褺藝小大楚賦無唯正婚昏弘其唯王智廼
唯是喪我國厤自今出入尃敷命于外乃非
先告父厝=舍命毋又有敢惷尃敷命于外王
曰父厝今余唯纘先王命女汝亟一方囩弘
我邦我家毋顀顀省于政勿雝壅通逮庶人賁毋
敢龔共橐=廼敄務肴鰥寡善效乃又友正毋敢
湎于酒女汝毋敢㒸墜肴才在乃服䌁造夙夕敬念王
畏威不睗易之本字女汝毋弗帥用先王作明刑型通俗女汝弗
以乃辟圅臽于囏艱王曰父厝已曰及茲卿
事寮太史寮于父即尹命女汝韐允𤔲司公
族雩參有𤔲司小子師氏虎臣雩朕褻執事
以乃族干扞吾敔王身取賦卅寽鋝肴易錫女汝秬鬯一卣
鄭段作玄圭鬲寶朱市心葱黃橫玉環玉玦金車華緐較
朱䡞囩弘䡇虎冟熏裏右厄軛畫轉畫𨏍金
甬錯衡金踵金豙柅勅㦸轐金簟弻茀魚箙馬
四匹攸鋚勒金鳴金膺朱旂二鈴易錫女汝絲弁
用歲用政征毛公厝對揚天子皇
休用作尊鼎子=孫=永寶用

治四方大縱不靖
烏虖懼余小子家
湛深也于艱永奉
先王此段言周之盛德王難于為繼
王曰父厝余唯肈
經始也先王命汝
辪我邦我家內外
惷于小大政甹朕
位虢許音虎上下虢=許=
恐懼之意若否粵四方
尸主也毋動主政事不輕更易
余一人在位弘唯
乃智余非廓好大之意
又昏汝毋敢妄寍
虔夙夕惠我一人
雝和也我邑小大猷
毋折緘告余先王
若德用仰昭皇天
纘造大命康能四
國俗我弗作先
王顛此段責厝以直言匡德

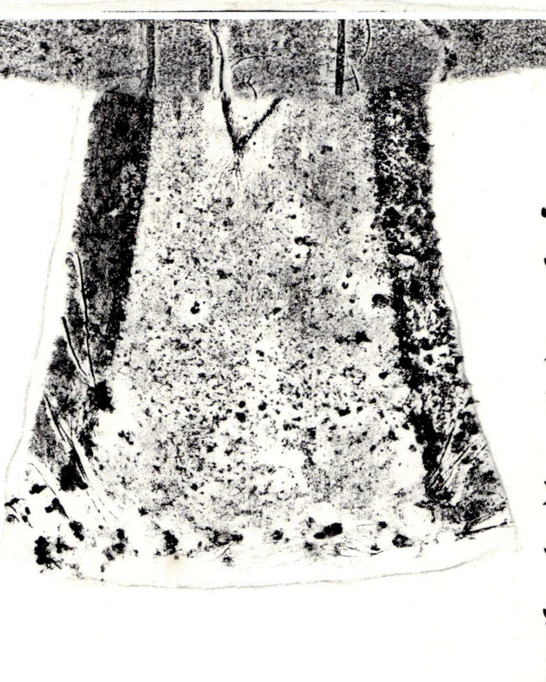

王曰父厝粵之庶政庶
出入事于外敷命敷
政藝小大楚薪也賦無
唯正昏正昏相反之辭弘其唯
王智廼唯是喪我國
厤自今出入敷命于
外乃非先吉父厝父
厝舍命舍不先吉則舍置不行毋有
敢惷敷命于外此段授厝以權
兼及掌賦

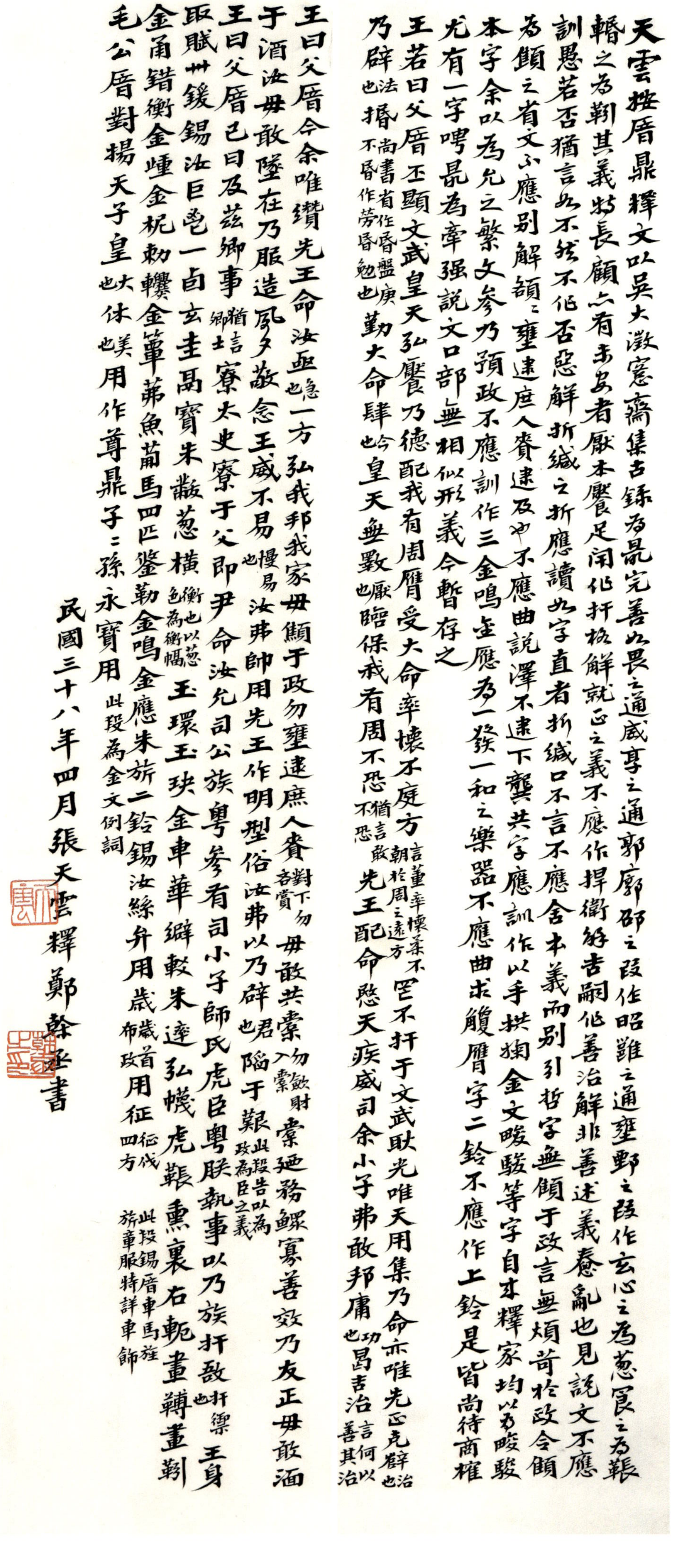

題跋：

一九四九年鄭榦丞録張天雲釋文：毛公厝鼎釋文，凡四百九十五字。此爲周成王時器，厝即毛叔鄭，武王之弟，成王之叔，爲同姓册命之文。其文字與《書·酒誥》《多士》相類。

王若曰：父厝，不（丕）顯文、武，皇天弘厭（饜）乃德，配我有周，膺受大命，衒（率）褱（懷）不廷（庭）方，亡（罔）不閈于文、武耿光。唯天庸（用通）集乃命，亦唯先正克辪乃辟，揩堇（勤）大命，肆皇天亡（罔）哭（斁），臨保我有周，不巩（恐省）先王配命，旼（愍）天疾畏（威通），司余小子弗敢，邦庸害（叚作曷）吉，嗣嗣（治）四方，大從（縱）不静（靖通）。烏虖！趯（音義同懼）余小子家湛于囏（艱），永奉先王。

王曰：父厝，余唯肇巠（經）先王命，命女（汝）辥我邦我家內外，惷于小大政，嗙朕立（位），虢許上下若否雩四方，死（尸）毋童（動省）余一人在立（位），弘唯乃智，余非享（庸通）又婚（昏），女（汝）毋敢妄寧，虔夙夕惠我一人，雝我邑小大猷，毋折威（緘），告余先王若德，用印（仰）邵（昭通）皇天，纘䌛（造）大命，康能四國，俗我弗作先王顛。

王曰：父厝，雩之庶出入事于外，尃（敷）命尃（敷）政，埶（藝）小大楚賦，無唯正婚（昏），弘其唯王智，廼唯是喪我國，厤自今，出入尃（敷）命于外，乃非先告父厝，父厝舍命，毋又（有）敢惷尃（敷）命于外。

王曰：父厝，今余唯纘先王命，女（汝）亟一方，囩（弘）我邦我家，毋顀（頧省）于政，勿雝（壅通）逮庶人賓。毋敢龔（共）橐橐，廼敄（務省）鰥寡，善效乃又（友）正，毋敢湎于酒，女（汝）毋敢荄（墜省）才（在）乃服，䌛（造）夙夕，敬念王畏（威）不睗（易之本字）。女（汝）

毋弗帥用先王作明刑（型通），俗女（汝）弗以乃辟圅（舀）于囏（艱）。

王曰：父厝，已曰，及兹卿事寮、太史寮，于父即尹，命女（汝）䟫（允）𤔲（司）公族，雩參有𤔲（司），小子、師氏、虎臣，雩朕褻（執）事，以乃族干（扞）吾（敔）王身，取賦卅爰（鋝省），易（錫）女（汝）䰜（巨）鬯一卣（卣），鄆（毁）作玄）圭鬲寶，朱市（韍），心（葱）黄（横），玉環、玉玦，金車、華𨌲較、朱𩊚（弘）𩌏，虎冟（幎），熏裏，右戹（軛），畫轉、畫𨍭、金甬、錯衡，金踵、金豙（枙），敕𩌦（㚇），金簟弼（茀），魚葡，馬四匹，攸（鋚）勒，金嚨、金膺，朱旂二鈴。易（錫）女（汝）絲弁，用歲用政（征）。

毛公厝對揚天子皇休，用作尊鼎，子子孫孫永寶用。

一九四九年鄭榦丞録張天雲考釋：天雲按：厝鼎釋文以吴大澂《窓齋集古録》爲最完善。如畏之通威，享之通郭、廓，邵之段作昭，雝之通壅，鄆之段作玄，心之爲葱，冟之爲幎，轄之爲𨍭，其義特長。顧亦有未安者，厭本饜，足。閈作扞格解，就正之義，不應作捍衛解。吉嗣作善治解，非善述義。惷，亂也，見《説文》，不應訓愚。若否，猶言如不然，不作否惡解。折緘之折應讀如字，直者折緘，口不言不應，舍本義而别引哲字。無饋于政，言無煩苛于政令。饋爲饋之省文，不應别解頒領。壅逮庶人賫，逮，及也，不應曲説澤不逮下。龔，共字，應訓作以手拱掬。金文畯、駿等字，自來釋家均以爲畯，駿本字，余以爲允之繁文。參乃預政，不應訓作三。金嚨、金膺，爲一發一和之樂器，不應曲求饙膺字。二鈴，不應作上鈴。是皆尚待商榷，尤有一字嘄最爲牽强。《説文》口部無相似形義，今暫存之。

王若曰：父厝，丕顯文、武，皇天弘饜乃德，配我有周。膺受大命，率懷不庭方（言董率懷柔不朝于周之遠方）。罔不扞于文、武耿光。唯天用集乃命，亦唯先正克辥（治也）乃辟（法也），揩（《尚書》省作昏，《盤庚》不昏作勞昏，勉也）。勤大命，肆（今也）皇天無斁（厭也）。臨保我有周，不恐（猶言敢不恐）先王配命，愍天疾威，司余小子弗敢，邦庸（功也）曷吉，治（言何以善其治）。治四方，大縱不靖，烏虖！懼余小子家湛（深也）于艱，永奉先王。（此段言周之盛德王難于爲繼。）

王曰：父厝，余唯肇經（始也）先王命，命汝辥我邦我家内外，惷于小大政，甹朕位，虢許（音虎）上下（虢虢許許，恐懼之意）。若否雩四方，尸（主也）毋動（主政事不輕更易）余一人在位，弘唯乃智，余非庸（好大之意）又昏，汝毋敢妄寧，虔夙夕惠我一人，雝（和也）我邑小大猷，毋折緘，告余先王若德，用仰昭皇天，纘造大命，康能四國，俗我弗作先王顛。（此段責厝以直言匡德。）

王曰：父厝，雩之庶（庶政）出入事于外，敷命敷政，藝小大楚（薪也）賦，無唯正昏（正昏相反之辭），弘其唯王智，廼唯是喪我國，歷自今，出入敷命于外，乃非先告父厝，父厝舍命（不先告則舍置不行），毋有敢惷敷命于外。（此段授厝以權兼及掌賦。）

王曰：父厝，今余唯纘先王命，汝亟（急也）一方，弘我邦我家，毋顛于政，勿壅逮庶人賫（對下勿吝賞）。毋敢共櫜（勿斂財入櫜）櫜，乃務鰥寡，善效乃友正，毋敢湎于酒，汝毋敢墜在乃服，造夙夕，敬念王威不易（慢易也）。汝弗帥用先王作明型，俗汝弗以乃辟（君也）陷于艱。（此段告以爲政爲臣之義。）

王曰：父厝，已曰，及兹卿事（猶言卿士）寮、太史寮于父即尹，命汝允司公族，雩參有司，小子、師氏、虎臣，雩朕執事，以乃族扞敔（扞禦也）王身，取賦卅鋝，錫汝巨鬯一卣、玄圭、鬲寶、朱韍、葱横（衡也，以葱色爲衡幅）、玉環、玉玦、金車、華𨌲較、朱𩊚弘𩌏、虎幎、熏裏、右軛、畫轉、畫𨍭、金甬、錯衡、金踵、金枙、敕㚇、金簟茀、魚葡、馬四匹、鋚勒、金嚨、金膺、朱旂二鈴。錫汝絲弁，用歲（歲首布政）用征（征伐四方）。（此段錫厝車馬旌旂章服，特詳車飾。）

毛公厝對揚天子皇（大也）休（美也），用作尊鼎，子子孫孫永寶用。（此段爲金文例詞。）

民國三十八年四月張天雲釋，鄭榦丞書。

端方監拓毛公鼎全形拓

拓本信息

時期：清末

尺寸：橫六七厘米，縱一三二厘米

監拓：端方

鈐印：陶齋鑒藏、知齋珍藏

題跋：知齋題外簽：陶齋初拓毛公鼎，知齋珍藏。

流傳：知齋

器物信息

信息見前毛公鼎立體拓分解拓

陶齋初搨毛公鼎 知齋珍藏

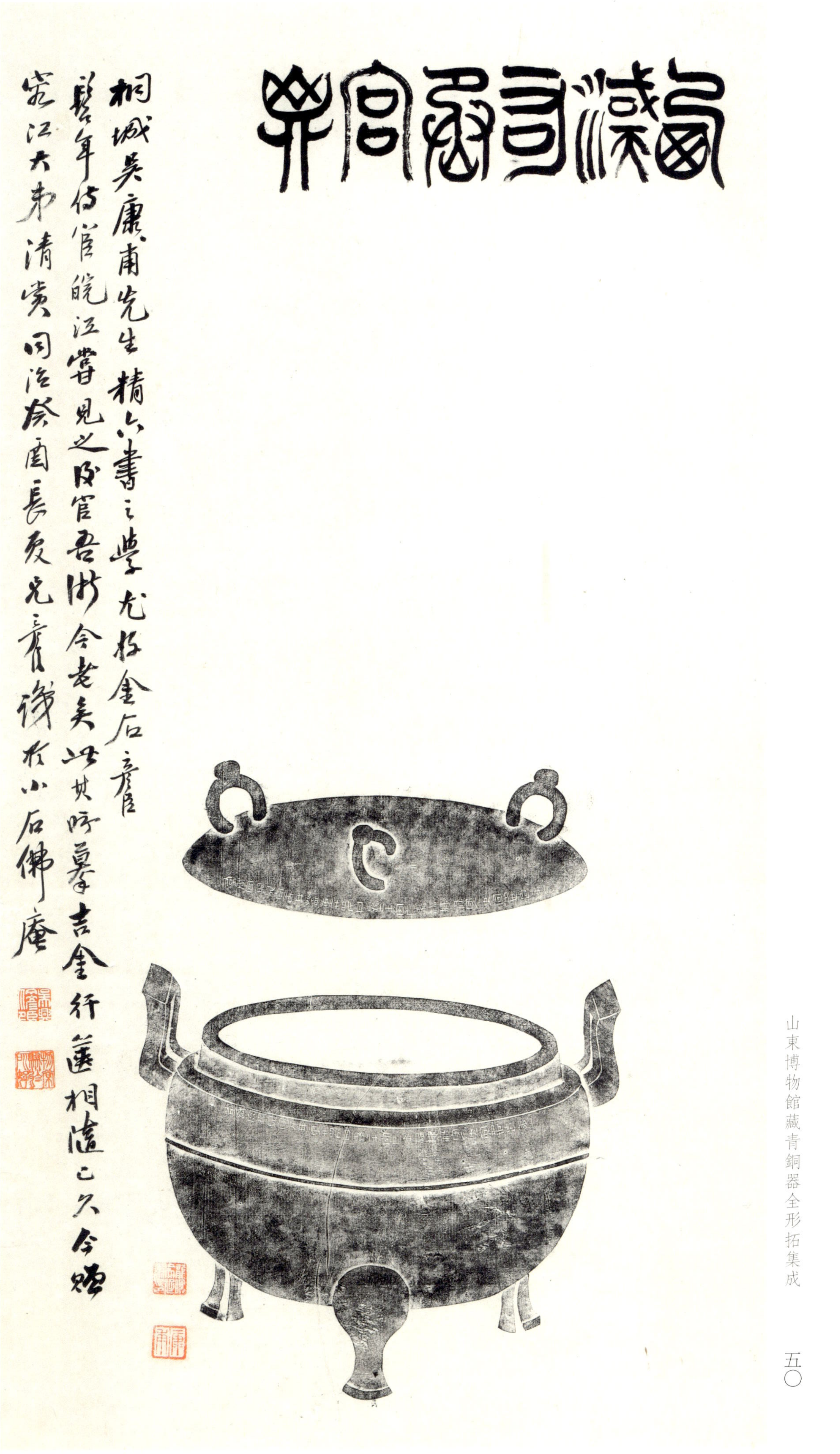

吴廷康監拓丁彦臣跋右丞宫鼎全形拓

拓本信息

時期：清

尺寸：横四六厘米，縱九五厘米

鈐印：龍暝吴廷康印、康甫、吴興丁彦臣印、物常聚於所好

監拓：吴廷康

題跋：丁彦臣題跋：西漢右丞宫鼎。桐城吴康甫先生精六書之學，尤好金石。彦臣髫年侍宦皖江嘗見之，後宦吾浙，今老矣。此其所摹吉金，行篋相隨已久，今贈容江大弟清賞。同治癸酉長夏，兄彦臣識於小石佛庵。

流傳：丁彦臣、容江

備注：據拓本丁彦臣跋補吴廷康收藏是器记録。器形、銘文翻刻。

器物信息

器名：右丞宫鼎

類别：食器

時期：西漢甘露二年（前五二）

釋文：右丞宫銅鼎容二斗，并蓋重廿四斤。甘露二年，安長丞福、掾禄、守令史宣、工世造。第一。

出土時地：不明

遞藏：吴廷康

現藏：不明

著録：《羅表》7·11、《秦漢》1·2

伯高父甗全形拓

拓本信息

時期：舊拓

尺寸：横五七厘米，縱一三〇厘米

器物信息

器名：伯高父甗

類別：食器

時期：春秋早期

尺寸：高一八點七厘米，口徑一六點三厘米

釋文：奠（鄭）氏白（伯）高父乍（作）旅獻（甗），甘（其）萬年子子孫孫永寶。

出土時地：不明

遞藏：丁樹楨

現藏：上海博物館

著録：《三代》5·10·3、《愙齋》17·4·2、《善齋》3·37、《小校》3·95·3、《集成》938、《總集》1655、《鬱華閣》254·3、《商周》3342

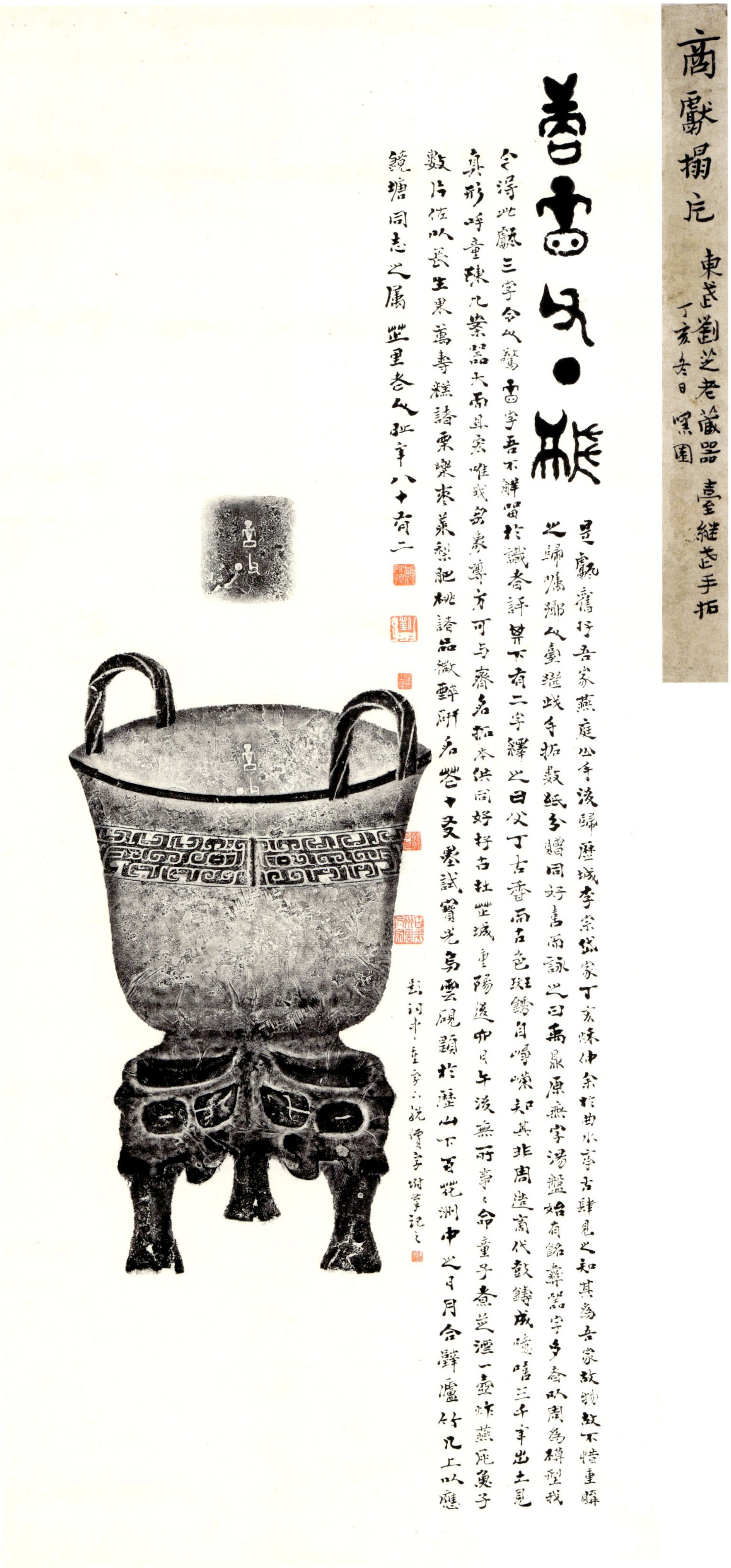

劉大同跋父丁甗全形拓

拓本信息

時期：一九四七年
尺寸：横五四厘米，縱一三四厘米
監拓：劉大同
製拓：臺繼武
鈐印：顛所好、劉、百花州裏人家、萬泉山莊、老顛、彭城子印
外簽：商甗搨片。東武劉芝老藏器，臺繼武手拓，丁亥冬日，嘿園。
題跋：劉大同題跋：商□父丁甗。是甗舊存吾家燕庭公手，後歸歷城李宗岱家。丁亥秋仲，余於曲水亭古肆見之，知其爲吾家故物，故不惜重購之，歸囑鄉人臺繼武手拓數紙，分贈同好。喜而詠之曰：禹鼎原無字，湯盤始有銘。彝器字多者，以周爲模型。我今得此甗，三字令人驚。□字吾不解，留於識者評。其下有二字，釋之曰父丁，古香而古色，斑銹自峥嶸。知其非周造，商代鼓鑄成。噫嘻三千年，出土見真形。呼童陳几案，器大而且宏。唯我匋象尊，方可與齊名。拓本供同好，存古在芝城。重陽後六日午後，無所事事，命童子煮芝酒一壺，炸燕尾魚子數片，佐以長生果、萬壽糕、諸栗、樂棗、萊梨、肥桃諸品，微醉，研名花十友墨，試寶光烏雲硯，題於歷山下百花洲中之日月合璧瀘竹几上，以應鏡塘同志之屬。芝里老人時年八十有二。

題詞中『重』字下脱『價』字，附筆記之。
流傳：鹿鏡塘

器物信息

器名：父丁甗
類別：食器
時期：商
出土時地：不明
遞藏：劉喜海、李宗岱、劉大同
現藏：不明
備注：銘文疑僞

張篤誠跋蔡姑簋全形拓

拓本信息

時期：清

尺寸：橫五四厘米，縱一〇〇厘米

鈐印：張篤誠印

題跋：張篤誠題跋：濰昜陳太史壽卿釋龙，龐、厖通，即蒙。姑，姓。尹，官。《詩》『尹姑』之始也。『彌乃生』即《詩》『彌爾性』，有裨經學如此。光緒九年五月張篤誠誌。

備注：器形翻刻

器物信息

器名：蔡姑簋（龙姑彝）

類別：食器

時期：西周中晚期

釋文：帟（蔡）姑乍（作）皇兄尹弔（叔）障（尊）鬻彝，尹弔（叔）用妥（綏）多福于皇考德尹、叀（惠）姬，用旛（祈）匄釁（眉）壽、綽竊（綰）永令（命）、彌（彌）氒（厥）生，霝（令）終，其萬年無彊（疆），子子孫孫永寶用亯（享）。

出土時地：山東蓬萊

遞藏：潘祖蔭

現藏：不明

著録：《總集》2727、《三代》6•53•1、《愙齋》11•22、《奇觚》5•18、《周金》3•105、《大系》192、《小校》7•49•1、《山東存》附11、《銘文選》331、《集成》4198、《商周》5216、《國圖拓》2•494

備注：《秦前》：『伯寅世仁兄少宰大人臺座十月九日迭奉九月十三日、望日、十九日、廿一日賜書四械……張允勳處有一鼎，又借拓一龙姑簋（龙，當即東蒙之蒙，云其戚所存），容檢得奉寄。』

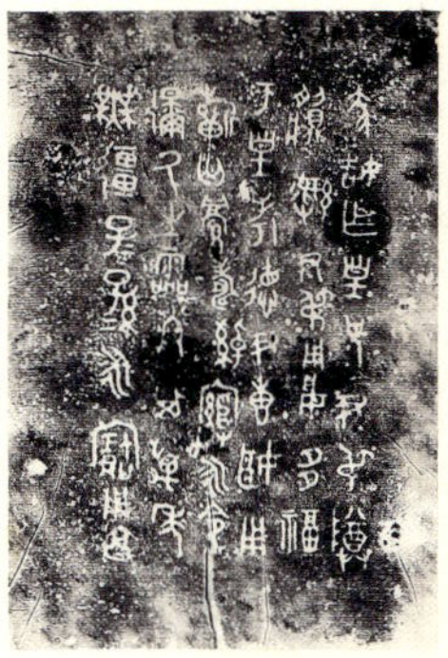

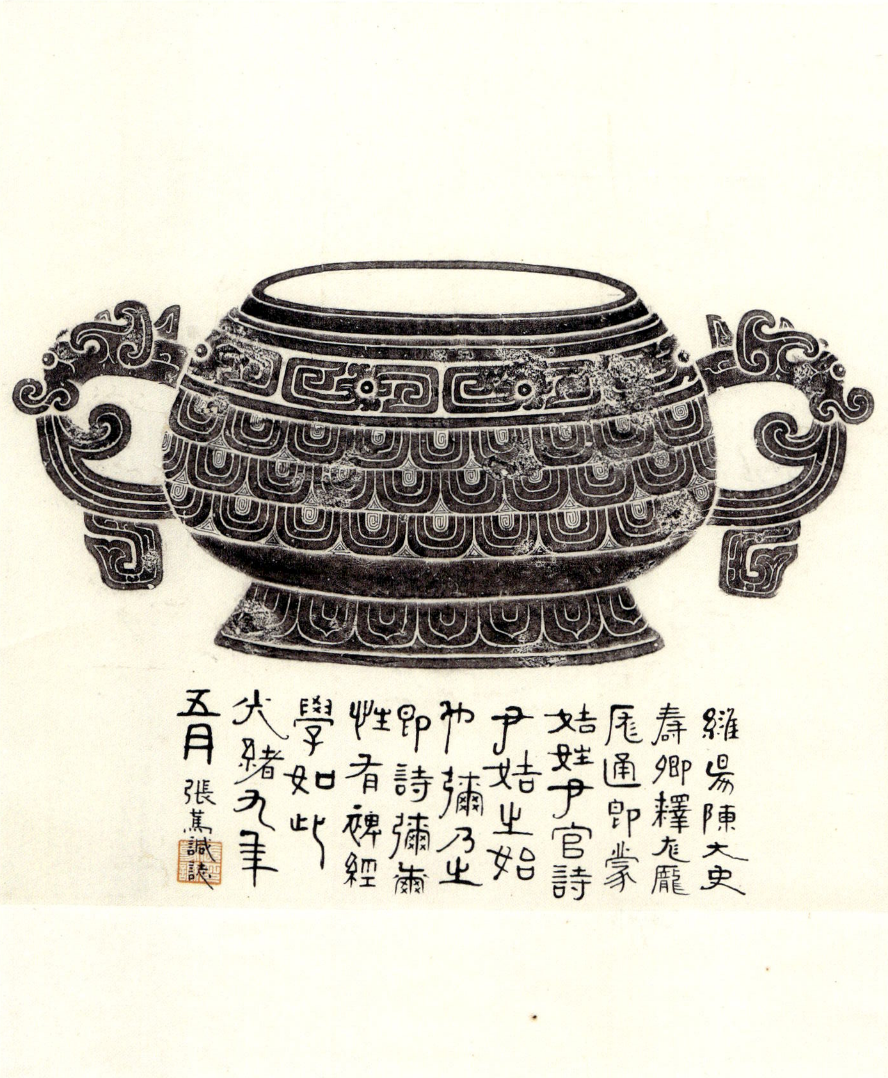

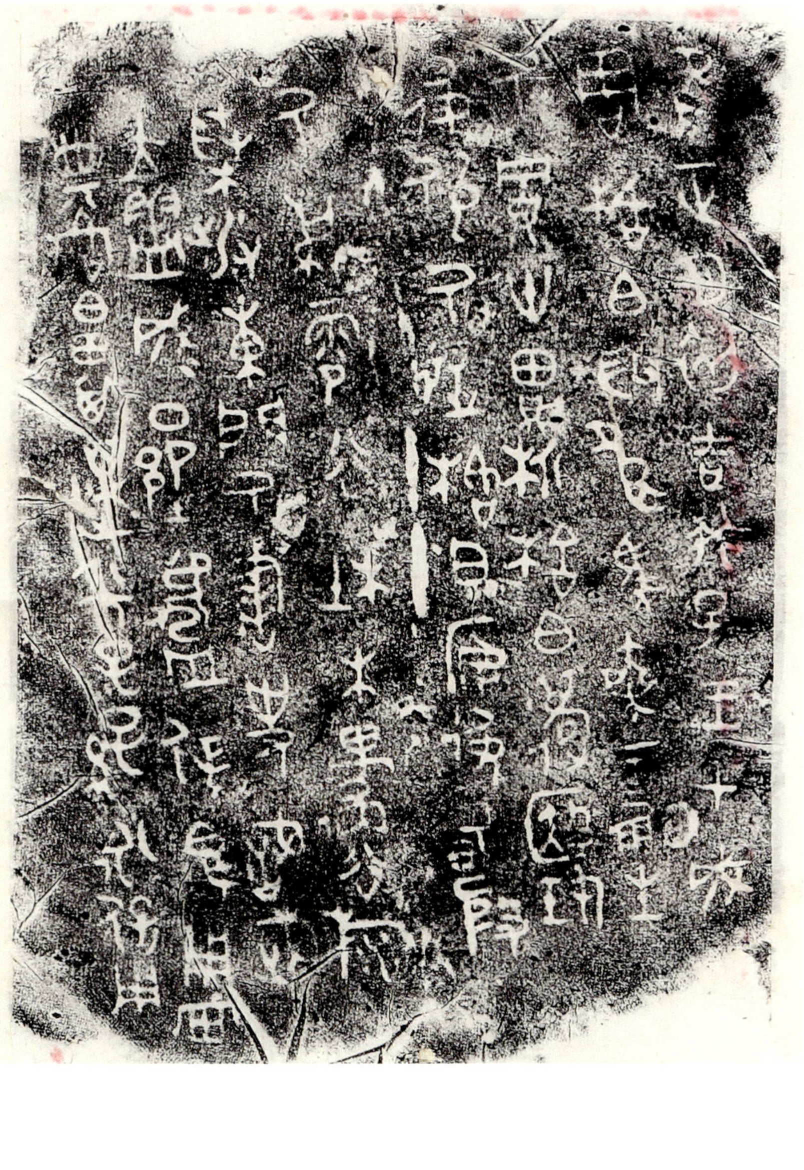

阮元監拓僧達受製拓格伯簋全形拓

拓本信息

時期：清

尺寸：橫四五厘米，縱七五厘米

監拓：阮元

製拓：僧達受

鈐印：阮氏家廟藏器、六舟所拓金石

備注：器形、銘文翻刻

器物信息

器名：格伯簋（倗生簋）

類別：食器

時期：西周中期

尺寸：通高三一厘米，口徑二一點九厘米

釋文：隹（唯）正月初吉癸子（巳），王才（在）成周，格白（伯）取良馬乘于倗生，氒（厥）賁（賈）卅田，則析。格白（伯）遷殹妊彶佤，氒（厥）從格白（伯）反（按）彶甸：殷氒（厥）紉（絶）雩谷、杜木、邍谷、旅菜，涉東門。氒（厥）書史戠武，立盉（臿）成壆，鑄保（寶）毁（簋），用典格白（伯）田，其邁（萬）年子子孫孫永保用。

遞藏：阮元、故宮博物院

現藏：中國國家博物館

著録：《總集》2782、《三代》9·16·2、《積古》7·15、《攈古》3·1·80、《奇觚》16·36、《周金》3·37·2、《大系》64、《小校》8·63·2、《集成》4265、《商周》5310、《國圖拓》2·432-440

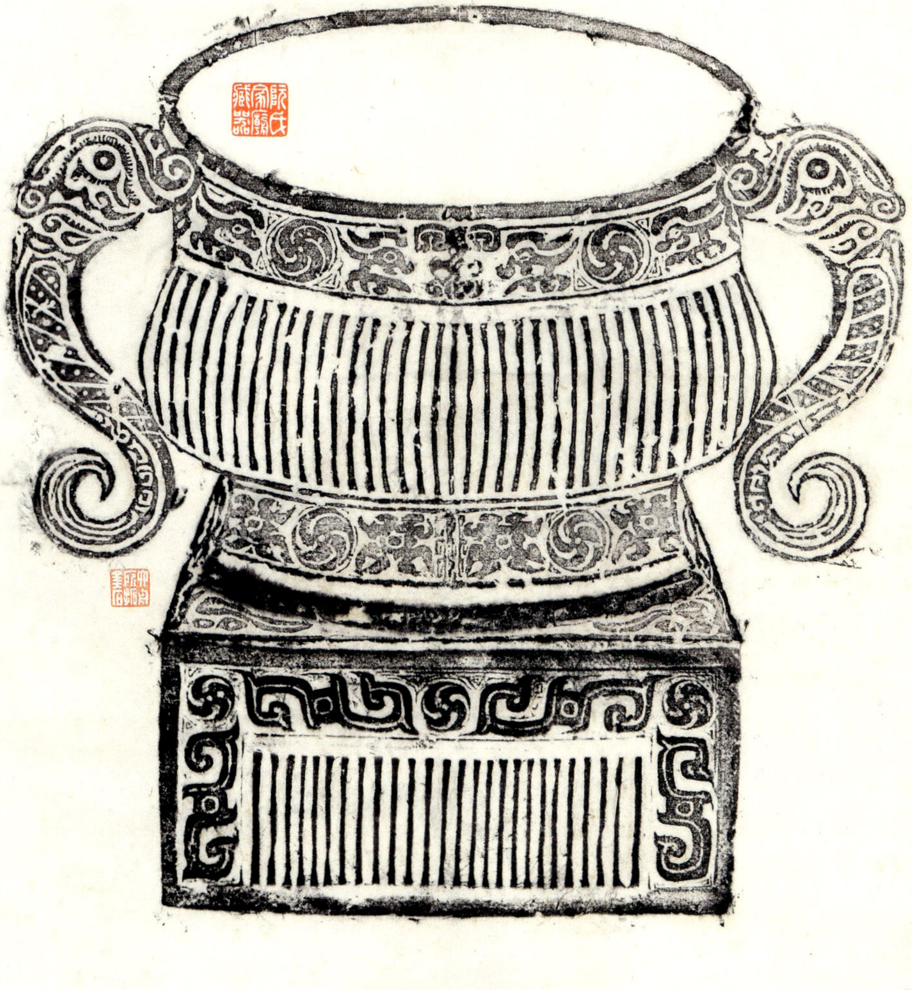

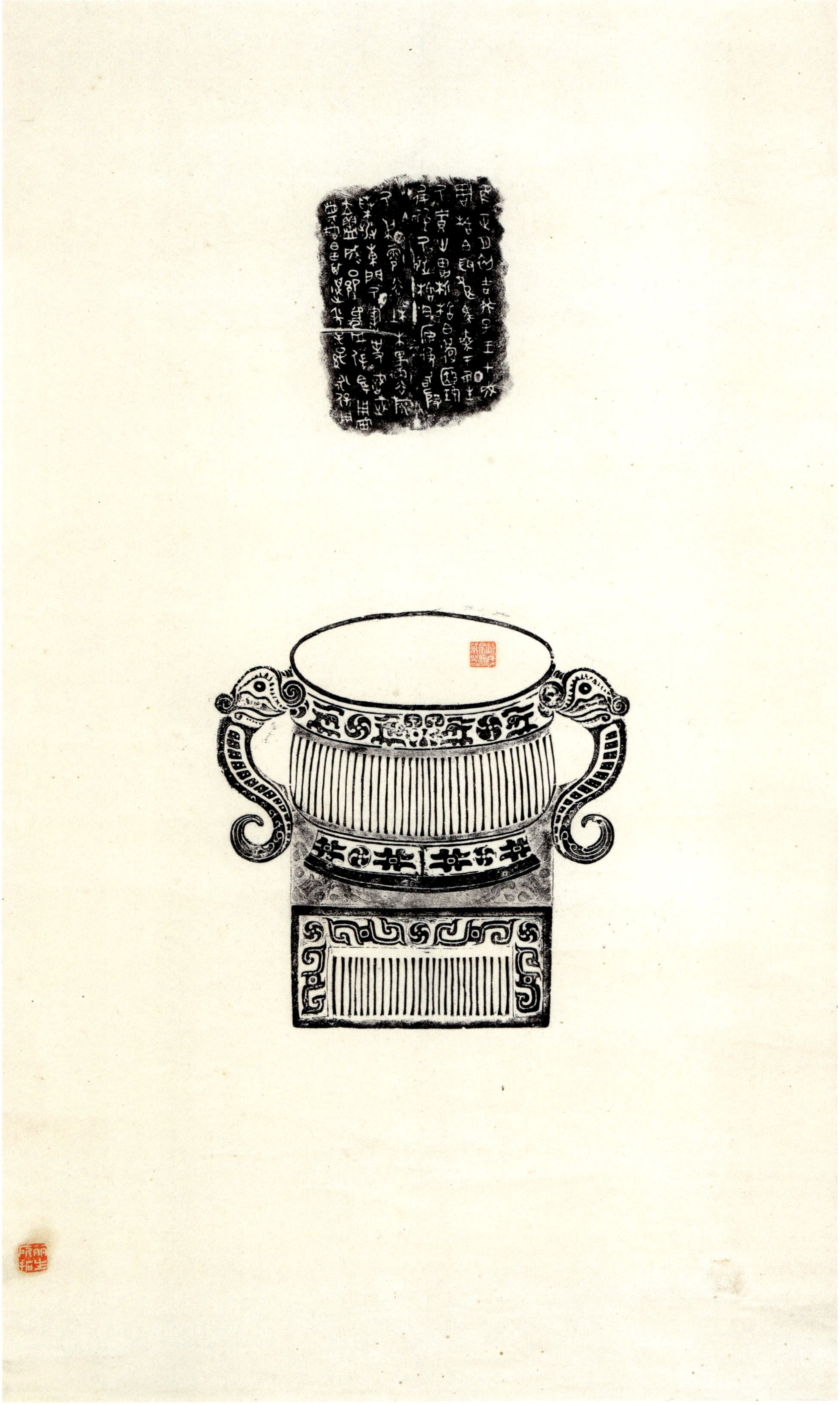

阮元監拓丽生製拓格伯簋全形拓

拓本信息

時期：清

尺寸：横六〇厘米，縱一一〇厘米

監拓：阮元

製拓：丽生

鈐印：阮氏家廟藏器、丽生所拓

備注：器形翻刻

器物信息

信息見前阮元監拓僧達受製拓格伯簋全形拓

師酉簋全形拓

拓本信息

時期：清

尺寸：橫五一厘米，縱一〇〇厘米

鈐印：簠齋先秦文字

流傳：陳介祺

備注：器形誤配蔡姞簋。銘文翻刻。

器物信息

器名：師酉簋

類別：食器

時期：西周中期

尺寸：通高二二點九厘米，寬三二點八厘米

釋文：隹（唯）王元年正月，王才（在）吴，各吴大（太）廟，公族𤼈釐入右師酉，立中廷，王乎（呼）史𢼸（牆）冊命師酉：『嗣（嗣）乃且（祖）啻（嫡）官邑人，虎臣：西門尸（夷）、𤰇尸（夷）、秦尸（夷）、京尸（夷）、弁（弁）瓜（狐）尸（夷）。新易（錫）女（汝）赤市（韍）、朱黄（衡）、中䌹（褧）、攸（鋚）勒，敬夙（夙）夜勿灋（廢）朕令（命）。師酉拜䭫（稽）首，對揚天子不（丕）顯休令（命），用乍（作）朕文考乙白（伯）、宄姬䵼（尊）𣪘（簋），酉其萬年子子孫孫永寶用。』

出土時地：不明

遞藏：阮元、吴雲、金香圃

現藏：故宫博物院

著録：《總集》2803·1、2804·2、《三代》9·21·2-9·22·1、《積古》6·23·1（蓋）、《攈古》3·2·28·2-29·1（器）、《二百》3·1（器）、《兩罍》6·15·1（蓋）、6·17·1（器）、《愙齋》9·12·1（器）、《奇觚》4·22·1-2（蓋）、4·24·2（器）、《古文審》7·11、《周金》3·20·2（蓋）、《大系》76·1-77·2、《小校》8·69·2-70·2、《故青》189、《集成》4288、《商周》5346、《國圖拓》2·462

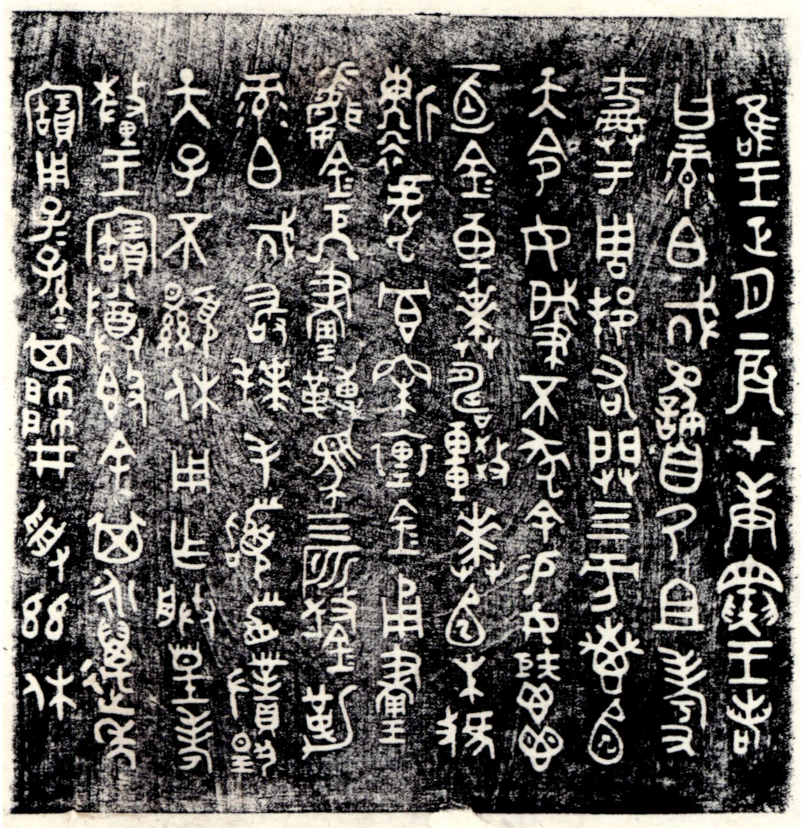

呂佺孫監拓吳廷康跋録伯𢦚簋全形拓

拓本信息

時期：清

尺寸：横四六厘米，縱一〇二厘米

鈐印：龍眠吳廷康印、康父

監拓：呂佺孫

題跋：吳廷康題端：録伯作朕釐王寶尊敦。毘陵呂堯仙中丞珍藏吉金善者最多，廷康僅從向叔摹得此品，何歉如之。

備注：器形、銘文翻刻

器物信息

器名：録伯𢦚簋

類别：食器

時期：西周中期

釋文：隹（唯）王正月，辰才（在）庚寅，王若曰：録白（伯）𢦚，繇自乃且（祖）考有爵（庸）于周邦，右（佑）闢（闢）三（四）方，叀（惠）𢦏天令（命），女（汝）肇不家（墜），余易（錫）女（汝）𩰫（秬）鬯一卣（卣）、金車、莾（賁）𩌦（幬）較（較）、莾（賁）𢦏朱虢（鞹）𩌏（靳）、虎冟（冪）㝘（朱）裏、金甬（筩）、畫（畫）聞（䡅）、金厄（軛）、畫（畫）轉、馬三（四）匹、鋚勒，録白（伯）𢦚敢（敢）捧（拜）手𩒨（稽）首，對（對）𦥑（揚）天子不（丕）顯休，用乍（作）朕（朕）皇考釐王寶𣴎（尊）𣪘（簋），余甘（其）永邁（萬）年寶用，子子孫孫甘（其）帥井（型），受𢆶（兹）休。

出土時地：不明

遞藏：呂佺孫

現藏：不明

著録：《總集》2816、《三代》9·27·2、《攈古》3·2·51、《愙齋》11·2、《奇觚》4·16、《周金》3·18·1、《大系》35、《小校》8·75·2、《銘文選》180、《集成》4302、《商周》5365

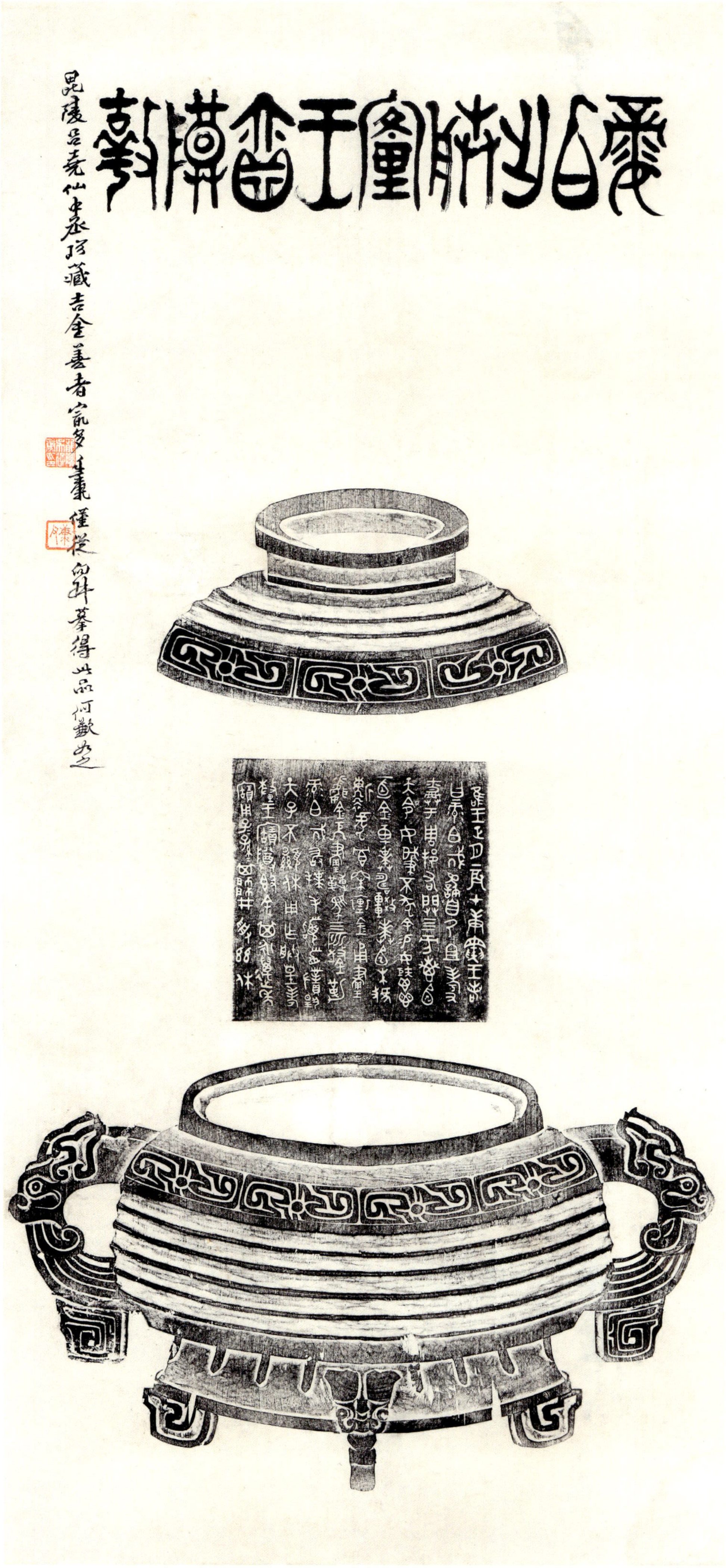

張廣建監拓秦公簋全形拓

拓本信息

時期：民國

尺寸：橫六〇厘米，縱一三〇厘米

監拓：張廣建

鈐印：合肥張廣建勳伯氏藏器、合肥張勳伯氏藏器、陽穀熊氏所藏圖書金石文字

流傳：熊夢賓

備注：器形翻刻

器物信息

器名：秦公簋

類別：食器

時期：春秋早期

尺寸：通高一九點八厘米，口徑一八點五厘米

釋文：【器銘】𥘭（秦）公曰：不（丕）顯朕皇且（祖），受天命，鼏（冪）宅禹責（蹟），十又二公，才（在）帝之坏（坯），嚴龏（恭）夤天命，保𤔲（業）乒（厥）𥘭（秦），虩（赫）事䜌（蠻）夏，余雖小子，穆穆帥秉明德，剌剌（烈烈）趄趄（桓桓），邁（萬）民是敕（敕）。【蓋銘】咸畜胤士，䀇䀇（藹藹）文武，鋘（鎮）静（靖）不廷，虔敬朕祀，乍（作）啍宗彝，㠯（以）卲（昭）皇且（祖），𢍰（其）嚴遄（遄）各，㠯（以）受屯（純）魯多釐，釁（眉）壽無疆，畯疐才（在）天，高引又（有）慶（廔-令），竈（肇）囿三（四）方，宜。【器刻銘】西元器，一斗七升小拳（賸），段（簋）。【蓋刻銘】西，一斗七升大半升，蓋。

出土時地：目前此器出土信息有三，暫列如下：民國初年甘肅秦州（《商周彝器通考》），或一九一九年甘肅天水西南鄉（《銅全7》），或一九二三年甘肅天水（《歷博》）

遞藏：張廣建

現藏：中國國家博物館

著録：《總集》2833、《三代》9•33•2-9•34•3、《貞松》6•13、《大系》288-299、《通考》344、《小校》8•78•2-8•79、《安徽金石》1•24（又18•8重出）、《銅玉》87頁圖、《銘文選》920、《歷博》60、《美全》5•9、《青全》6•144、《辭典》648、《集成》4315、《商周》5370、《國圖拓》2•532-539

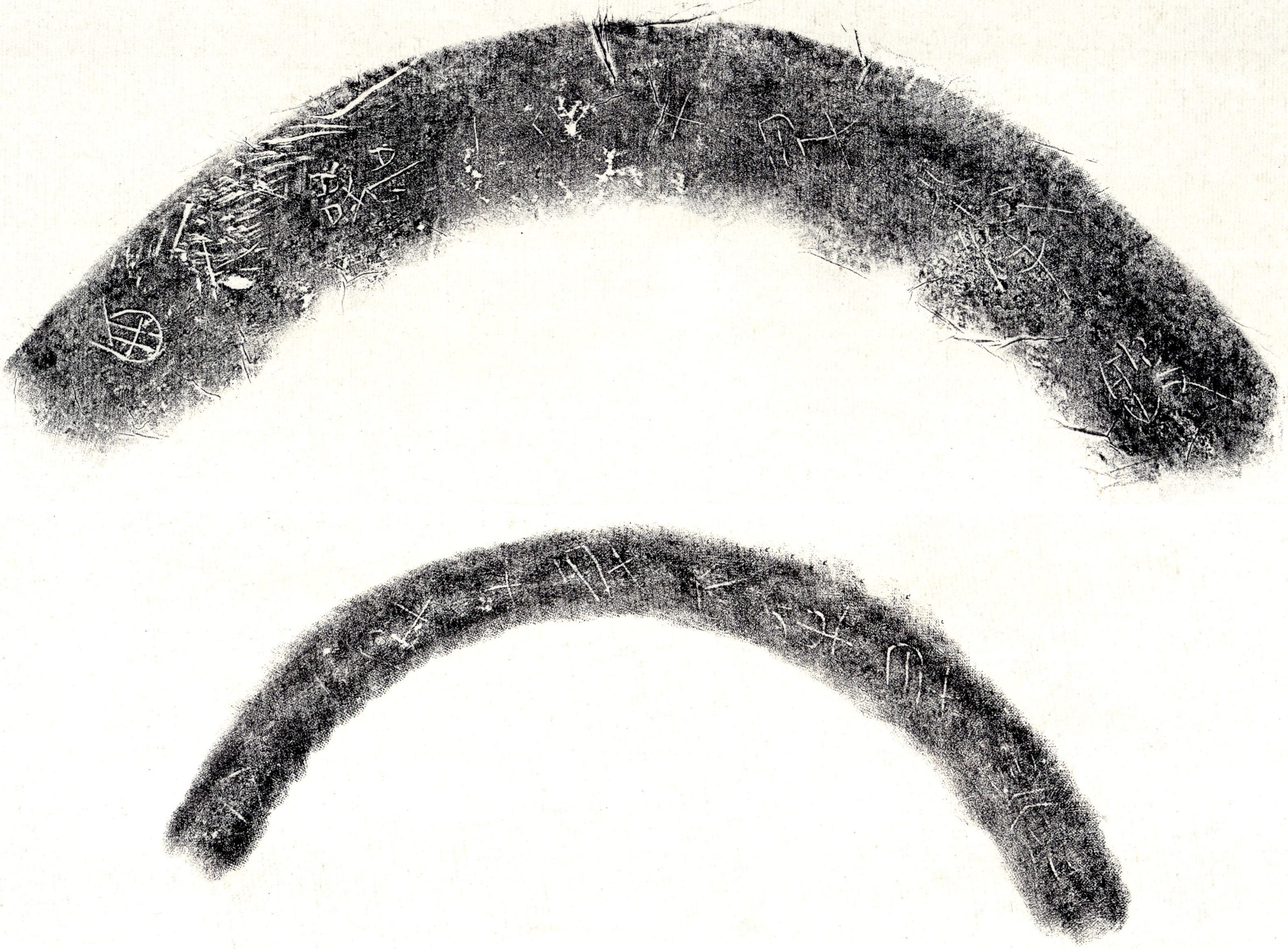

車幅全形拓

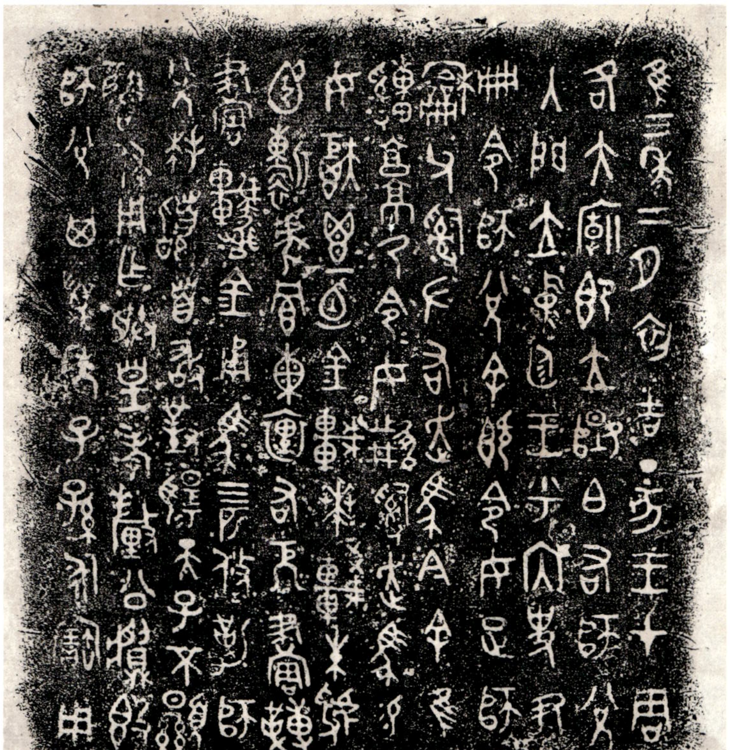

丁麟年監拓師兌三年簋全形拓

拓本信息

時期：民國

尺寸：横三八厘米，縱一二五厘米

鈐印：日照丁麟年

監拓：丁麟年

備注：石印本

器物信息

器名：師兌三年簋

類別：食器

時期：西周晚期

尺寸：通高二二點七厘米，口徑一九點二厘米

釋文：隹（唯）三年二月初吉丁亥，王才（在）周，各（格）大（太）廟，即立（位）。䣄白（伯）右師兌，入門，立中（中）廷，王乎（呼）内史尹册令（命）師兌：余既令（命）女（汝）疋（胥）師龢（龢）父，嗣（司）ナ（左）右丞（走）馬，今余隹（唯）醽（申）豪（就）乃令（命），令（命）女（汝）㪔嗣（司）丞（走）馬，易（錫）女（汝）秬（秬）鬯一卣（卣），金車，𠦪（賁）較（較），朱虢（鞹）、𠫑（靳）、虎冟（冪）、熏（纁）裏、右厄（軛）、畫（畫）轉、畫（畫）𨏖（輯），金甬（筩）、馬三（四）匹、攸（鋚）勒，師兌捧（拜）䭫（稽）首，敢（敢）對䣄（揚）天子不（丕）顯魯（魯）休，用乍（作）朕（朕）皇考釐公䵼（鷰）段（簋），師兌甘（其）萬年，子子孫孫永寶用。

遞藏：丁樹楨、丁麟年

現藏：上海博物館

著録：《三代》9・30・1（器）-9・31・1（蓋）、《貞松》6・19・1（器）-6・20・2（蓋）、《希古》3・34・2（器）-3・36・2（蓋）、《大系》150・2（蓋）、《周金》3・15・1（蓋）、《小校》8・82・1（蓋）-8・82・2（器）、《總集》2830、《綜覽》簋397、《銘文選》278、《夏商周》318、《國史金》1749（器）、《集成》04318、《商周》5374

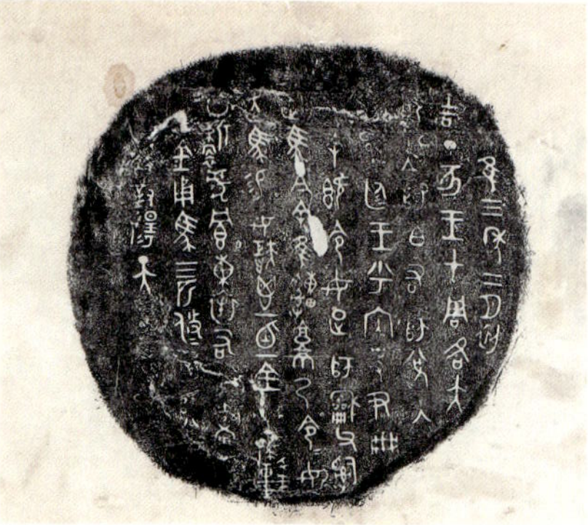

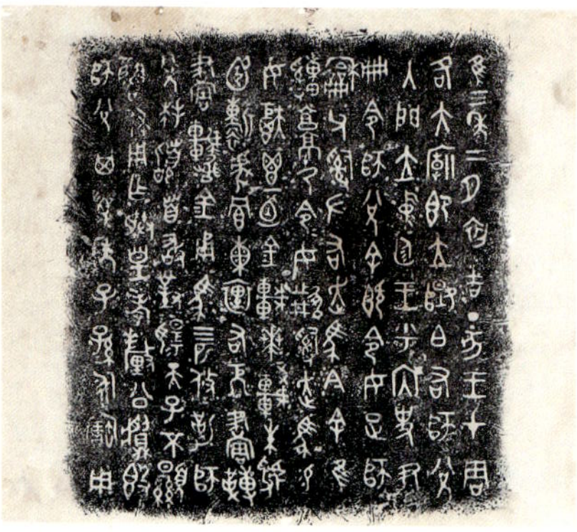

山東博物館監拓頌簋全形拓

拓本信息

時期：當代

尺寸：橫六七厘米，縱一〇五厘米

監拓：山東博物館

器物信息

器名：頌簋

類別：食器

時期：西周晚期

尺寸：腹高二二點一厘米，深一四點九厘米，口徑二四點二厘米，蓋口徑二六點三厘米

釋文：隹（唯）三年五月既死霸甲戌，王才（在）周康卲（昭）宮。旦，王各大室，即立（位）。宰引右頌入門，立中廷，尹氏受（授）王令（命）書，王乎（呼）史虢生册令（命）頌。王曰：『頌，令女（汝）官嗣（司）成周貯（賈）廿家，監嗣（司）新寤（造），貯（賈），用宮御，易（錫）女（汝）玄衣黹屯（純）、赤市、朱黄（衡）、䜌（鑾）旂、攸（鋚）勒，用事。』頌拜䭫（稽）首，受令（命）册，佩巳（以）出，反（返）入（納）堇（瑾）章（璋）。頌敢對揚天子不（丕）顯魯休，用乍（作）朕皇考龏（恭）弔（叔）、皇母龏（恭）始（姒）寶障（尊）毁（簋），用追孝，旛（祈）匃康㲉、屯（純）右（祐）、通録（禄）、永令（命）。頌其萬年豐（眉）壽无彊（疆），畯（畯）臣天子，霝（令）終，子子孫孫寶用。

出土時地：不明

遞藏：劉喜海、丁樹楨

現藏：山東博物館

著録：《總集》2846、《三代》9•42•2–9•43•1、《攈古》3•3•9•2、《金索》1•45•1、《敬吾下》4•1、《周金》3•6•1–2、《大系》52、《小校》8•98•1、《清愛》5、《銘文選》435（器）、《山東藏品》50、《山東精粹》116、《集成》4334、《商周》5392

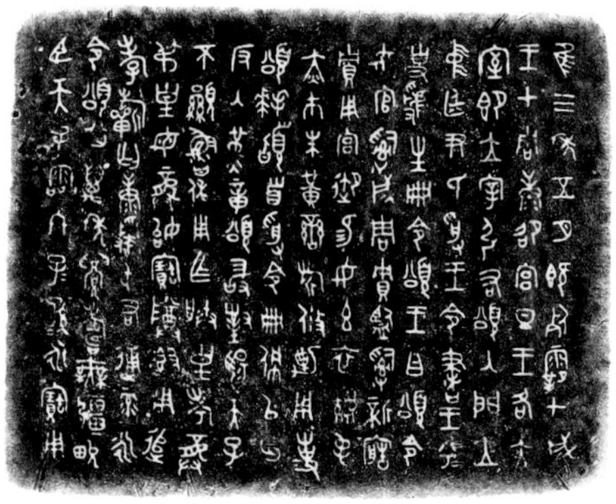

作寶簋全形拓

拓本信息

時期：清末民初

尺寸：横三八厘米，縱八〇厘米

鈐印：陶齋所得、陶齋所藏金石文字印

流傳：丁樹楨

器物信息

器名：作寶簋

類別：食器

時期：西周

出土時地：不明

遞藏：不明

現藏：不明

備注：銘文疑僞

父乙簋全形拓

拓本信息

時期：清末民初

尺寸：横四二厘米，縱六五厘米

鈐印：六秦詔量之館、鑒齋、陶齋所得、黄縣丁榦圃收藏金石

流傳：丁樹楨

器物信息

器名：父乙簋

類別：食器

時期：周

出土時地：不明

遞藏：不明

現藏：不明

備注：銘文翻刻，其似據臣卿簋銘文演化而成，疑僞。

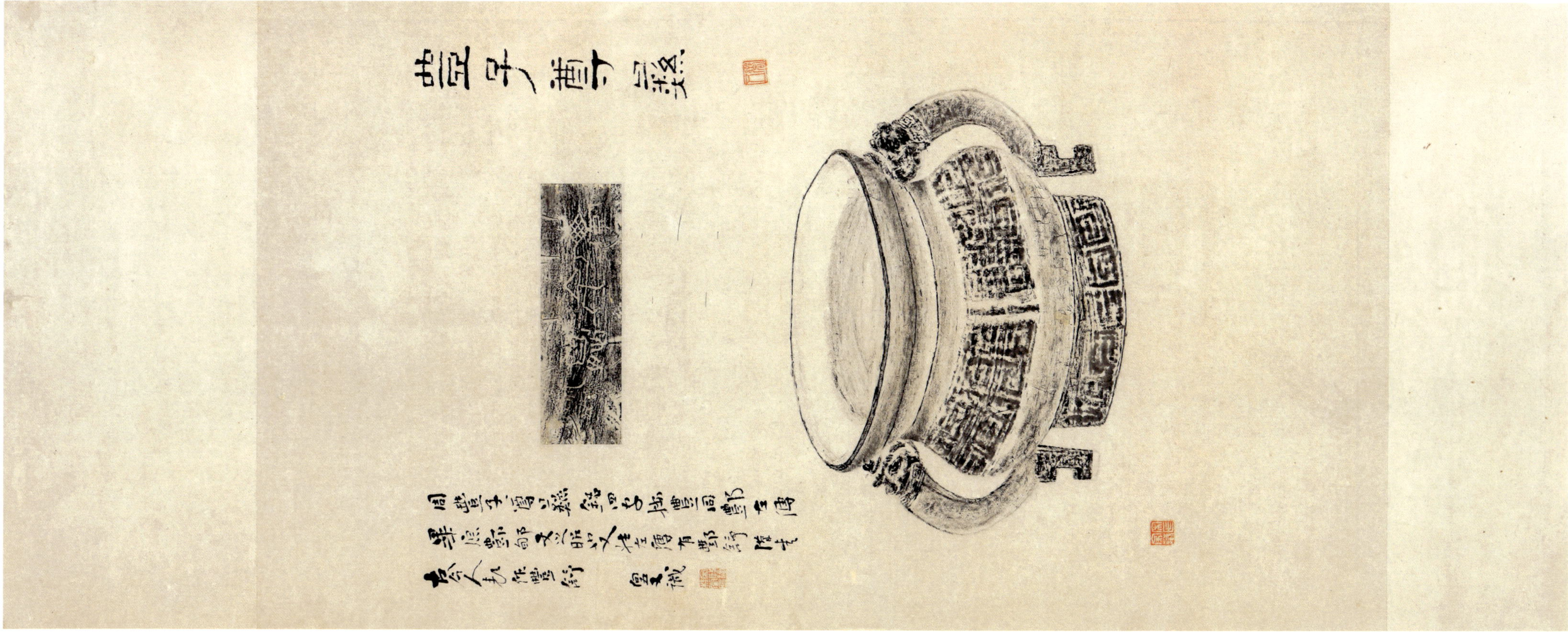

酆、郇，文之昭也。』又姓，《左傳》有酆舒，《漢書・古今人表》作豐舒。向五又識。

宋啓福跋豐子尊簋全形拓

拓本信息

時期：清

尺寸：橫五三厘米，縱八五厘米

鈐印：宋氏家藏、向五、宋啓福桂堂印、張氏□□、百弌藏硯

題跋：張□□題外簽：周豐子尊彝墨拓，拔水宋向五藏。

宋啓福題跋：豐子尊彝。周『豐子尊彝』銘四字，按：『豐』同『酆』，《左傳》：『畢、原、

器物信息

器名：豐子尊簋

類別：食器

出土時地：不明

遞藏：不明

現藏：不明

備注：僞器

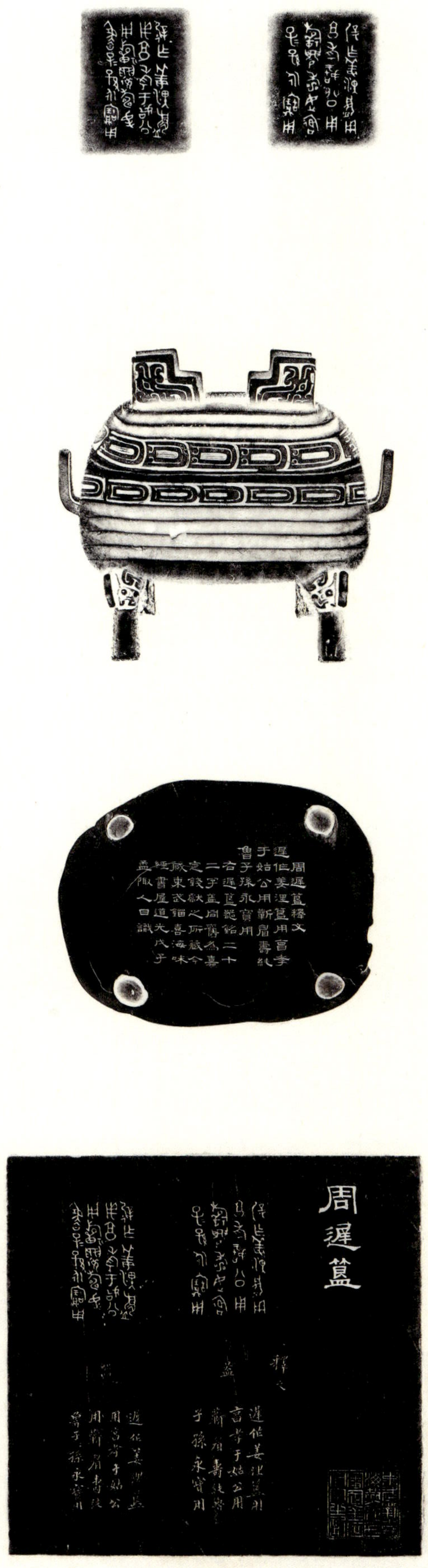

遲盨全形拓

拓本信息

時期：當代

尺寸：横七六厘米，縱一一五厘米

器物信息

器名：遲盨（𢓊盨）

時期：西周晚期

尺寸：高二二點八厘米，深九點四厘米，口徑二二點五厘米，寬一六點五厘米

釋文：𢓊（遲）乍（作）姜淠盨，用亯（享）孝于姑公，用旂（祈）釁（眉）壽屯（純）魯，子子孫孫永寶（寶）用。

出土時地：不明

遞藏：錢坫、劉喜海、陳介祺

現藏：山東博物館

著録：《三代》10•40•1-2、《十六》2•9、《積古》7•13-14、《清愛》7、《攈古》2•3•24•1、《愙齋》15•22•1-2、《綴遺》9•3、《奇觚》5•32-33、《敬吾下》20、《周金》3•157•2-3、《簠齋》3•簠1、《小校》9•37•1、《總集》3063、《山東成》352、《集成》04436、《商周》5627

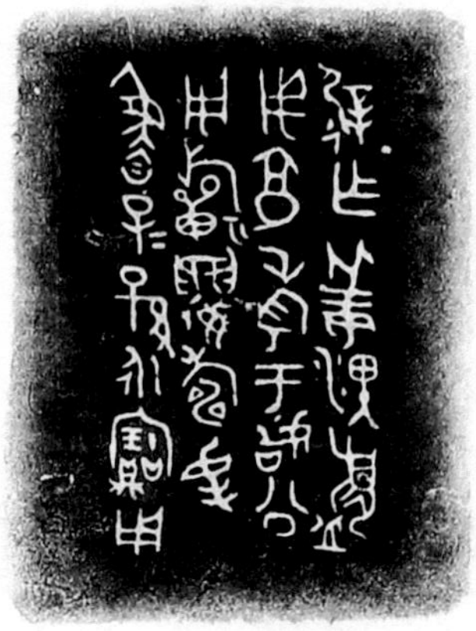

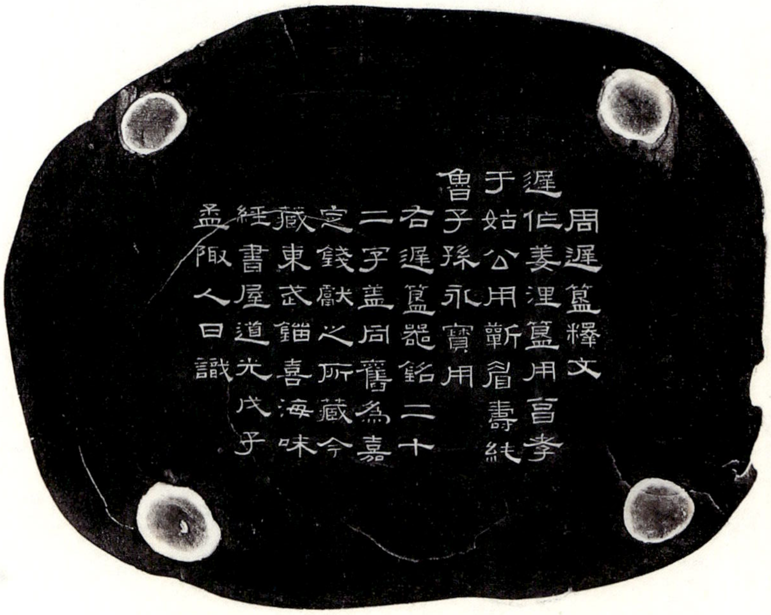
周遲簋釋文
遲作姜淠簋用盲孝
于姑公用鬻眉壽純
魯子孫永寶用
右遲簋器銘二十
二字蓋同舊爲嘉
定錢獻之所藏今
藏東武錙喜海味
經書屋道光戊子
孟陬人日識

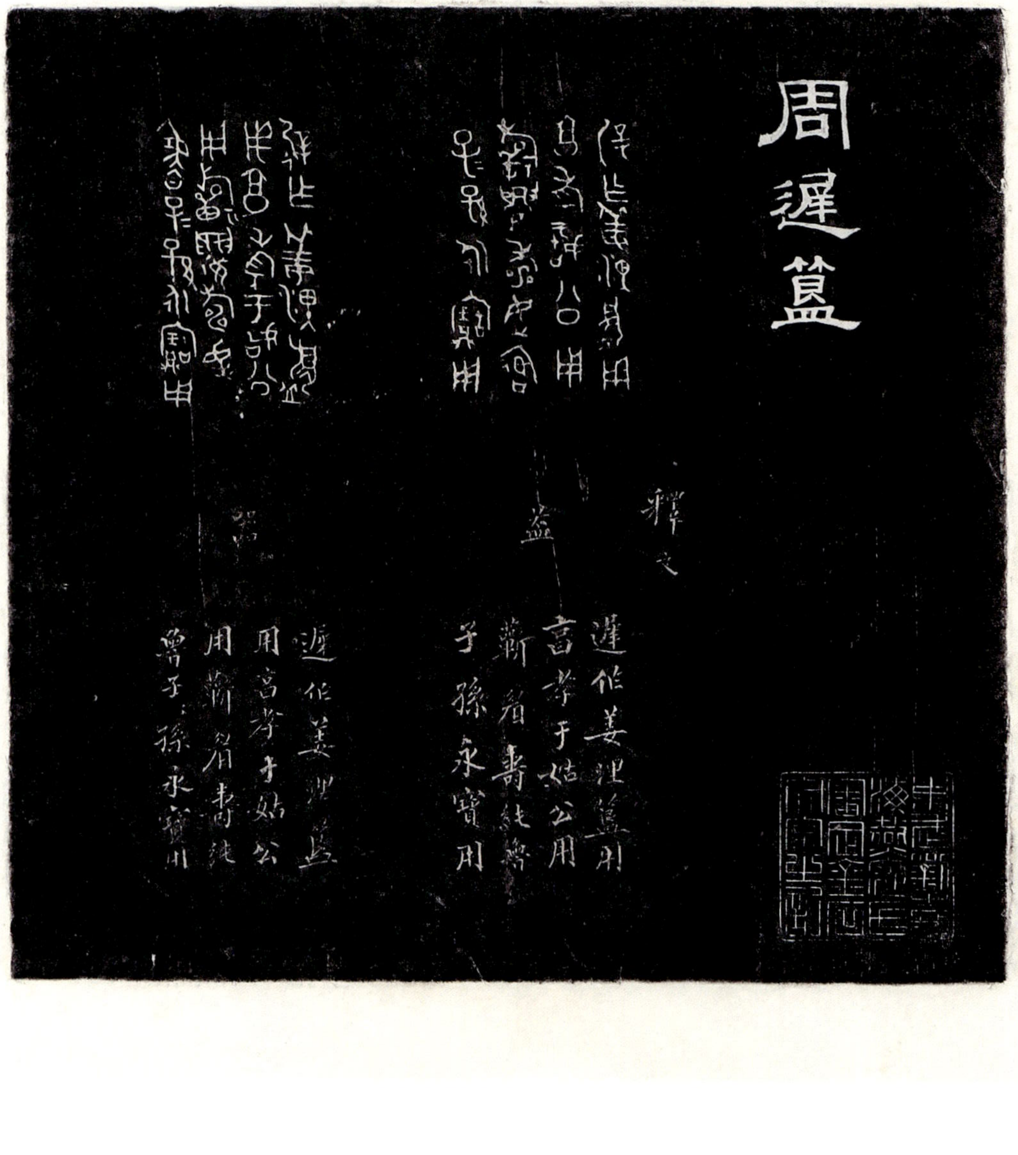
周遲簋
釋文
遲作姜淠簋用
盲孝于姑公用
鬻眉壽純魯
子孫永寶用
蓋
遲作姜淠簋
用盲孝于姑公
用鬻眉壽純
魯子孫永寶用
器

陳介祺監拓曾伯霥簠蓋全形拓

拓本信息

時期：清

尺寸：横七六厘米，縱一一五厘米

監拓：陳介祺

鈐印：簠齋、收秦燔所不及

器物信息

器名：曾伯霥簠蓋

類別：食器

時期：春秋早期

尺寸：蓋高九點九厘米，口横三二點八厘米，口縱二四點八厘米

釋文：隹（唯）王九月初吉庚午，曾白（伯）霥（漆）悊聖元武，元武孔黹，克狄（逖）淮（淮）尸（夷），卬（抑）燮繇（繁）湯（陽），金衜（道）鍚（錫）行，具既卑（俾）方。余睪（擇）其吉金黄鑄（鋁），余用自乍（作）遨（旅）匿（簠），吕（以）征吕（以）行，用盛稻粱，用耇（孝）用亯（享）於我皇文考。天賜（錫）之福，曾霥（漆）叚（遐）不黄耇，邁（萬）年釁（眉）壽無疆（疆），子子孫孫，永寶用之亯（享）。

出土時地：不明

遞藏：周小崖、陳介祺、山東博物館

現藏：中國國家博物館

著録：《三代》10•26•2、《從古》2•19、《擄古》3之2•12、《客齊》15•2、《綴遺》8•20、《奇觚》5.25、《周金》3•120、《小校》9•22•2、《大系》207•2、《山東存•曾》2、《總集》2987、《曾銅》411頁左、《山東成》399、《集成》04632、《商周》5979

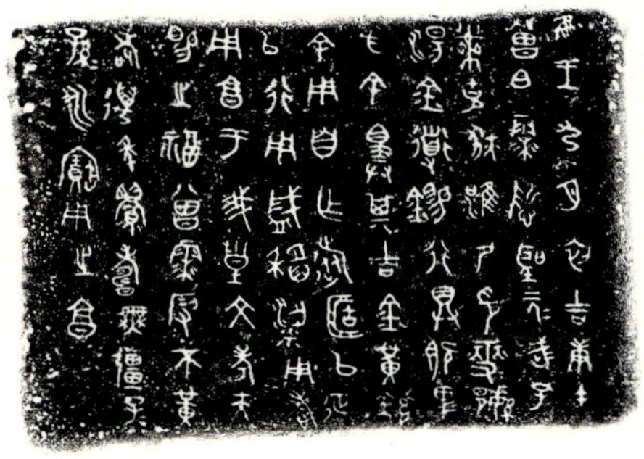

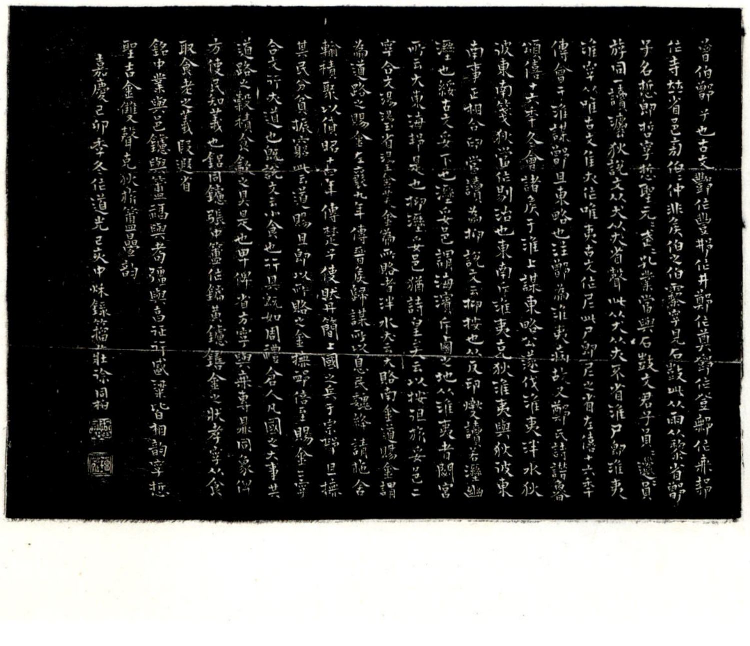

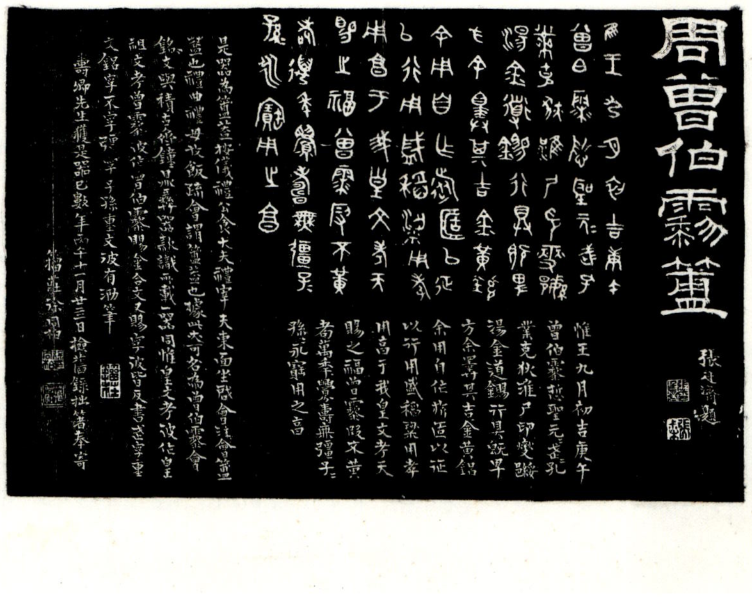
周曾伯霥簠

題跋：

張廷濟題：周曾伯𩞁簠

徐同柏題跋并釋：惟王九月初吉庚午，曾伯𩞁悊聖元武，元武孔業，克狄淮尸，印燮繁湯，金道錫行，具既卑方。余羼其吉金黃鋁，余用自作旅固，以征以行，用盛稻粱，用孝亯於我皇文考。天賜之福，曾𩞁叚不黃耇，萬年釁壽無彊，子子孫孫永寶用之亯。

是器爲簠蓋。按《儀禮·公食大夫禮》『宰夫東面坐啓會』，注『會，簠蓋也』。《禮·曲禮》『毋放飯』《疏》『會，謂簠蓋也』。據此亦可名爲曾伯𩞁會，銘文與《積古齋鐘鼎彝器款識》所載一器同，惟皇文考，彼作皇祖文考。曾𩞁，彼作曾伯𩞁，賜金合文。又賜字，彼皆反書。武字重文。鋁字、不字、彊字、子孫重文，彼有泐筆。壽卿先生獲是器已數年，丙午十一月廿四日檢舊録拙著奉寄，籀莊徐同柏。

曾伯，鄫子也。古文鄫作豐，邢作井，鄭作奠，鄧作登，鄦作無，邿作寺，并省邑旁。伯，伯仲，非侯伯之伯。𩞁字見石鼓，此从雨从黎省。鄫子名悊，即哲字。『悊聖元武，元武孔業』，當與石鼓文『君子員邋，員邋員斿』，同一讀灋。狄，《說文》从犬从亦，省声。此从犬从亦，不省。淮尸即淮夷。淮字从唯，古文隹亦作唯。夷古文作𡰥，此尸即𡰥之省。《左·僖十六年傳》『會於淮，謀鄫，且東略也』，注『鄫爲淮夷病故』。又鄭氏《詩譜·魯頌》『《僖十六年》，冬會諸侯於淮上，謀東略，公遂伐淮夷』。《泮水》『狄彼東南』，《箋》『狄當作剔，治也』。『東南斥淮夷』『克狄淮夷』與『狄彼東南』事正相合。印當讀爲抑，《說文》云『抑，按也，从反印』。燮讀若溼，幽溼也。綏，古文妥，下也。溼妥邑，謂海濱斥鹵之地从淮夷者，《閟宫》所云『大東』『海邦』是也。抑溼妥邑猶《詩·皇矣》云『以按徂旅』。妥邑二字合文。湯，盪省。盪金，美金爲所賂者，《泮水》亦云『大賂南金』。道賜金，謂爲道路之賜金。《左·襄九年傳》『晋侯歸，謀所以息民，魏絳請施舍，輸積聚以貸』。《昭十四年傳》『楚子使然丹簡上國之兵於宗邱，且撫其民，分貧振窮』。此云道賜，且即以所賂之金撫卹倍至。賜金二字合文。行，亦道也，既《說文》云『小食也』。行具，既如《周禮·倉人》『凡國之大事，共道路之穀積、食飲之具』是也。卑，俾省。方字，與無専鼎同象。俾方，使民知義也。鋁同鑢，張中簠作鏞。黃鑢，鑄金之狀。孝字从食，取食老之義。叚，遐省。

銘中業與邑、鑢與簠、福與耇、彊與亯、征、行、盛、梁皆相韵字。悊聖、吉金，雙聲。克狄、旅簠，疊韵。

嘉慶己卯季冬作，道光己亥中秋録，籀莊徐同柏。

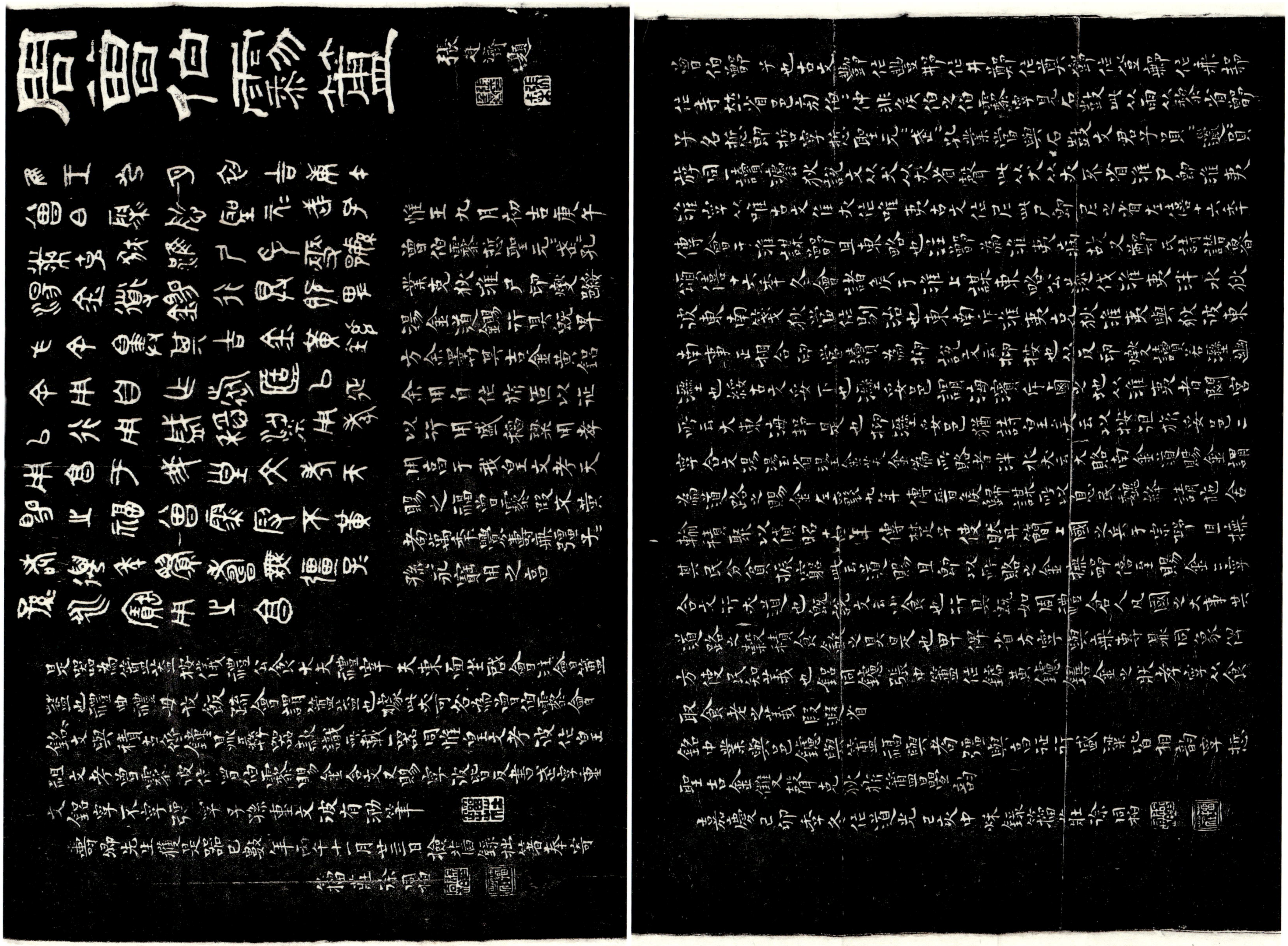
周曾伯霥簠
張廷濟題

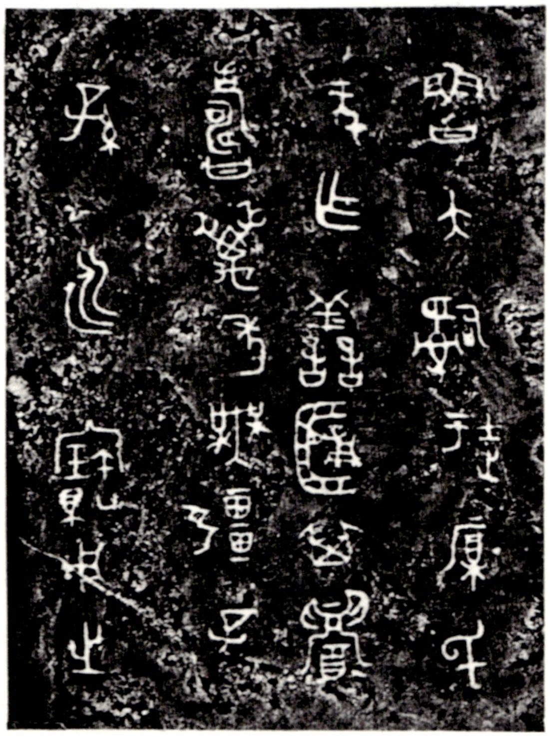

厚氏元鋪全形拓

拓本信息

時期：民國

尺寸：横五〇厘米，縱一〇四厘米

流傳：葛家脩

備注：器形翻刻、繪製結合

器物信息

器名：厚氏元鋪（魯大司徒厚氏元簠）

類别：食器

時期：春秋早期

尺寸：通高二八點三厘米，口徑二五點五厘米

釋文：魯大嗣（司）徒厚氏元，乍（作）譱（膳）匿（鋪），
甘（其）釁（眉）耈（壽），萬年無疆（疆），
子孫永寶用之。

出土時地：一九三二年山東曲阜林前村

遞藏：不明

現藏：不明

著録：《總集》3118、《三代》10·48·1、《山東存》
魯17·2、《集成》4689、《商周》6156

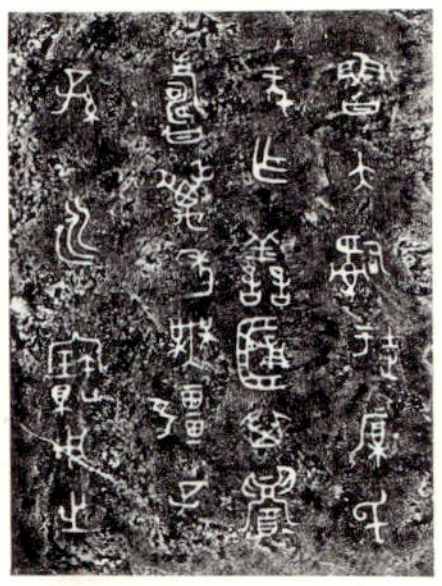

正御爵全形拓

拓本信息

時期：清末民初

尺寸：横三五厘米，縱六七厘米

鈐印：陽穀熊氏所藏圖書金石印、寶楚齋

流傳：熊夢賓

器物信息

器名：正御爵（正卯爵）

類別：酒器

時期：西周早期

尺寸：通高二三點五厘米

釋文：正卯（御）。

出土時地：不明

遞藏：盧芹齋

現藏：美國華盛頓賽克勒美術館

著録：《總集》3652、《小校》6·30·4、《美集録》182、《薩克勒》（西周）105、《集成》8201、《商周》7554、《國圖拓》4·840

父己爵全形拓

拓本信息

時期：清末民初

尺寸：横四二厘米，縱九六厘米

鈐印：陶齋所得、黄縣丁榦圃收藏金石

流傳：丁樹楨

器物信息

器名：父己爵

類别：酒器

時期：西周早期

尺寸：高九點五寸，流至尾長七點九寸（《善齋》）

釋文：父己。

出土時地：不明

遞藏：溥倫、劉體智

現藏：不明

著録：《總集》3463、《三代》15·22·1、《貞松》9·34·2、《善齋》6·27、《續殷下》12·3、《小校》6·17·7、《集成》7944、《商周》7612

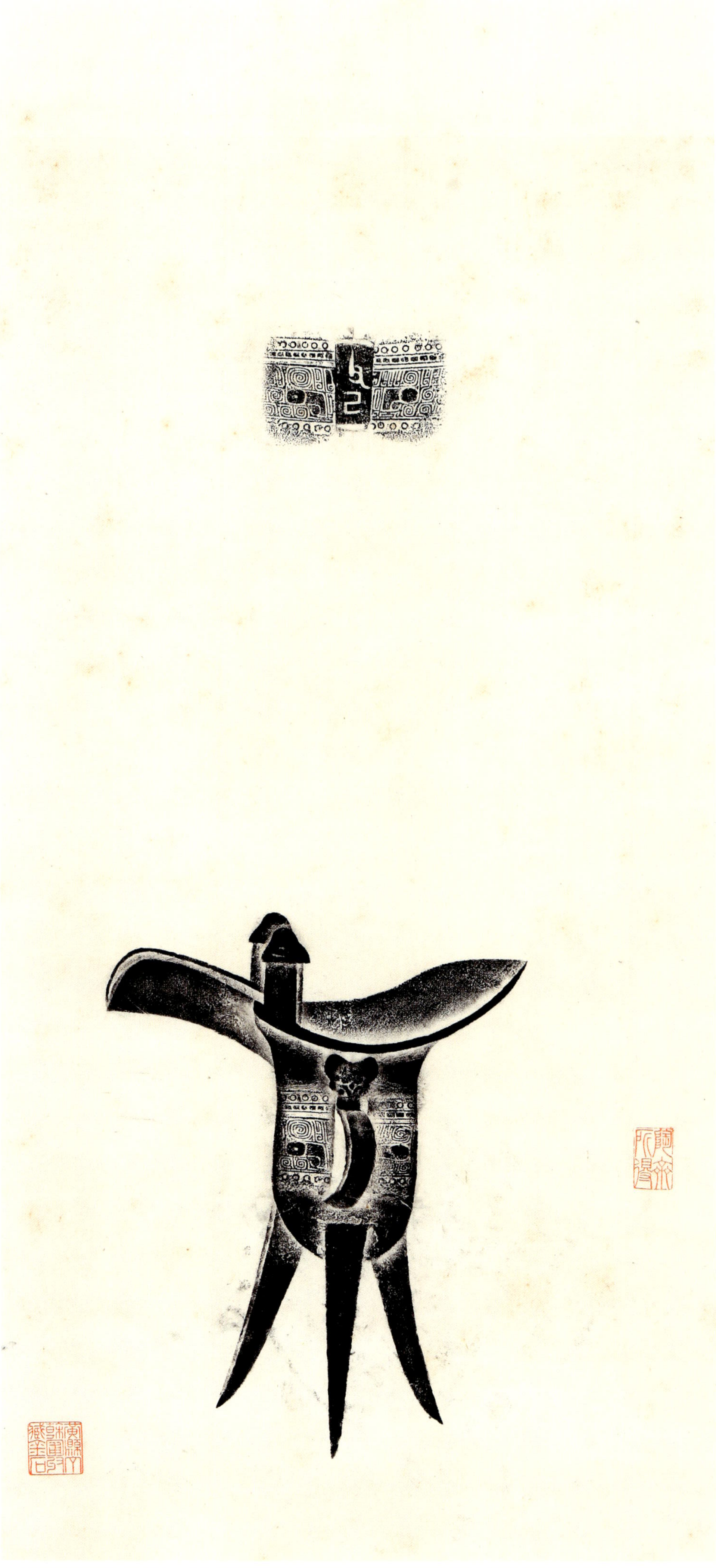

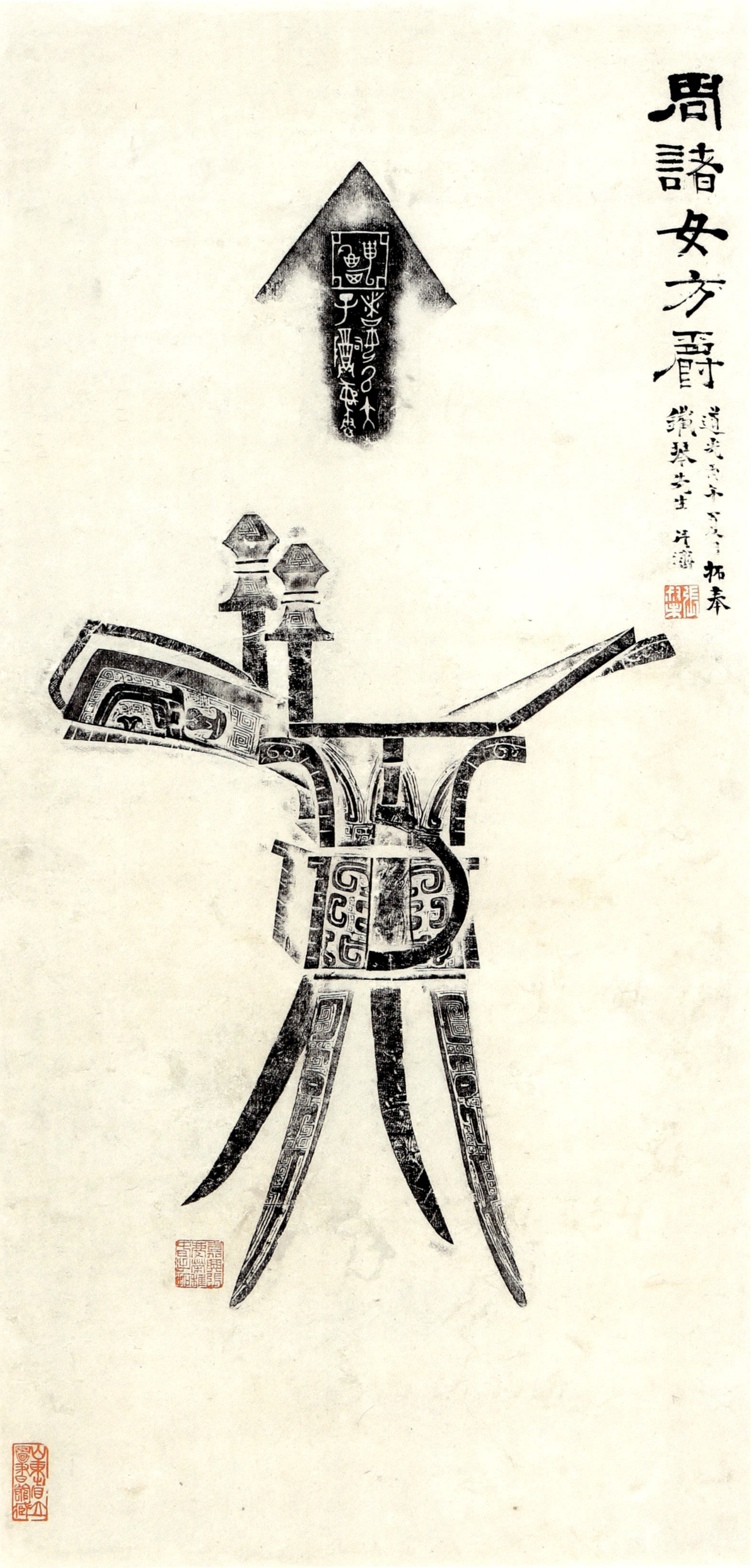

張廷濟監拓并跋者婦爵全形拓

拓本信息

時期：清

尺寸：横六二厘米，縦一二二厘米

鈐印：張廷濟、張叔未、嘉興張慶榮稚春手拓、山東省立圖書館藏

監拓：張廷濟

製拓：張慶榮

題跋：張廷濟題端：周諸女方爵。道光丙午夏日，拓奉鐵琴先生。廷濟。

流傳：吴公謹

備注：器形翻刻

器物信息

器名：者婦爵（亞醜爵、諸姒與太子爵）

類别：酒器

時期：殷商晚期

尺寸：高八點七五寸（《河南吉金圖志賸稿》）

釋文：亞醜，者（諸）婦（姒）以大（太）子障（尊）彝。

出土時地：河南

遞藏：張廷濟

現藏：美國底特律私人收藏家

著録：《總集》4197、《三代》16·40·5、《從古》2·12、《清儀》1·27、《筠清》1·19·2、《古文審》4·20、《攈古》2·1·68、《窓齋》21·18、《綴遺》24·30、《賸稿》43、《周金》5·122、《續殷下》38·8、《小校》6·73·4、《歐精華》1·63、《綜覽》爵175、《集成》9090、《商周》8568

胥倫製拓父辛斝全形拓

拓本信息

時期：清末民初

尺寸：横四八厘米，縱八五厘米

製拓：胥倫

鈐印：芰塘、胥倫手拓

器物信息

器名：父辛斝

類别：酒器

時期：商

出土時地：不明

遞藏：不明

現藏：不明

杞伯每刃壺全形拓

拓本信息

時期：清末民初

尺寸：横四三厘米，縱九六厘米

器物信息

器名：杞伯每刃壺（杞伯每匕壺、杞伯每亡壺）

類别：酒器

時期：春秋早期

尺寸：高四〇點六厘米，口縱一三厘米，口横一七點五厘米

釋文：杞（白）伯每刃乍（作）鼄（邾）嫊（曹）宕（寶）壺，其萬年濵（眉）考（老），子子孫孫永寶用亯（享）。

出土時地：道光、光緒間山東新泰

遞藏：李宗岱、盛昱、劉體智

現藏：上海博物館

著録：《總集》5765、《三代》12•19•3、《窓齋》14•12•2、《周金》5•46•1、《善齋》4•52、《大系》234上、《小校》4•87•1、《山東存》紀6•2、《銘文選》499、《蔭軒》1•49、《青全》6•144、《上海》（2004）401、《集成》9688、《商周》12379、《國圖拓》5•1256

吳重禧跋虞嗣寇壺全形拓

拓本信息

時期：清

尺寸：橫六三厘米，縱一二四厘米

鈐印：延陵筱山、重禧

題跋：吳重禧題跋：虞嗣寇白吹作寶壺，用享用孝，用蘄眉壽，子子孫孫，永寶用之。筱山吳重禧。

器物信息

器名：虞嗣寇壺（虞嗣寇伯吹壺）

類別：酒器

時期：西周晚期

尺寸：高四〇點六厘米，口縱一三厘米，口橫一七點五厘米

釋文：【器銘】虞嗣（司）寇白（伯）吹乍（作）寶壺，用亯（享）用孝，用旛（祈）覺（眉）壽，子子孫孫永寶用之。

【蓋銘】虞嗣（司）寇白（伯）吹乍（作）寶壺，用亯（享）用孝，用旛（祈）覺（眉）壽，子子孫孫永寶用。

出土時地：不明

遞藏：吳式芬、丁麟年

現藏：故宮博物院

著録：《總集》5768、《三代》12·21·2、《擦古》2·3·30–31、《窓齋》14·9·3、《綴遺》13·13·2–14·1、《周金》5·4·1–44·1、《大系》285、《小校》4·89·2–90·1、《集成》9694、《商周》12394、《國圖拓》5·1252

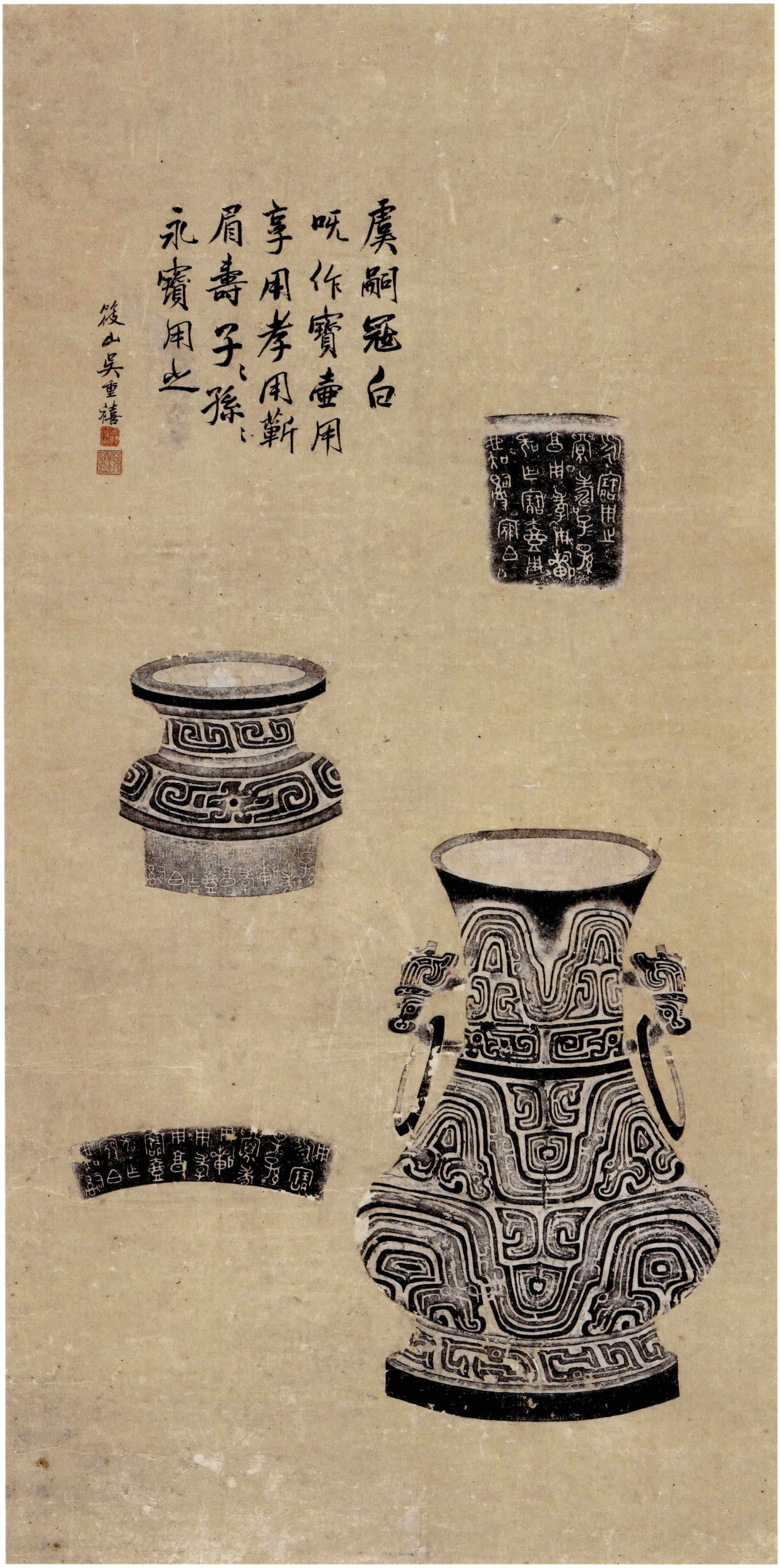

于藹監拓事季良父壺蓋全形拓

拓本信息

時期：清

尺寸：横三五厘米，縱六七厘米

監拓：于藹

鈐印：收秦爔所不及、平生有三代文字之好、寶康瓠室

流傳：陳介祺

備注：據于溥芳《濰水藝林小詠》，陳介祺同邑金石契友于藹收藏過事季良父壺，後轉售潘祖蔭。陳介祺收藏過多件事季良父壺蓋拓本，雖無于氏鈐印，但應當爲其拓贈陳介祺。器形、銘文翻刻。

器物信息

器名：事季良父壺蓋（弁季良父壺蓋、殳季良父壺蓋）

類别：酒器

時期：西周晚期

尺寸：高一四點三厘米，口縱九點四厘米，口横一四厘米

釋文：事季良父乍（作）敓始（姒）隮（尊）壺，用盛旨酉（酒），用亯（享）孝于兄弟、䵣（婚）顜（媾）、者（諸）老，用旛（祈）匄釁（眉）耇（壽），其萬年霝（令）終難老，子子孫孫是永寶。

出土時地：不明

遞藏：于藹、宫子行、素夢蟾、潘祖蔭

現藏：上海博物館

著録：《總集》5786、《三代》12•28•2、《筠清》4•41•1-2、《攈古》3•1•17•1-2、《愙齋》14•13•1、《綴遺》13•14•2、《奇觚》18•13•2、《周金》5•40•2、《小校》4•93•2、《上海》（2004）345、《集成》9713、《商周》12432

郭炳堂製拓并跋事季良父壺蓋全形拓

拓本信息

時期：清

尺寸：橫三三厘米，縱六七厘米

鈐印：郭焕之印、炳堂、酷嗜金石、瓦石齋鑑藏金石圖章

製拓：郭炳堂

題跋：郭炳堂題跋：光緒十二年且月望日，炳堂氏手拓。

備注：器形翻刻

器物信息

信息見前于霱監拓事季良父壺蓋全形拓

光緒十二年且月望日炳堂氏手搨

阮元監拓阮元吴公瑾跋洹子孟姜壺全形拓

拓本信息

時期：清

尺寸：横四五厘米，縱七五厘米

鈐印：阮元伯元之印、禄賡鐘鼎羹和鹽梅、愓勤審定、慈園所藏金石文字、臣慈、山東省立圖書館

監拓：阮元

題跋：阮元題端并跋：周齊侯罍。

此真孔子適齊聞《韶》時所鑄器，《説苑》全合。閩陳慶鏞通釋。

吴公謹跋：右案此器蓋齊侯朝於王，王爲立樂，因報聘於齊。陳氏爲作《韶樂》，祭於廟以迎天子之賓而行饗禮之事也。頤性老人得此罍於纂刻《積古齋鐘鼎彝器款識》之後，故書中所未載，釋詳《齊陳氏韶舞樂罍上篇》。丙午初冬，因賀重宴鹿鳴，來甥館貽予一器一銘拓本藏之，誠厚幸矣。壬子春二月花朝，吴慈謹識。

流傳：吴公謹

器物信息

器名：洹子孟姜壺（齊侯罍）

類别：酒器

時期：春秋晚期

尺寸：通高二二點一厘米，口徑一三點四厘米，腹深二七點七厘米

釋文：齊侯女雷希(聿)喪其毀(舅)，齊侯命大(太)子乘遽來句宗白(伯)，聖(聽)命于天子，曰：『朞(期)則爾朞(期)，余不其事(使)女(汝)受束(刺)，遄傳淄(祗)御，爾其濟(躋)受御。』齊侯拜嘉命，于上天子用璧玉備，于大無嗣折(誓)，于大嗣命用璧、兩壺、八鼎，于南宮子用璧二備(佩)玉二嗣(笥)，鼓鐘一銉。齊侯既濟洹子孟姜喪，其人民都邑堇(謹)宴舞，用從(縱)爾大樂，用鑄(鑄)爾羞鈚(瓶)，用御天子之事。洹子孟姜用乞嘉命，用旂(祈)眉(眉)壽，萬年無疆(疆)，用御爾事。

出土時地：不明

遞藏：宋葆淳、阮元、吴雲、上海博物館

現藏：中國國家博物館

著録：《總集》5801、《三代》12•33•1-2、《兩罍》4•2•1-4•3•2、《筠清》2•24•1-26•1、《愙齋》14•2•1-3•1、《從古》10•17•1-3•1、《攈古》3•3•23•1-24•2、《周金》5•37•1、《綴遺》13•22•1-23•1、《大系》256、《小校》4•100•1-2、《彙編》2•24、《銘文選》850 乙7、《集成》9729、《商周》12450、《國圖拓》5•1270-1275

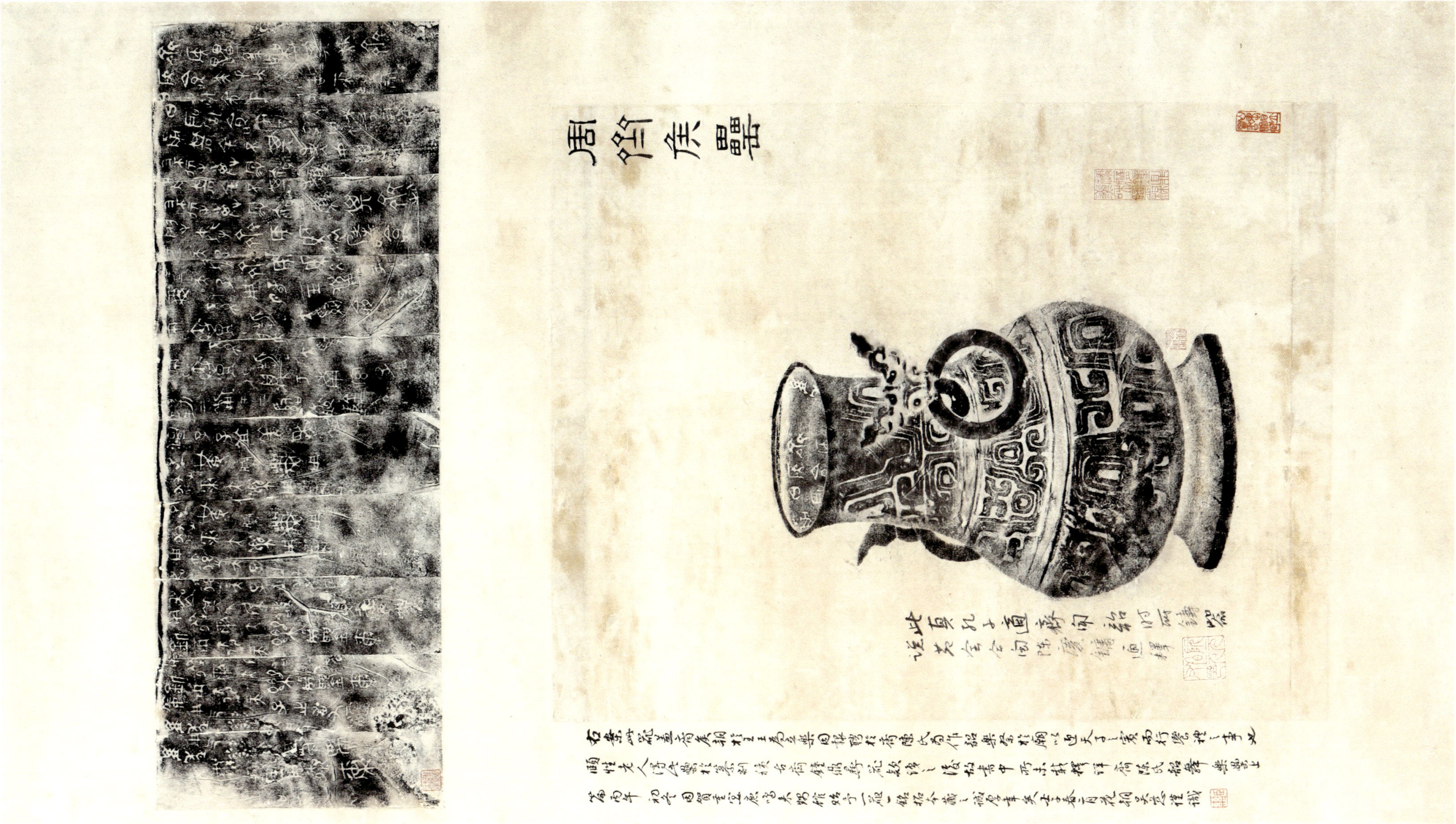
周留侯罍

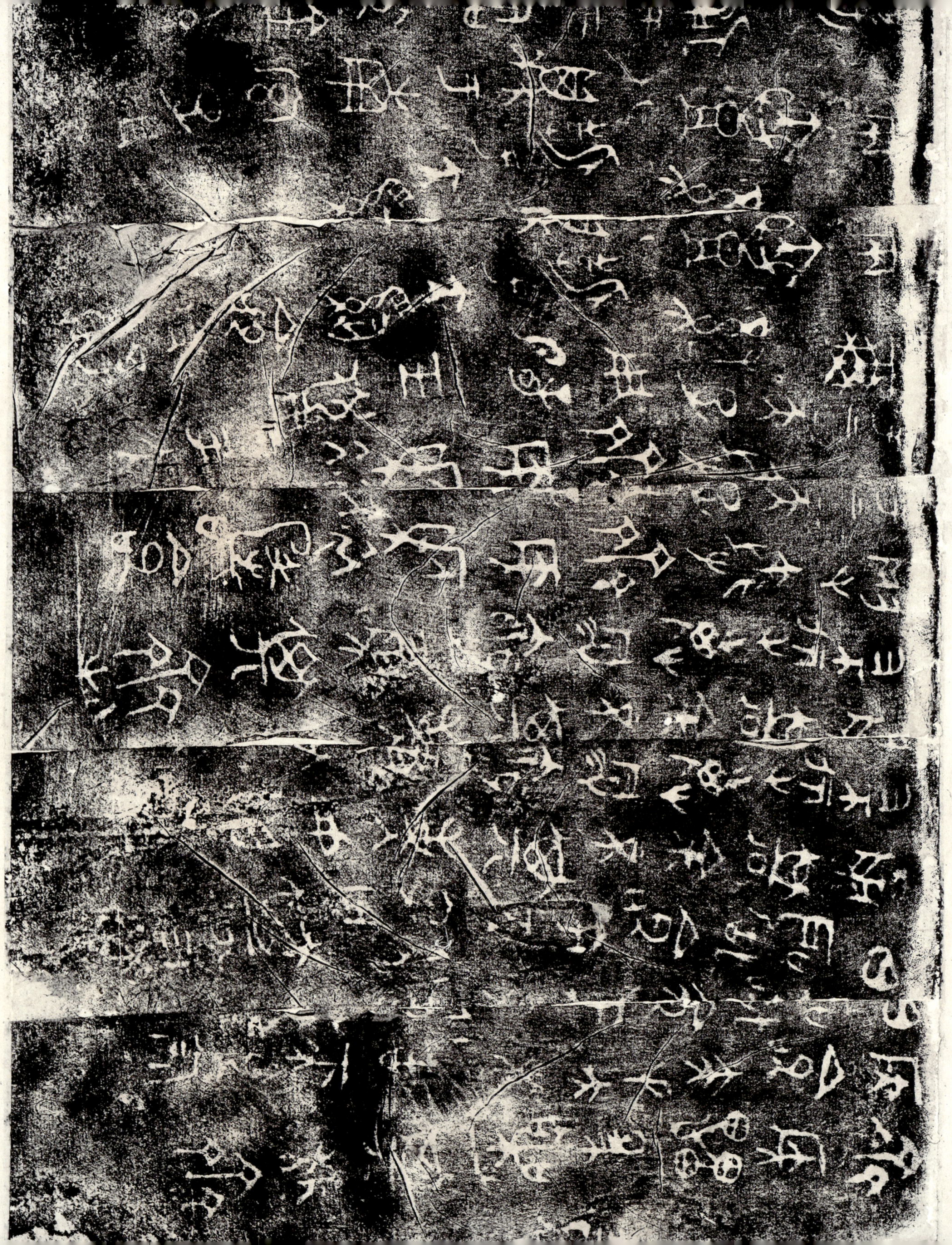

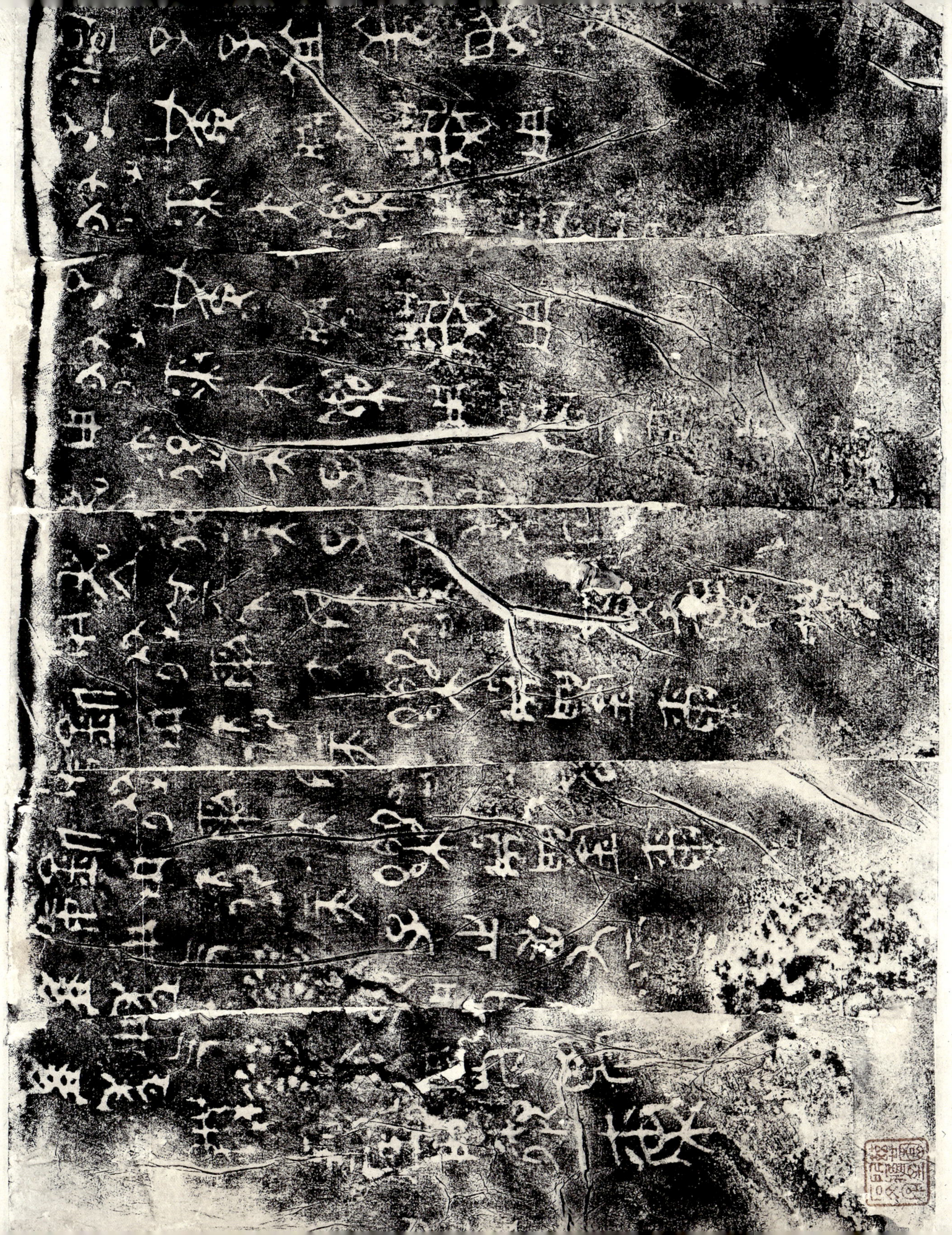

臺繼武製拓鄭幹丞録張天雲跋頌壺全形拓

拓本信息

時期：民國

尺寸：横六〇厘米，縱一二〇厘米

題跋：鄭幹丞手録張天雲考釋：頌壺釋文。此爲周中葉之器，王册命頌，頌記其事，鑄於家廟祭器，用垂久遠，與頌鼎、頌敦合稱三頌。前人以爲頌壺器殘已佚，其拓本每行四字，無闌格。此爲每行七字，有闌格，器藏黄縣丁氏，今歸山東古物管理委員會。三頌字數，鼎與壺相同，惟敦少『廿家』二字，多『無彊』二字，因知『命汝官司成周貯』爲一句，或釋『司成』官名者，非也。

佳（唯）三年五月既死霸（魄）甲戌，王才（在）周康卲（昭）宮。旦，王各（格）大（太）室，即立（位）。宰弘右頌入門，立中廷。尹氏受王令（命）書，王乎（呼）史虢生册令（命）頌。王曰：頌，令（命）女（汝）官嗣（司）成周貯廿家，監嗣（司）新寤（造），貯用宮御。易（錫）女（汝）玄衣帶裳，赤市（韍）、朱黄（横）、䜌（鸞）旂，攸（鋚）勒，用事。頌拜稽首。受令（命）册，佩以出，反（返）入堇（覲）章。頌敢對揚天子不（丕）顯魯休，用作朕皇考龔（恭）叔、□（皇）母龔（恭）姒寶尊壺。用追孝蘄匄（介）康虔、屯（純）右（佑）、通録（禄）、永令（命）。頌其萬年眉壽，畯（允）臣天子，霝（令）夂（終），子子孫孫寶用。

天雲按：金文自周中葉後，字體整齊比較易讀，三頌，虢季子白槃是也。『霸』爲『魄』之本字，从月从革从雨。月有盈虧之變革。从雨者，凡天象霜雪露霰，皆從雨也。故死霸生霸生明，均應作霸。至王霸之霸應作伯。子書多作五伯，以霸作伯，假借字也。宰，官名。弘，人名。『宰弘右頌』，凡入見天子必有一官導其右。尹氏爲記言之官，故受王命書。史，官名。虢生，人名。史主册命，如後世之知制誥。頌爲司成周貯藏之官，廿家，記其所貯之數。『虔』訓作『固』，『康虔』猶言『康强』。『純』訓『專』，『純』與『通禄』均爲吉祥語。『録』本『碌礴』之『碌』，古作录，象碌礴形。恐混淆，人不易辨，乃加穀形四點，此爲加文象形字。與『福』之作『畐』、『富』，『壽』之作『己』不同。畐、己，皆純象形字也。中國以農立國，福、禄、壽三字均關農事。畐爲穀包纍積，一、〈所以覆蓋。録爲農具。己爲田疇，象犁痕屈曲長遠之形。言有土地，有農具，有積穀，即有幸運也。壽之一字本象田疇後以犁痕長遠，叚作『年壽』之『壽』，《釋名》『壽』之爲言久也。乃别出田旁之『疇』字，又以己字不易辨認，上加『老』字作耇。『老』，本象老人持杖。甲文作老，首髮飄颻，以手持杖，與年壽義較切。後人又加『口』字，復加『又』字，隸書作『寸』字，愈趨糾紛，本義愈晦矣。

公曆一九四九年十月張天雲釋，鄭幹丞書。

製拓：臺繼武

鈐印：繼武手拓、天雲、幹丞之印

器物信息

器名：頌壺

類别：酒器

時期：西周晚期

尺寸：通高五一厘米，口横二〇點九厘米，口縱一七點二厘米

釋文：隹（唯）三年五月既死霸甲戌，王才（在）周康卲（昭）宮。旦，王各大室，即立（位）。宰引右頌入門，立中廷，尹氏受（授）王令（命）書，王乎（呼）史虢生册令（命）頌。王曰：『頌，令女（汝）官嗣（司）成周賓（賈）廿家，監嗣（司）新寤，賓（賈）用宮御，易（錫）女（汝）幺（玄）衣、黹屯（純）、赤市、朱黄（衡）、䜌（鑾）旂、攸（鋚）勒，用事。』頌拜䭫（稽）首，受令（命）册，佩旨（以）出，反（返）入（納）堇（瑾）章（璋）。頌敢對揚天子不（丕）顯魯休，用乍（作）朕皇考龏（恭）弔（叔）、皇母龏（恭）始（姒）寶障（尊）壺，用追孝，旛（祈）匄康𩁹，屯（純）右（祐）、通録（禄）、永令（命）。頌其萬年賫（眉）壽，畯（畯）臣天子，霝（令）冬（終），子子孫孫寶用。

出土時地：不明

遞藏：趙之琛、錢水西、莫遠湖、丁樹楨、山東博物館

現藏：中國國家博物館

著録：《總集》5800、《三代》12•32•1-2、《攈古》3•3•1•1-3•1、《從古》11•12•1-14•1、《積古》5•12•1-14•2、《窓齋》4•10•2-121、《奇觚》18•14•2-16•1、《周金》5•39•1-4、《小校》4•97、《大系》56、《銘文選》436、《集成》9732、《商周》12452

頌壺釋文

此為周中葉之器王冊命頌頌記其事鑄于家廟祭器用垂久遠與頌鼎頌敦合稱三頌前人以為頌壺器殘已佚其拓本每行四字無闌格此為每行七字有闌格器藏黃縣丁氏今歸山東古物管理委員會三頌字數鼎與壺相同惟敦少廿家二字多無彊二字因知命汝官司成周貯為一句或釋司成官名者非也

隹唯三年五月既死
霸魄甲戌王才在周康
卲昭宮旦王各格大太室即
立位宰弘右頌入門
立中廷尹氏受王
令命書王乎呼史虢生
冊令命頌王曰頌令命女汝
官嗣司成周貯廿家
監嗣司新寤造貯用宮
御易錫女汝玄衣帶裳
赤市黻朱黃橫䜌鑾旂攸鋚
勒用事頌拜稽首
受令命冊佩以出反返
入堇覲章頌敢對揚
天子不丕顯魯休用
作朕皇考龔恭叔□皇
母龔恭姒寶尊壺用
追孝蘄匄介康虔屯純
右佑通彔祿永令命頌其
萬年眉壽畯允臣天
子霝令冬終子子孫孫寶用

天雲按金文自周中葉後字體整齊比較易讀三頌虢季子白槃是也霸為魄之本字从月从革从雨月有盈虧之變革从雨者凡天象霜雪露霰皆从雨也故死霸生霸生明均應作霸至王霸之霸應作伯子書多作五伯以霸作伯段借字也宰官名弘人名宰弘右頌凡入見天子必有一官導其右尹氏為記言之官故受王命書史官名虢生人名史主冊命如後世之知制誥頌為司成周貯藏之官廿家記其所貯之數虔訓作固康虔猶言康強純訓專純與通祿均為吉祥語彔本碌[illegible]之碌古作[illegible]象碌[illegible]形恐混淆人不易辨乃加穀形四點以為加文象形字与福之作[illegible][illegible]壽之作[illegible]不同[illegible][illegible]皆純象形字也中國以農立國福祿壽三字均關農事[illegible]為穀包纍積一人所以覆蓋彔為農具[illegible]為田疇象犂痕屈曲長遠之形言有土地有農具有積穀即有幸運也壽之一字本象田疇後以犂痕長遠段作年壽之壽釋名壽之為言久也乃別出田疇之疇字又以[illegible]字不易辨認上加老字作[illegible]老本象老人持杖甲文作[illegible]首髮飄飄以手持杖與年壽義較切後人又加口字復加又字隸書作寸字愈趨糾紛本義愈晦矣

公曆一九四九年十月張天雲釋 鄭幹書

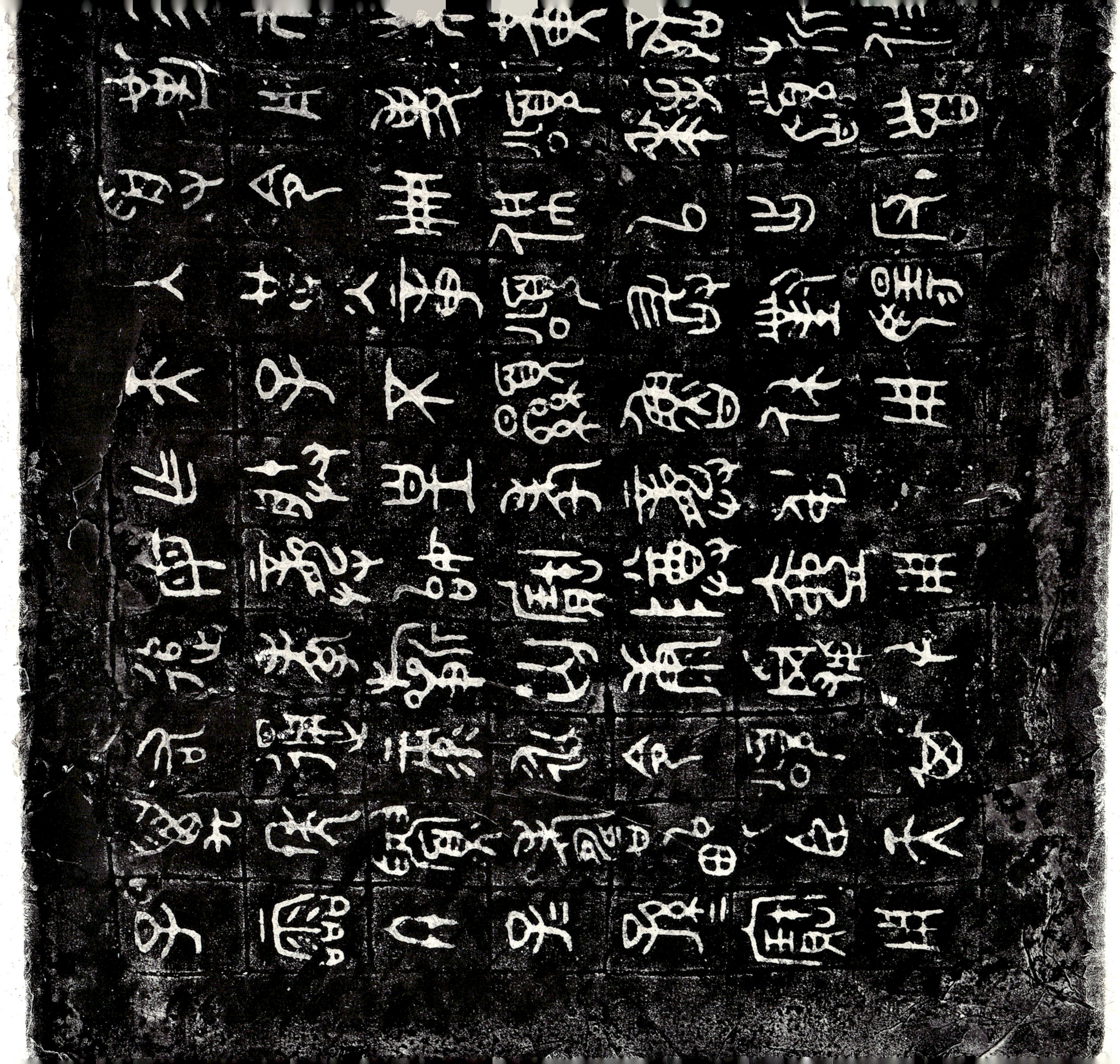

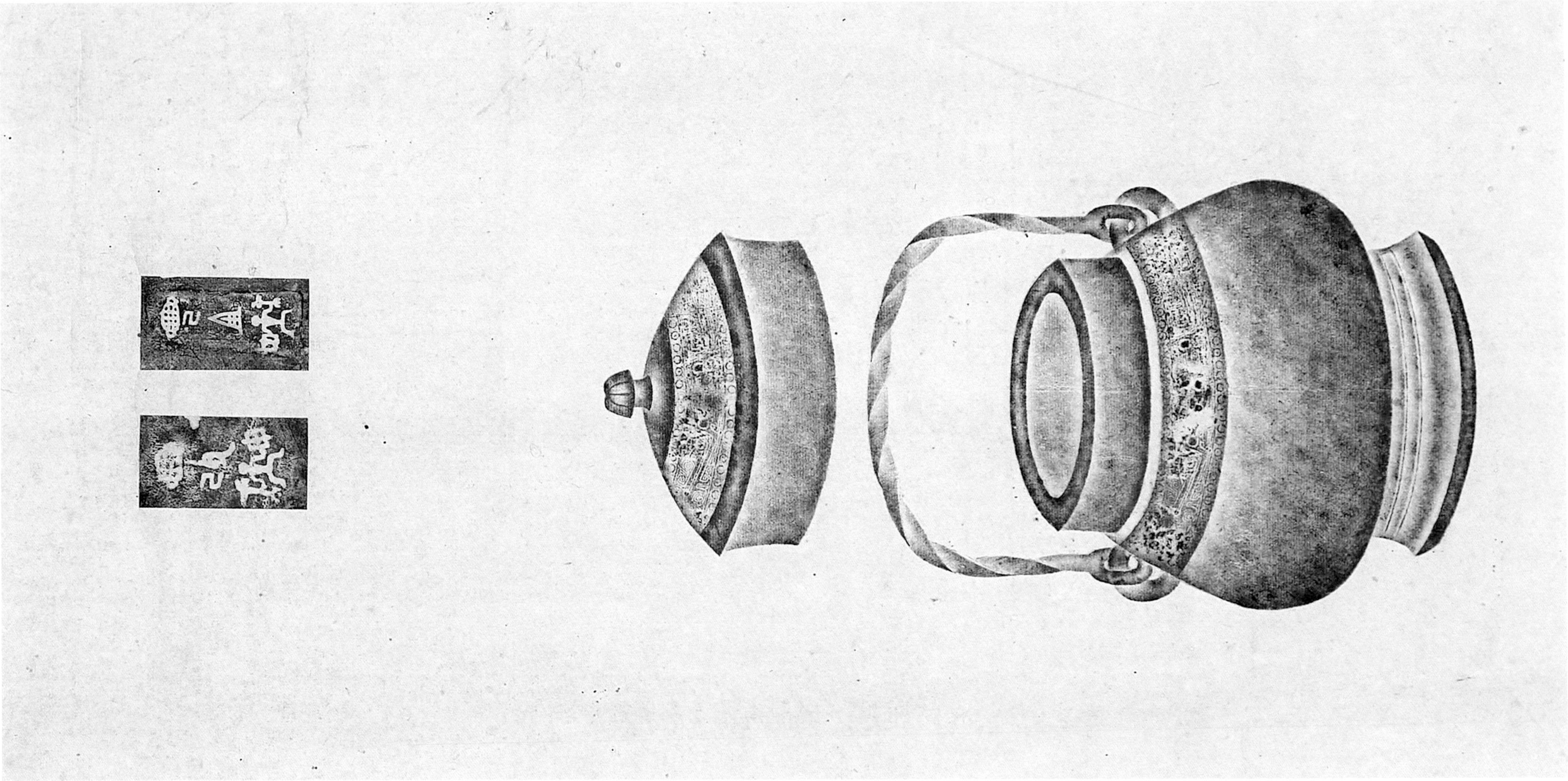

祖己卣全形拓

拓本信息

時期：清末民初

尺寸：横三五厘米，縱九六厘米

器物信息

器名：祖己卣（父己卣）

類別：酒器

時期：殷商

釋文：【蓋銘】⊕父己䵼（戎）。

【器銘】⊕且（祖）己䵼（戎）。

出土時地：不明

遞藏：不明

現藏：瑞士蘇黎世瑞列堡博物館

著録：《總集》6221、《三代》14・28・8（蓋）、6・21・6（器）、《貞續中》29・2（蓋）、《小校》7・19・4—5、《蘇黎世》65・26・1、《彙編》8・1122、《集成》5145、《商周》12897

周希丁製拓父乙卣全形拓

拓本信息

時期：民國

尺寸：横六七厘米，縱一三〇厘米

鈐印：康元四十以後作

製拓：周希丁

器物信息

器名：父乙卣

類别：酒器

時期：不明

釋文：【蓋銘】天册册父乙。

【器銘】天且（祖）乙寶尊彝。

遞藏：不明

現藏：不明

著録：不明

備注：僞器

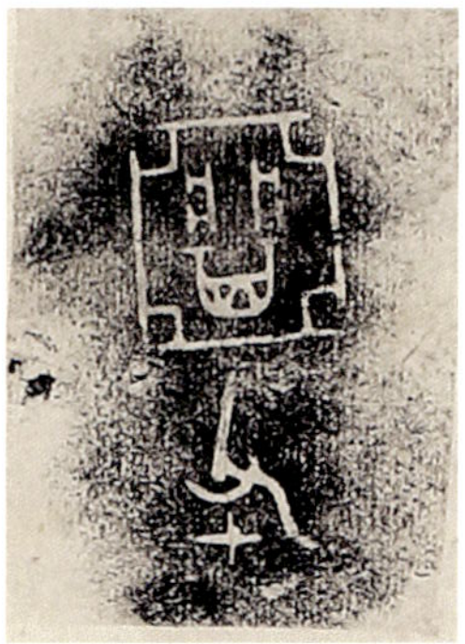

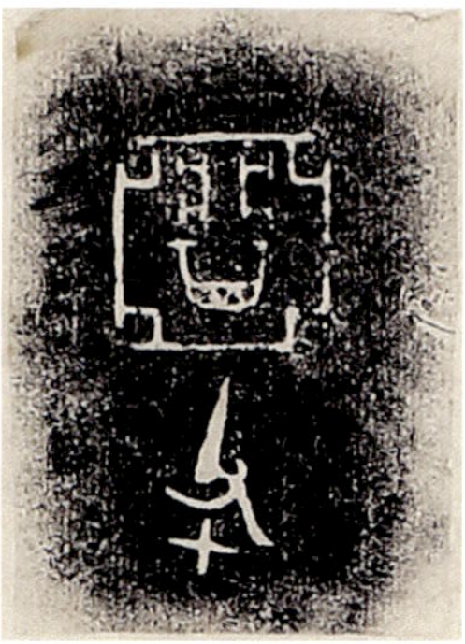

肅親王隆勤監拓原君錫製拓陳麟炳跋亞㠱父甲卣全形拓

拓本信息

時期：清

尺寸：横六三厘米，縱八九厘米

鈐印：君錫、吳大澂印、黄縣丁榦圃收藏金石、徐蔭田字少山别號周遺山東省黄縣、周遺審定、陳寅生

監拓：肅親王隆勤

製拓：原君錫

題跋：陳麟炳題跋：商父甲卣。是卣器、蓋同文，『父甲』二字上亞形中有析木形，下如其字。器爲内府所藏，光緒六年六月廿四日御賜肅邸四十正壽者。君錫先生得拓一紙，裝而成幀，囑題其端，謹志數語於末。丙戌嘉平十有七日，寅生陳麟炳呵凍書。

原君錫題外簽：肅親王藏全形拓本，丁亥初夏君錫題。

流傳：原君錫、吳大澂、丁樹楨、徐蔭田

備注：據題跋考知，此時肅親王爲隆勤（一八四〇—一八九八）。其同治九年（一八七〇）襲王爵。

器物信息

器名：亞㠱父甲卣（亞𢀜父甲卣）

類別：酒器

時期：殷商晚期

釋文：【器、蓋同銘】亞𠳮（㠱）父甲。

出土時地：不明

遞藏：清宫、肅親王隆勤

現藏：不明

著録：《三代》14・50・6（器）、《貞松》9・25（器）、《續殷上》71・4-5、《集成》5049、《商周》12900

備注：是器以往流傳不明，據拓本陳麟炳跋，增補清宫、肅親王隆勤收藏記録。

肅親王藏全形拓本　丁亥初夏君錫題

商父甲卣

是卣器蓋同文父甲二字上亞形中有析木形不如其字器為内府所藏光緒六年六月廿四日御賜肅邸四十正壽者君錫先生得拓一本裝而成幀囑題其瑞謹誌數語於末丙戌嘉平十有七日寅生陳[illegible]何湅書

王懿榮等跋仲義父鑘全形拓

拓本信息

時期：清

尺寸：橫五四厘米，縱一三四厘米

鈐印：王押、古龍節館、陳季、陶、金石臣之家學、李椿齡印、壽鏖、鴻都精舍

流傳：高鴻裁

備注：器形經補繪修復，口徑處殘缺。

器物信息

器名：仲義父鑘

類別：酒器

時期：西周晚期

尺寸：通高四四厘米，口徑一五點四厘米，腹深三四點八厘米

釋文：中（仲）義父乍（作）旅鑘，甘（其）萬年子子孫孫永寶用。

出土時地：光緒十六年（一八九〇）陝西扶風法門寺任家村

遞藏：潘祖蔭

現藏：上海博物館

著録：《總集》5812、《三代》18·15·5-7、《周金》5·28·1、《貞松》11·6·1-2、《小校》9·100·6、《上海》59、《斷代》176、《彙編》5·370、《綜覽》罍·62、《青全》5·183、《上海》（2004）353、《集成》9964、《商周》13999

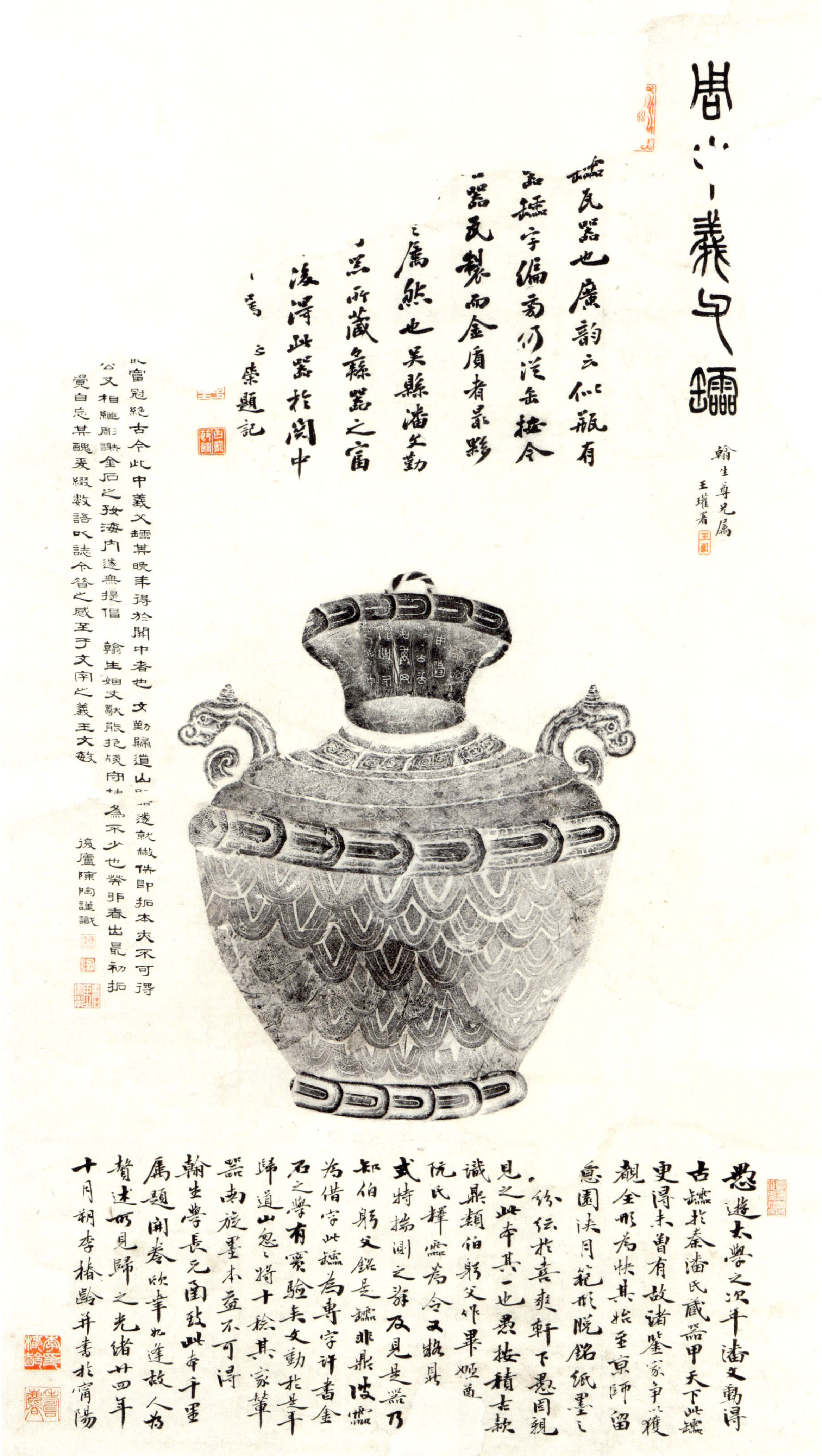
翰生尊兄屬
王瓘署

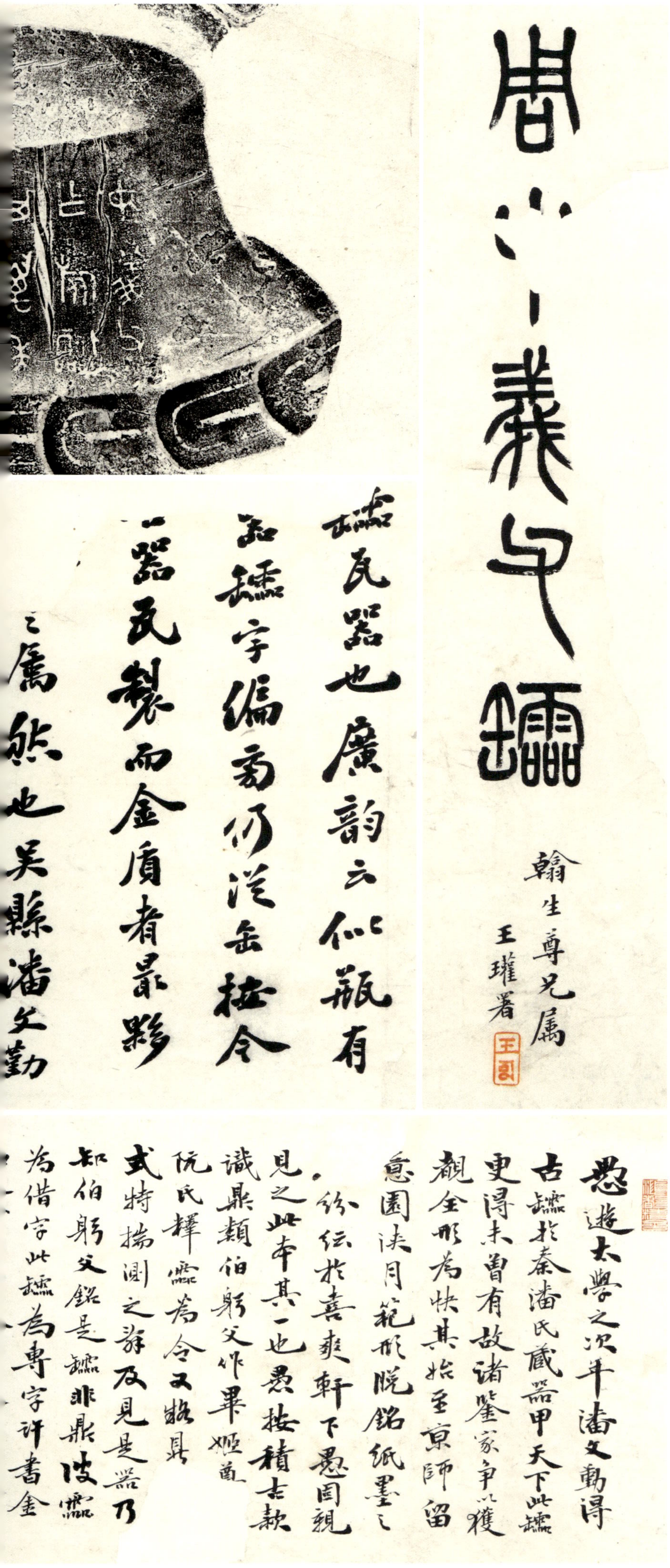

題跋：

王瓘題跋：周中義父鑴。翰生尊兄屬，王瓘署。

王懿榮題跋：……鑴，瓦器也。《廣韵》云：似瓶有耳……器。鑴字偏旁仍從缶。按今……器瓦製而金質者最夥……之屬然也。吴縣潘文勤……器所藏彝器之富……後得此器於關中……屬，王懿榮題記。

陳陶題跋：……最富，冠絶古今，此中義父鑴其晚年得於關中者也。文勤歸道山，器遂就散佚，即拓本亦不可得……公又相繼彫謝，金石之好，海内遂無提倡。翰生姻丈獨能抱殘守缺，爲不少也。癸卯春出最初拓……覺自忘其醜，爰綴數語以志今昔之感。至於文字之義，王文敏……復廬陳陶謹識。

李椿齡題跋：愚遊太學之次年，潘文勤得古鑴於秦。潘氏藏器甲天下，此鑴更得未曾有，故諸鑒家争以獲睹全形爲快。其始至京師，留意園浹月，範形脱銘，紙墨之□紛紜於喜爽軒下。愚固親見之，此本其一也。愚按《積古款識》鼎類伯躬父作畢姬尊靁，阮氏釋靁爲令，又疑鼎□□式，特揣測之辭，及見是器，乃知伯躬父銘是鑴非鼎。彼靁爲借字，此鑴爲專字。許書金石之學有實驗矣。文勤於是年歸道山，忽忽將十稔。其家輦器南旋，墨本益不可得。翰生學長兄函致此本，千里屬題，開卷欣幸如逢故人，爲贅述所見歸之。光緒廿四年十月朔李椿齡并書於寧陽。

器所藏彝器之富
後得此器於關中
焉　之榮題記

器南旋墨本益不可得
翰生學長兄函致此本千里
屬題開卷欣幸如逢故人为
贅述所見歸之光緒廿四年
十月朔李椿齡并書於甯陽

此當冠絕古今此中義父𦉢其晚年得於關中者也　文
公文相繼彫識金石之孜海內遂無提倡　翰生姻丈歎
覺自忘其醜爰綴數語以誌今昔之感至于文字之義

關中者也　文勤歸道山此器遂就散佚即拓本亦不可得
翰生姻丈歎能抱殘守拙為不少也然非春出最初拓
于文字之義王文敏

復廬陳陶謹識

故宫博物院監拓散氏盤全形拓

拓本信息

時期：民國
尺寸：横六八厘米，縱一二七厘米
鈐印：故宫博物館古物館傳拓金石文字之記、馮水珍秘、知齋珍藏
題跋：知齋題外簽：博物館初拓散氏盤，知齋珍藏。
流傳：馮水、知齋

器物信息

器名：散氏盤（散盤、夨盤、夨人盤）
類別：水器
時期：西周晚期
尺寸：通高二〇點六厘米，腹深九點八厘米，口徑五四點六厘米
釋文：用夨𤔲（業）散（散）邑，廼即散（散）用田，眉（堳）自濡（瀗）涉吕（以）南，至于大沽（湖），一弄（封），吕（以）陟，二弄（封），至于邊（邊）柳，還（復）涉濡（瀗），陟雩（雩），𠭯（徂）䢅（邍）㒰吕（以）西，弄（封）于敝𨋛（城），楮木，弄（封）于芻逨，弄（封）于芻衜，内陟芻，𤼈（登）于厂湶，弄（封）剳桁（柝），㒰陵、剛桁（柝），弄（封）于𨜾（𠷎）衜（道），弄（封）于原（原）衜（道），弄（封）于周（周）衜（道）：吕（以）東弄（封）于䢅（棹）東疆（疆），右還，弄（封）于眉（郿）衜（道）：吕（以）南弄（封）于𢓊逨衜（道）：吕（以）西至于𨸏（鳿）莫（墓），眉（堳）丼邑田，自桹木衜（道），𠂇（左）至于丼邑，弄（封），衜（道）吕（以）東一弄（封），還吕（以）西一弄（封），陟剛（崗）三弄（封），降，吕（以）南弄（封）于同衜（道），陟州剛（崗），𤼈（登）桁（柝），降棫，二弄（封）。夨人有𤔲（司）眉（堳）田：鲜（鮮）、且、𢼸（微）、武父、西宫褱、豆人虞丂、彔、貞、師氏右眚（省）、小門人繇、原（原）人虞𦭞（艿）、淮𤔲（司）工虎孛、𨳯豐父、𨸏（鳿）人有𤔲（司）刑、丂，凡十又五夫，正眉（堳）夨舍（捨）散（散）田：𤔲（司）土屰寅、𤔲（司）馬𨻰（䍐）𩵦、䫏人𤔲（司）工騎君、宰德（德）父，散（散）人小子眉（堳）田戎、𢼸（微）父、效（效）果（棵）父、𡐝（襄）之有𤔲（司）槖、州𠅭、焂從𦔮，凡散（散）有𤔲（司）十夫，唯王九月，辰才（在）乙卯，夨卑（俾）鲜（鮮）、且、𤕦（𠬝）旅誓（誓），曰：我既（既）付散（散）氏田器，有爽，實余有散（散）氏心賊（賊），則（則）爰千罰千，傳棄（棄）之，鲜（鮮）、且、𤕦（𠬝）旅則（則）誓（誓），廼卑（俾）西宫褱、武父誓（誓），曰：我既（既）付散（散）氏溼（溼）田、牆田，余有爽𢒼（變），爰（隱）千罰千，西宫褱、武父則（則）誓（誓），氒（厥）受（授）圖，夨王于豆新宫東廷，氒（厥）左執纋，史正中（仲）農（農）。
出土時地：乾隆初年陝西鳳翔
遞藏：揚州徐氏、洪氏，乾隆年間入清内府，咸豐初復流入嵩文仲處。
現藏：臺北故宫博物院
著録：《三代》17·21、《積古》8·3-5、《攈古》3之3·37、《愙齋》16·4、《奇觚》8·21-23、《周金》4·1、《故宫》1期、《小校》9·86·1、《故周》金120、《大系》127、《彙編》5、《北圖拓》251、《總集》6793、《綜覽》·盤55、《銘文選》1·428、《美全》4·238、《集成》10176、《商周》14542

博物館初搨散氏盤　知齋珍藏

阮元監拓僧達受製拓吴公謹跋寰盤全形拓

拓本信息

時期：清

尺寸：横六〇厘米，縱一一〇厘米

監拓：阮元

製拓：僧達受

鈐印：頤性延齡、揚州阮氏家祠藏器、覼僧所摹吉金全象印、吴慈、慈園所藏金石文字、惕勤審定、臣慈、小天籟閣印、山東省立圖書館

題跋：阮元題端：周鄭伯寰盤。

吴公謹跋：嘉慶九年，先外舅文達公撫浙時得此器，銘凡一百三字，與號叔大林鐘并寶。其時正造家廟，分嵌於東西壁中。墻内鑿孔，兩耳穿以銅索繫之，四圍砌以石版護之，珍重極矣。余於丁未之春計偕北上，道出廣陵，遇詩僧六舟於梅花嶺下，屬爲余拓全形，藏之行篋。每一展對，猶憶昔館廟東時，雅結金石緣也。親朋彫謝，古道寥落，述此以志追慕。壬子三月望後五日，慈記。

流傳：僧達受、吴公謹

備注：器形翻刻

器物信息

器名：寰盤

類別：水器

時期：西周晚期

尺寸：通高一一點九厘米，口徑四一厘米，寬四五點五厘米

釋文：隹（唯）廿又八年五月既望（望）庚寅，王在周康穆宮。旦，王各大（太）室，即立（位）。宰頵右寰入門，立中廷，北鄉（嚮），史𢆶受（授）王令（命）書，王乎（呼）史減冊易（錫）寰：玄衣黹屯（純）、赤市（韍）、朱黄、䜌（鑾）旂、攸（鋚）勒、戈琱戟、彤（厚）必（柲）、彤沙。寰拜頴（稽）首，敢對揚天子不（丕）顯叚（遐）休令（命），用乍（作）朕皇考奠（鄭）白（伯）、奠（鄭）姬寶般（盤），寰其萬年子子孫孫永寶用。

出土時地：不明

遞藏：阮元

現藏：故宮博物院

著錄：《總集》6789、《三代》17•18•2、《積古》8•9•2-10•1、《攈古》3•2•22-23、《大系》117、《小校》9•81•1、《銘文選》425、《辭典》561、《故青》207、《集成》10172、《商周》14537、《國圖拓》6•1440-1443

周龔伯寰盤

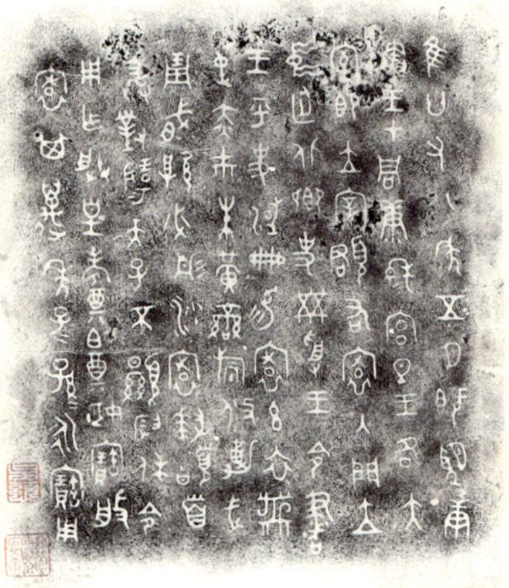

嘉慶九年先外舅文達公撫浙時得此器銘凡一百三字與獅村大林鐘鉦寶其時正造家廟分嵌于東西壁中牆內鑿孔兩耳穿以銅索繫之四圍砌以石版護之珍重極矣余於丁未之春計偕北上道出廣陵過詣僧六舟於梅花嶺下屬爲余拓全形藏之行篋每一展對輒懷舊館廡東時雅結金石緣也覩朋彫謝古道寥落述此以志追慕壬子三月望後五日慈記

阮元監拓蕭子飛製拓趙世駿跋寰盤全形拓

拓本信息

時期：清

尺寸：橫五四厘米，縱一三一厘米

鈐印：阮氏家廟藏器、聲伯審定、揚州蕭子飛所拓
金石、浚儀趙氏秘笈之印、聲伯

監拓：阮元

製拓：蕭子飛

題跋：趙世駿題端并跋寰盤：惟廿有八年五月既望，庚寅，王在周康穆宮。旦，王格大室。即立。宰頵右寰入門，立中庭，北鄉。史共受王命書，王呼史減册賜寰：玄衣、帶束、赤市、朱黄、緣旂、攸勒、戈琱戟、縞韠、彤矢。寰拜稽首。敢對揚天子丕顯叚休命，用作朕皇考鄭伯鄭姬寶盤，寰其萬年，子子孫孫永寶用。右録《積古齋鐘鼎彝器》釋文。南豐趙世駿記。

流傳：項季雯、趙世駿

器物信息

信息見前阮元監拓僧達受製拓吴公謹跋寰盤全形拓

阮元監拓丽生製拓簋盤全形拓

拓本信息

時期：清

尺寸：橫六〇厘米，縱一一〇厘米

監拓：阮元

製拓：丽生

鈐印：阮氏家廟藏器、丽生所拓

器物信息

信息見前阮元監拓僧達受製拓吳公謹跋簋盤全形拓

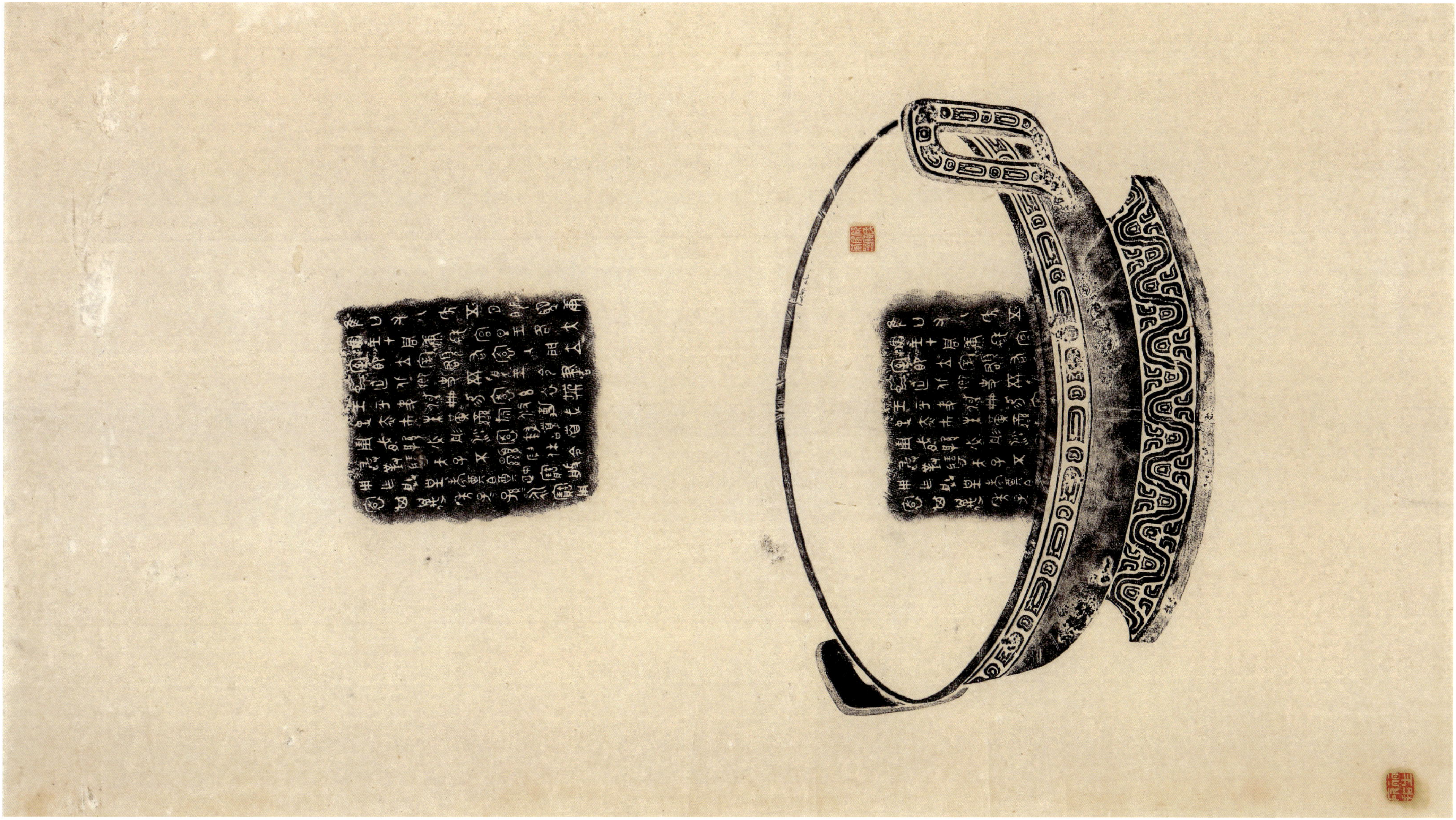

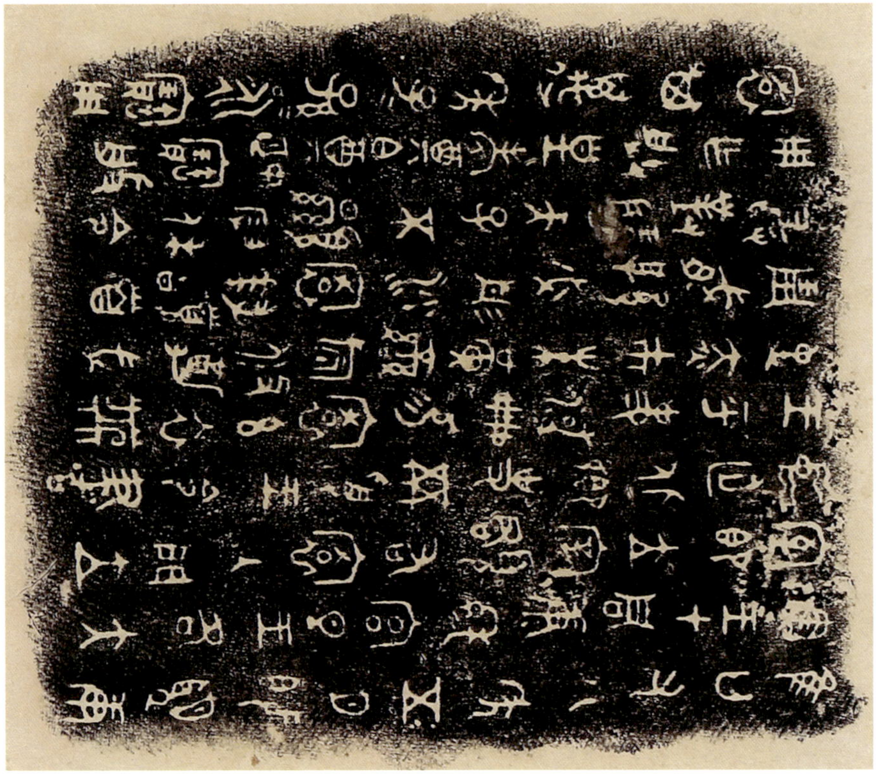

丁樹楨監拓射婦桑鑑全形拓

拓本信息

時期：清末民初

尺寸：横六五厘米，縦一二〇厘米

監拓：丁樹楨

製拓：松生

鈐印：徐鄉丁氏、松生手拓

器物信息

器名：射婦桑鑑（□女射鑑）

類别：水器

時期：殷商

釋文：射婦桑

出土時地：不明

遞藏：清宫、丁樹楨

現藏：山東博物館

著録：《總集》6878、《三代》18·24·4、《西清》31·6、《周金》4·42、《貞松》11·1·2、《續殷下》78·2、《小校》9·103·1、《辭典》128、《山東藏品》46、《集成》10286

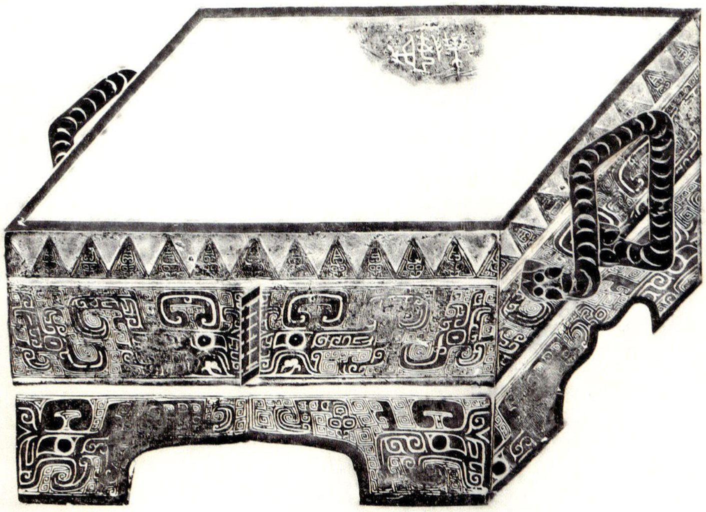

君宜子孫洗

去歲項君季雯自揚州來遺余阮氏四器拓本余既付工裝池訖乃考
積古齋鐘鼎彝器録釋文於上端獨不得此洗意者其成書後所得與余於鐘鼎
款識文字多不錯意竊以漢魏晉唐出者絕少宋明後出者何多也又嘗見釋其文
者宛轉求通仍不可曉故不敢強不知以為知所謂素弇陋行乎弇陋耳
辛酉四月山木菴記

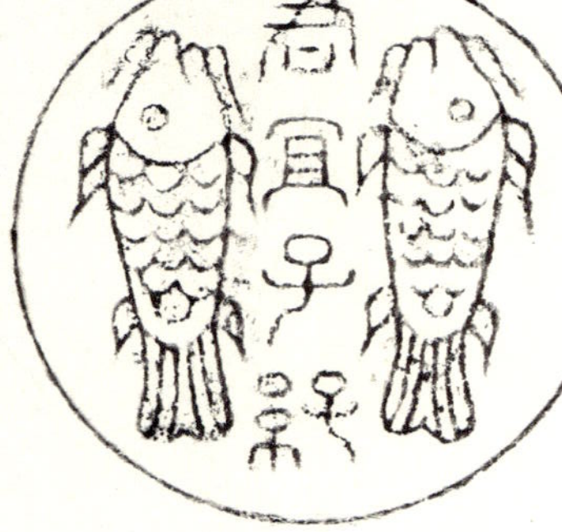

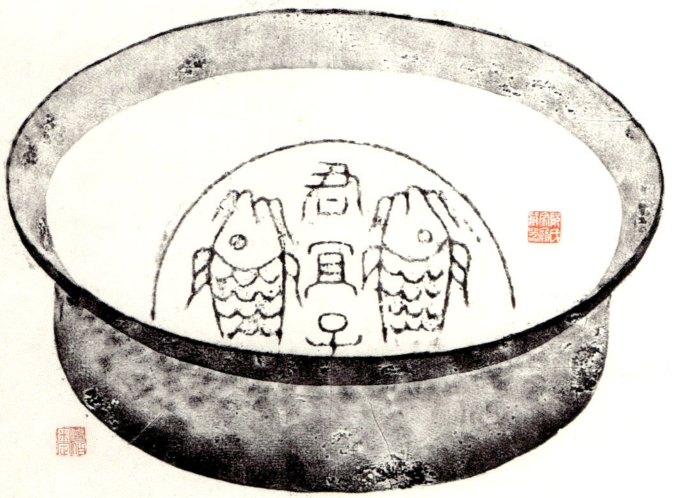

阮元監拓蕭子飛製拓趙世駿跋君宜子孫雙魚洗全形拓

拓本信息

時期：清
尺寸：橫五五厘米，縱一〇〇厘米
鈐印：阮氏家廟藏器、聲伯審定、揚州蕭子飛所拓
金石、浚儀趙氏秘笈之印、聲伯、趙世駿印
監拓：阮元
製拓：蕭子飛

題跋：趙世駿題端并跋：君宜子孫洗。
去歲項君季雯自揚州來，遺余阮氏四器拓本，余既付工裝池訖，乃考《積古齋鐘鼎彝器》録釋文於上端，獨不得此洗，意者其成書後所得與。余於鐘鼎款識文字多不錯意，竊以漢魏晉唐出者絶少，宋明後出者何多也。又嘗見釋其文者宛轉求通，仍不可曉，故不敢强不知以爲知，所謂素弇陋行乎？弇陋耳！
辛酉四月山木庵記。
流傳：項季雯、趙世駿

器物信息

器名：君宜子孫雙魚洗
類别：水器
時期：西漢
釋文：君宜子孫。
出土時地：不明
遞藏：阮元
現藏：中國國家博物館
著録：《積古》9·21

阮楚三製拓漢君宜子孫雙魚洗全形拓

拓本信息

時期：清末民初

尺寸：横五五厘米，縱八九厘米

鈐印：儀徵阮氏寶藏吉金印、文達公五世孫楚三拓

製拓：阮楚三

備注：器形、銘文翻刻

器物信息

信息見前阮元監拓蕭子飛製拓趙世駿跋君宜子孫雙魚洗全形拓

陳介祺監拓楚公豪鐘全形拓

拓本信息

時期：清

尺寸：横五二厘米，縱八〇厘米

監拓：陳介祺

鈐印：十鐘山房、文字之福

器物信息

器名：楚公豪鐘（楚公家鐘）

類别：樂器

時期：西周中晚期

尺寸：通高三六點七厘米（《泉博》）

釋文：楚公豪自乍（作）寶大歔（林）鐘，孫孫子子其永寶。

出土時地：不明

遞藏：陳介祺

現藏：日本京都泉屋博物館

著録：《總集》6996、《三代》1·6·2、《愙齋》2·1、《綴遺》1·5·1、《奇觚》9·4·2、《周金》1·69·2、《簠齋》1鐘8、《海外吉》131、《大系》178·1、《小校》1·15·2、《通考》946、《彙編》5·371、《泉屋博古》150（大）、《集成》44、《商周》15172、《國圖拓》6·1556

陳介祺監拓兮中鐘全形拓

拓本信息

時期：清

尺寸：橫五四厘米，縱一〇〇厘米

監拓：陳介祺

鈐印：簠齋藏三代器、十鐘山房藏鐘、齊東陶父、半生林下田間

器物信息

器名：兮中鐘（兮仲鐘）

類別：樂器

時期：西周晚期

尺寸：通高四〇厘米（《泉博》）

釋文：兮中（仲）乍（作）大薔（林）鐘，其用追孝于皇考己白（伯），用侃喜歬（前）文人，子孫永寶用亯（享）。

出土時地：清嘉慶二十年（一八一五）江寧城外（《海外吉》）

遞藏：劉喜海、陳介祺

現藏：日本京都泉屋博古館

著録：《總集》7010、《三代》1·13·1、《清愛》18、《攈古》2·3·43、《愙齋》1·5、《奇觚》9·7、《周金》1·63、《簠齋》1鐘4、《小校》1·25、《海外吉》133、《通考》949、《泉屋博古》149、《集成》69、《商周》15236、《國圖拓》6·1564、《北圖拓》12

陳介祺監拓潘祖蔭等十一家跋者汈鐘全形拓

拓本信息

時期：清
尺寸：橫四八厘米，縱一三三厘米
監拓：陳介祺
鈐印：十申、簠齋、簠齋藏三代器、十鐘山房藏鐘、平生有三代文字之好、半生林下田間、御賜敏則有功、潘祖蔭、永壽齋、陶齋、陶齋經眼、壽成、木齋、盛昱父印、訓思堂印、穆琴、光緒十年二月臣懿榮、請得真古文尚書、周鑾詒印、問蓑、孫汝梅、羊年生兒
流傳：杜錫九

器物信息

器名：者汈鐘（者汚鐘、者沪鐘）
類別：樂器
時期：戰國早期
尺寸：通高一八點六厘米
釋文：隹（唯）戉（越）十有九年，王曰：者汈，女（汝）亦虔秉不經（汭－墜）涇悳（德），台（以）纘光。
出土時地：河南洛陽金村古墓
遞藏：陳介祺
現藏：日本京都泉屋博古館
著録：《總集》7072、《三代》1・41・1-1・4・2、《簋齋》2・16・2-17・1、《攈古》2・3・25、《從古》13・6、《綴遺》2・30、《奇觚》9・8-10、《簠齋》1鐘9、《大系》163、《海外吉》138、《小校》1・47・3-1・48・1、《吴越》106、《泉屋博古》158、《集成》132、《商周》15333、《國圖拓》6・1634、《北圖拓》8

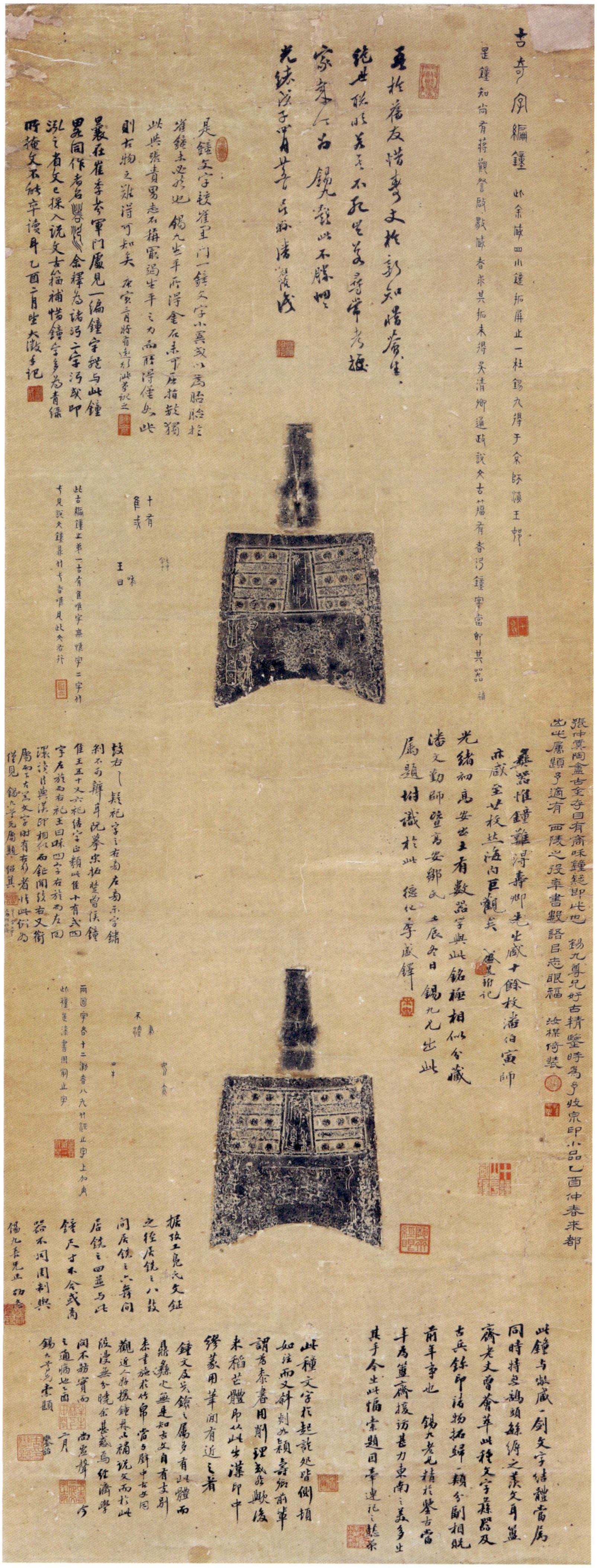
古奇字編鐘

題跋：

陳介祺題跋：古奇字編鐘。

此余藏四小鐘拓屏之一，杜錫九得於京師海王村。是鐘知尚有蔣觀察啓敭藏者，求其拓未得。吳清卿通政《説文古籀補》有『者汈鐘』字，當即其器。

潘祖蔭題跋：吾於舊友惜壽丈，於新知惜嗇生，絶世聰明，若其不死，豈若尋常考據家哉？今爲錫九題此，不勝惘惘。光緒戊子四月廿五日，吳縣潘祖蔭識。

端方題跋：是鐘文字較崔軍門一鐘文字小異，或以爲胚胎於崔鐘，未必然也。錫九生平所得金石未可屈指數，獨此與張貴男志石稱最，竭生平之力而所得僅如此，則古物之難得可知矣。庚寅三月將有遠行，泚筆記之。

吳大澂題跋：曩在崔季芬軍門處見一編鐘，字體與此鐘略同，作者名[illegible]，余釋爲『諸汈』二字。汈，或即泓之省文，已採入《説文古籀補》，惜鐘字多爲青緑所掩，文不能卒讀耳。乙酉三月望，大澂手記。

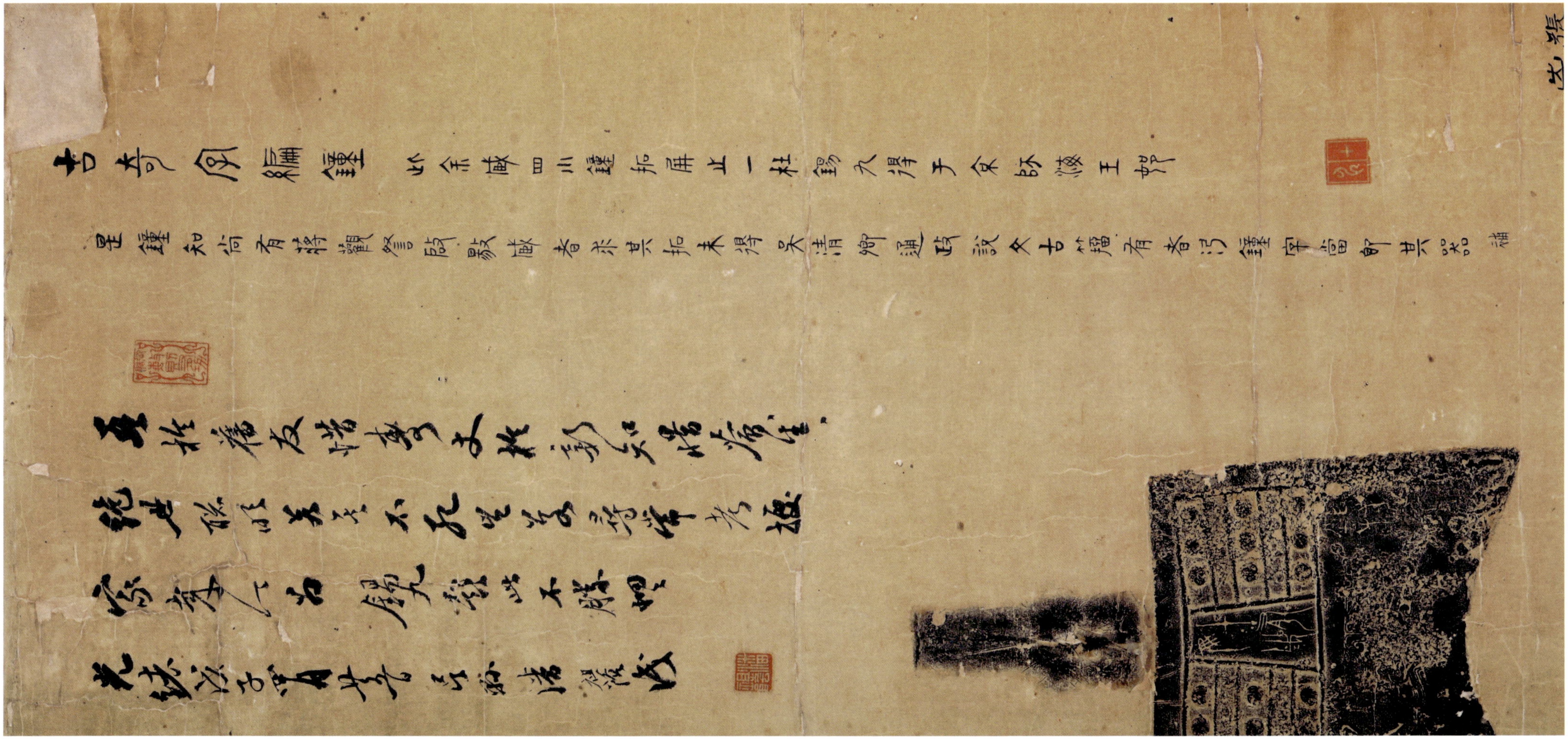

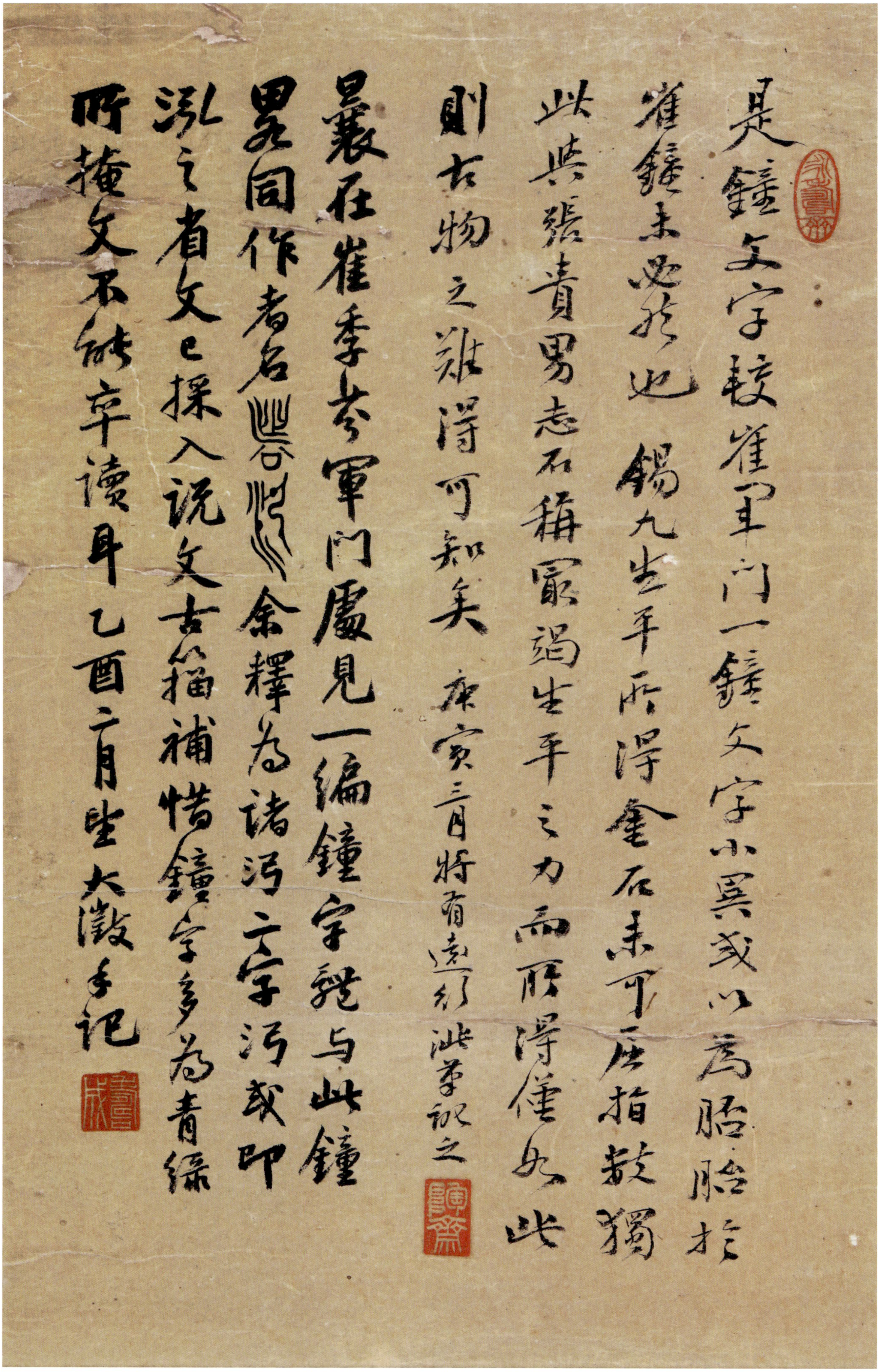
是鐘文字較崔軍門一鐘文字小異或以爲賠貽於
崔鐘未必然也 錫九出平所得金石未可屈指數獨
此與張貴男志石稱冣竭生平之力而所得僅此
則古物之難得可知矣 庚寅三月將有遠行泚筆識之
曩在崔季參軍門處見一編鐘字銘與此鐘
異同作者名[illegible]余釋爲諸污二字污或即
泓之省文已採入說文古籀補惜鐘字多爲青綠
所掩文不能卒讀耳 乙酉六月望大澂手記

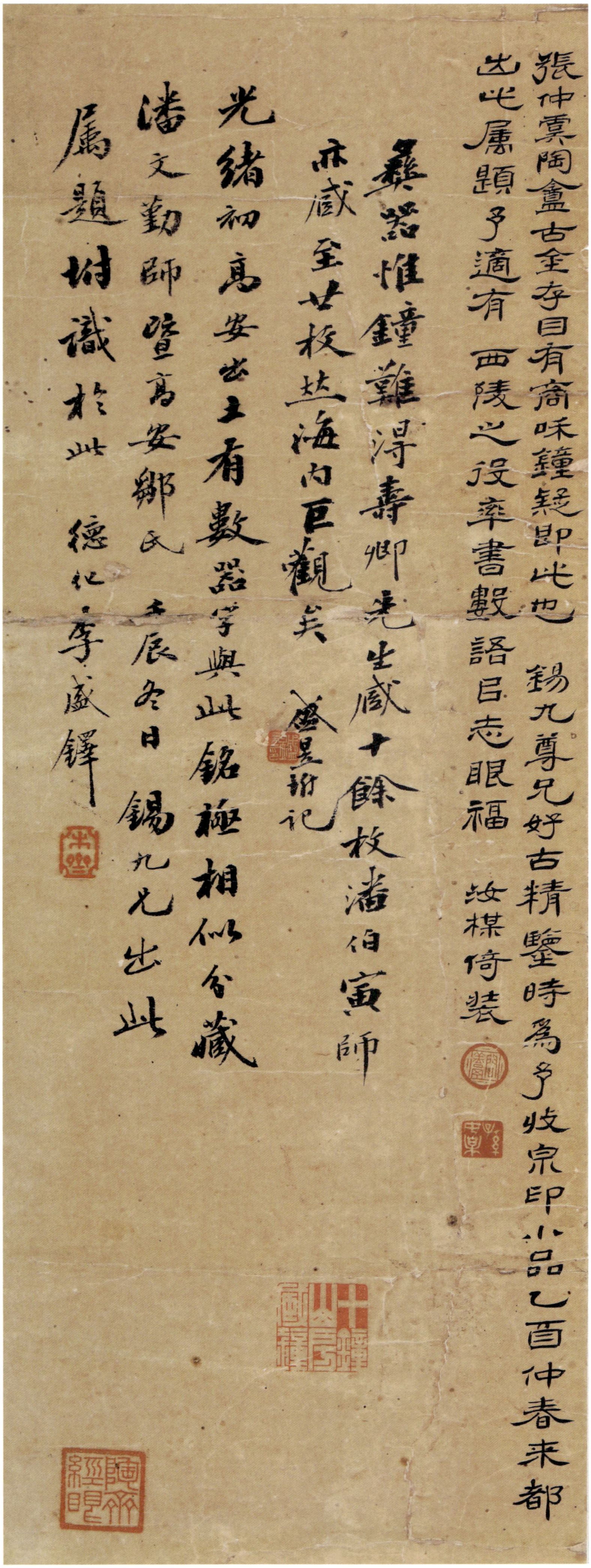

孫汝梅題跋：張仲虞《陶盦古金存目》有商和鐘，疑即此也。錫九尊兄好古精鑒，時爲予收泉印小品。乙酉仲春來都，出此屬題。予適有西陵之役，率書數語以志眼福。汝梅倚裝。

李盛鐸題跋：光緒初，高安出土有數器，字與此銘極相似，分藏潘文勤師暨高安鄒氏。壬辰冬日，錫九兄出此屬題附識於此，德化李盛鐸。

盛昱題跋：彝器惟鐘難得，壽卿先生藏十餘枚，潘伯寅師亦藏至廿枚，并海内巨觀矣。盛昱附記。

陳介祺跋：此古編鐘之第一。古有『隹』『唯』字，無『惟』字，『二』字从弋，見《説文》，鐘鼎从弋者，唯見此。文右行。兩面字各十二，泐者八九。从涇之字上加冉，此種是漆書用削之字。

黄紹箕題跋：鼓右[glyph]疑『祀』字之右旁，左旁『示』字鏽剥不可辨耳。阮摹宋拓楚曾侯鐘『隹王五十又六祀』結字正類此。『隹十有弍』四字左旋而右，『祀王曰和』四字右旋而左，回環讀法與漢印相似，而鉦間鼓右又銜屬而下，古器文字時有右行者，惟此例爲僅見。錫九尊兄屬題。紹箕。（[glyph]字上半亦爲斑所掩）。

王懿榮跋：此鐘與敝藏一劍文字結體當屬同時，特無鵠頭鳥縟之羡文耳。簠齋老丈曾萃此種文字彝器及古兵璽印諸物拓歸一類，分副相貺，前年事也。錫九老兄精於鑒古，當年爲簠齋搜訪甚力，東南之美多出其手，今出此幅索題，因牽連記之。懿榮。

十有
隹戎
王曰咊
鉦

此古編鍾止第一古有隹唯字無惟字二字行
亦見說文鍾鼎行亦者唯見此文右行

秉
不淫
山牛

兩圓字各十二瀫者八九行涇止字上加冉
此種是漆書用削止字

鼓右乚疑祀字之右旁左旁示字鏽
剝不可辨耳阮摹宋拓楚曾侯鐘
隹王五十又六祀結字正類此隹十有式四
字左旋而右祀王曰咊四字右旋而左回
環讀之與漢印相似而鉦間鼓右又銜
屬而下古器文字附有右行者惟此爲
僅見　錫九學兄屬題　紹箕
乚字上半山為斑所掩

此鐘与嶽臧一劍文字結體當屬
同時特是鵠頭蘇綉之美文勇簠
齋老丈曾蕃華此種文字蘇器及
古兵鉩印諸物拓歸一類分嗣相既
前年事也　錫九老兄精於鑒古當
年為簠齋援访甚力東南之美多出
其手今出此幅索題因牽連記之　慧察

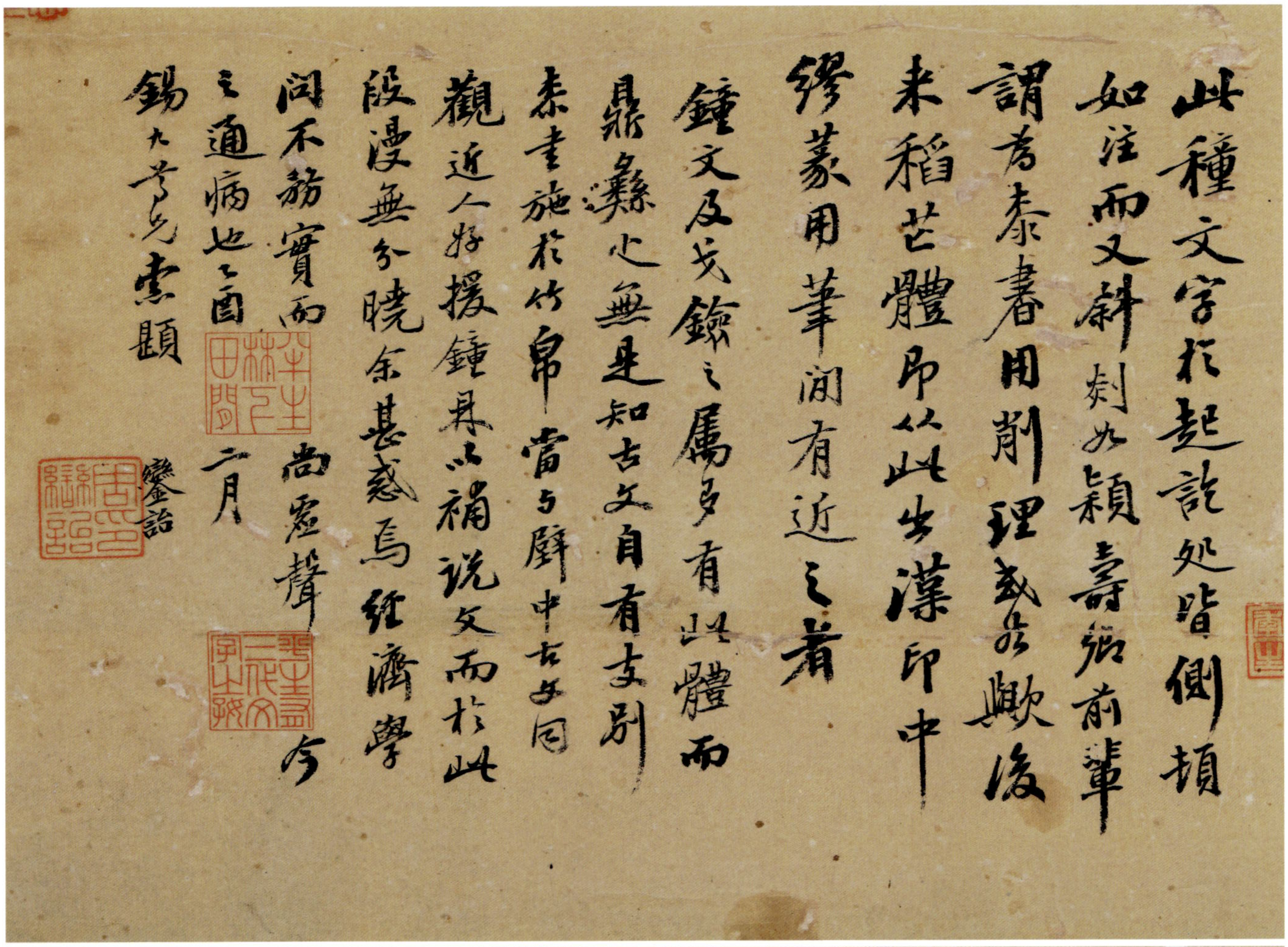

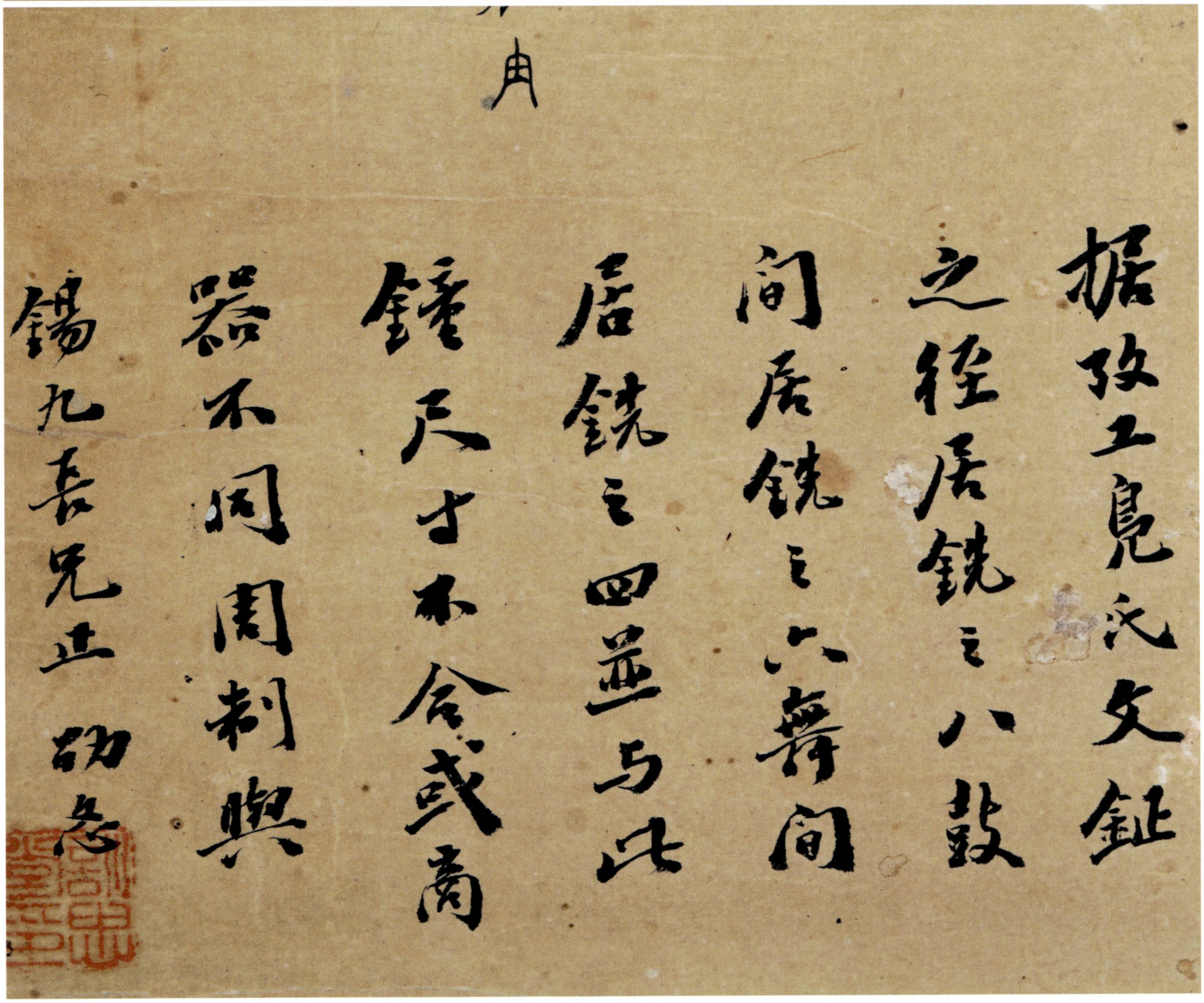

周鑾詒題跋：此種（鐘）文字於起訖處皆側頓如注，而又斜刻如穎。壽卿前輩謂爲漆書，用削理或然歟！後來稻芒體即從此出，漢印中繆篆用筆間有近之者。鐘文及戈劍之屬多有此體，而鼎彝少無。是知古文自有支别，漆書施於竹帛，當與壁中古文同觀，近人好援鐘鼎以補《說文》，而於此段漫無分曉，余甚惑焉。經濟學問不務實而尚虚聲，今之通病也。乙酉二月，錫九尊兄索題。鑾詒。

柯劭忞題跋：據《考工·鳧氏》文，鉦之徑居銑之八，鼓閒居銑之六，舞閒居銑之四，并與此鐘尺寸不合，或商器不同周制歟。錫九長兄正。劭忞。

阮元監拓阮元張廷濟跋虢叔旅鐘全形拓

拓本信息

時期：清

尺寸：横六五厘米，縱一一〇厘米

監拓：阮元

鈐印：太傅、阮元私印、張廷濟印、眉壽老人、神物護持、筱蕘眼福、山東省立圖書館藏

題跋：張廷濟跋：嘉慶八年癸亥，淮南公得此鐘，招廷濟觀於浙江節署，維時正纂《積古齋鐘鼎彝器款識》，蓋擘究吉金文字時爲最盛。吴鐵琴州守爲公之壻，丙戌之春甥館時拓得，屬爲記之。道光丙午六月六日，嘉興七十九歲老者張廷濟。

阮元跋：虢叔大林鐘海内有三，元所藏者鑄工最精審。當家廟初造時，於後東壁留空，留石板於版内，鑿二孔，用銅索穿鐘繫於石上，工畢加磚楣。凡多器皆如此，不可挪移一寸，精於拓者始能拓。或撞之，其聲鏗鏘可聽，不多撞之也。女婿吴修梅昔館廟東時，拓此本，今多年矣。道光丙午秋，頤性老人八十三。

流傳：吴公謹

器物信息

器名：虢叔旅鐘

類别：樂器

時期：西周晚期

尺寸：通高六五點四厘米，銑間三六厘米，鼓間二六點六厘米

釋文：虢弔（叔）旅曰：不（丕）顯皇考叀（惠）弔（叔），穆穆秉元明德，御于氒（厥）辟，畟屯（純）亡敃（愍），旅敢肇帥井（型）皇考威義（儀），淄（祗）御于天子，廼天子多易（錫）旅休，旅對天子魯休揚，用乍（作）朕皇考叀（惠）弔（叔）大𬤇（林）龢（和）鐘，皇考嚴才（在）上，異（翼）才（在）下，𣪕𣪕𤔲𤔲，降旅多福，旅其萬年子子孫孫永寶用亯（享）。

出土時地：信息有二，一是長安河濡（《愙賸》），今屬陝西西安市），二是清末陝西寶鷄虢川司（今屬寶鷄市陳倉區）。

遞藏：阮元

現藏：故宫博物院

著録：《總集》7150、《三代》1•57•3-1•58•1、《積古》3•11、《攈古》3•2•1、《愙齋》1•12、《奇觚》9•30、《周金》1•6、《大系》118、《小校》1•9、《銘文選》427、《音樂（北京）圖》1•5•3、《青全》6•144、《故青》212、《集成》238、《商周》15584

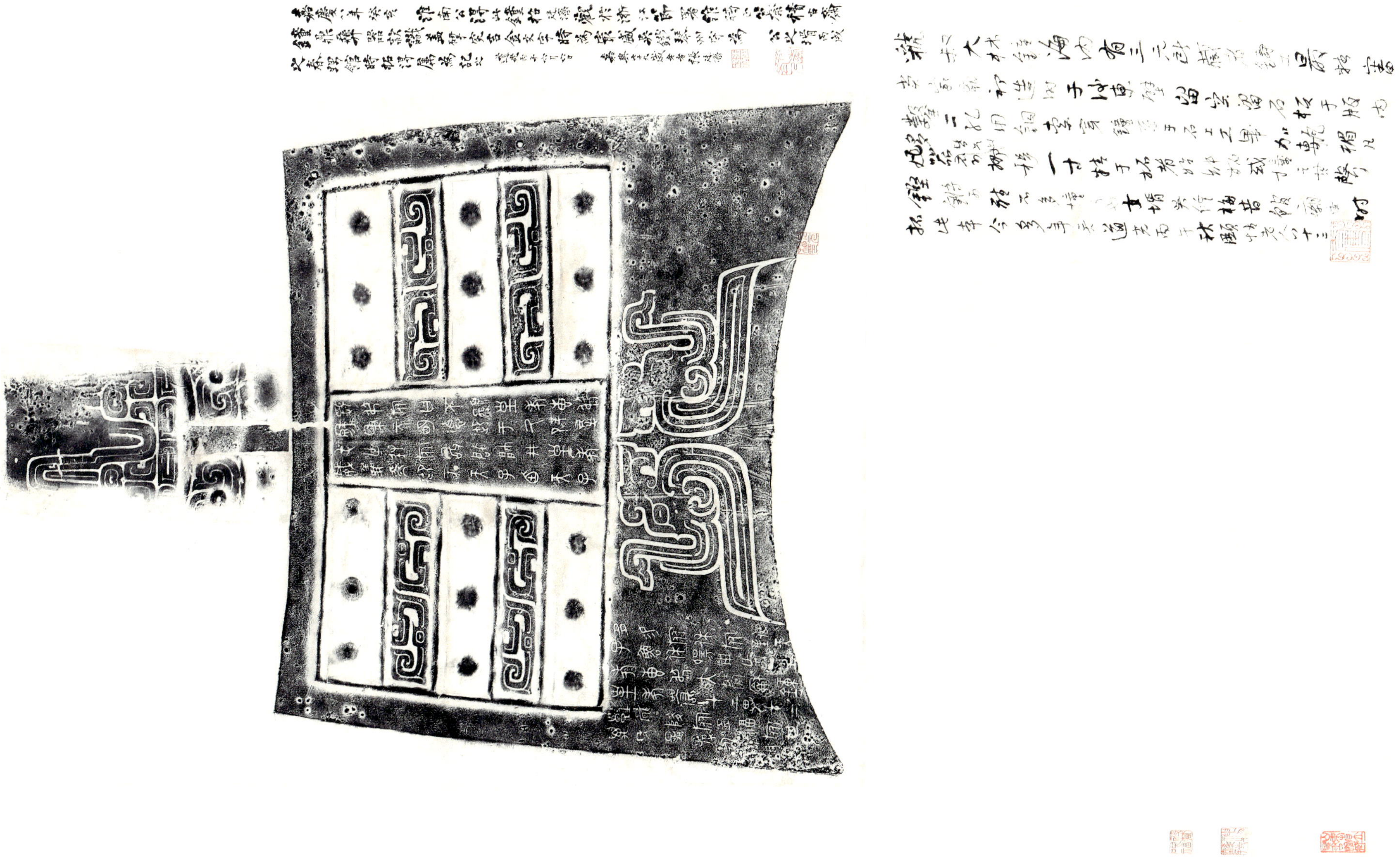

嘉慶八年癸亥　淮南公得此鐘拓廷濟觀於浙江節署維時正纂積古齋鐘鼎彝器款識蓋肇究吉金文字時爲家藏吳鐵琴州守爲公之壻丙戌之春撰館時拓得屬爲記之

道光丙午六月六日

嘉興七十九歲老者張廷濟

虢叔大林鐘海内有三元所藏者鑄工最精富貴家廟初造附于山東壁留實留石板于版内鑿二孔用銅索穿鐘鼻于石上工畢加轅楣凡鼻器告之此挪移一寸桂于拓者始能拓或撞之若擊鏗鏘而難不多撞之也女壻吳侍梅昔館潮由時拓此本今多年矣

道光丙午秋頤壽老人八十三

阮元監拓尹壽彭跋虢叔旅鐘全形拓

拓本信息

時期：清

尺寸：横五二厘米，縱一〇〇厘米

鈐印：尹彭壽字慈經、尹彭壽父

監拓：阮元

題跋：尹彭壽題外簽：積古齋所藏虢叔大林鐘全形拓本，光緒丁亥春重裝於濟南，彭壽謹志。

尹彭壽題端并跋：周虢叔大林鐘。道光乙巳春闈，先君在都，阮文達公所贈，蓋即積古齋器也。光緒壬辰八月中旬，諸城尹彭壽記於濟南之西關尚志書院。

流傳：尹彭壽

器物信息

信息見前阮元監拓阮元張廷濟跋虢叔旅鐘全形拓

阮元監拓丽生製拓虢叔旅鐘全形拓

拓本信息

時期：清

尺寸：横五八厘米，縱八八厘米

監拓：阮元

製拓：丽生

鈐印：阮氏家廟藏器、丽生所拓

器物信息

信息見前阮元監拓阮元張廷濟跋虢叔旅鐘全形拓

吴隱製拓虢叔旅鐘全形拓

拓本信息

時期：清

尺寸：横六七厘米，縱一三七厘米

鈐印：石潛手拓、石潛、吴隱私印

製拓：吴隱

題跋：海清題外簽：周虢叔大林鐘墨拓，吴隱手拓，甲申初冬，海清題。

吴隱題端：周虢叔大林鐘。此器今藏震澤，庚戌五月拓成，石潛吴隱記。

器物信息

器名：虢叔旅鐘

類別：樂器

時期：西周晚期

釋文：虢弔（叔）旅曰：不（丕）顯皇考吏（惠）弔（叔），穆穆秉元明德，御于氒（厥）辟，𣄰屯（純）亡敃（愍），旅敢肈帥井（型）皇考威義（儀），淄（祗）御于天子，迺天子多易（錫）旅休，旅對天子魯休揚，用乍（作）朕皇考吏（惠）弔（叔）大𪔉（林）龢（和）鐘，皇考嚴才（在）上，異（翼）才（在）下，數數𪔂𪔂，降旅多福，旅其萬年子子孫孫永寶用亯（享）。

出土時地：信息有二，一是長安河濡（《窓牘》），二是清末陝西寶雞虢川司

遞藏：孫星衍、張廷濟、沈秉成

現藏：日本東京書道博物館

著録：《三代》1·58·2-1·59·1、《從古》6·3、《攈古》3之2·4、《綴遺》1·18、《周金》1·7、《清儀》1·22、《鬱華閣》31-32、《大系》119-120、《小校》1·81、《集編》64、《陝金》2·13、《集成》239、《商周》15585

周虢叔大林鐘

古瓮今藏震澤 庚戌五月拓出

石潛吴隱記

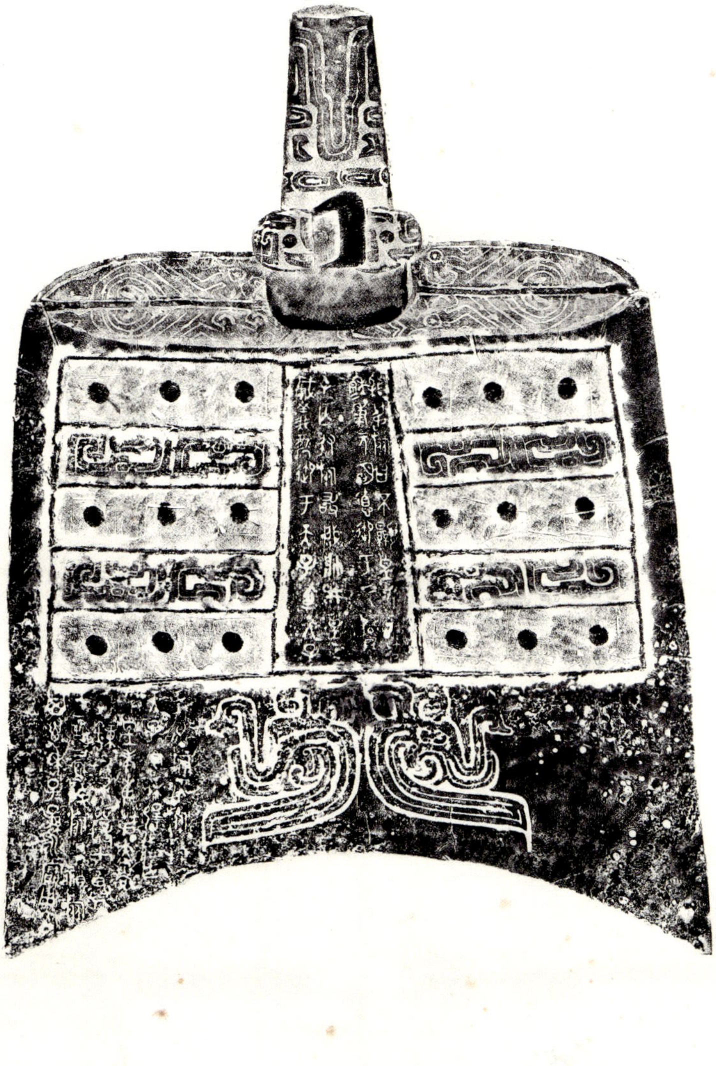

周虢叔大林鐘墨拓 吴隱手拓 甲申初冬 海清題

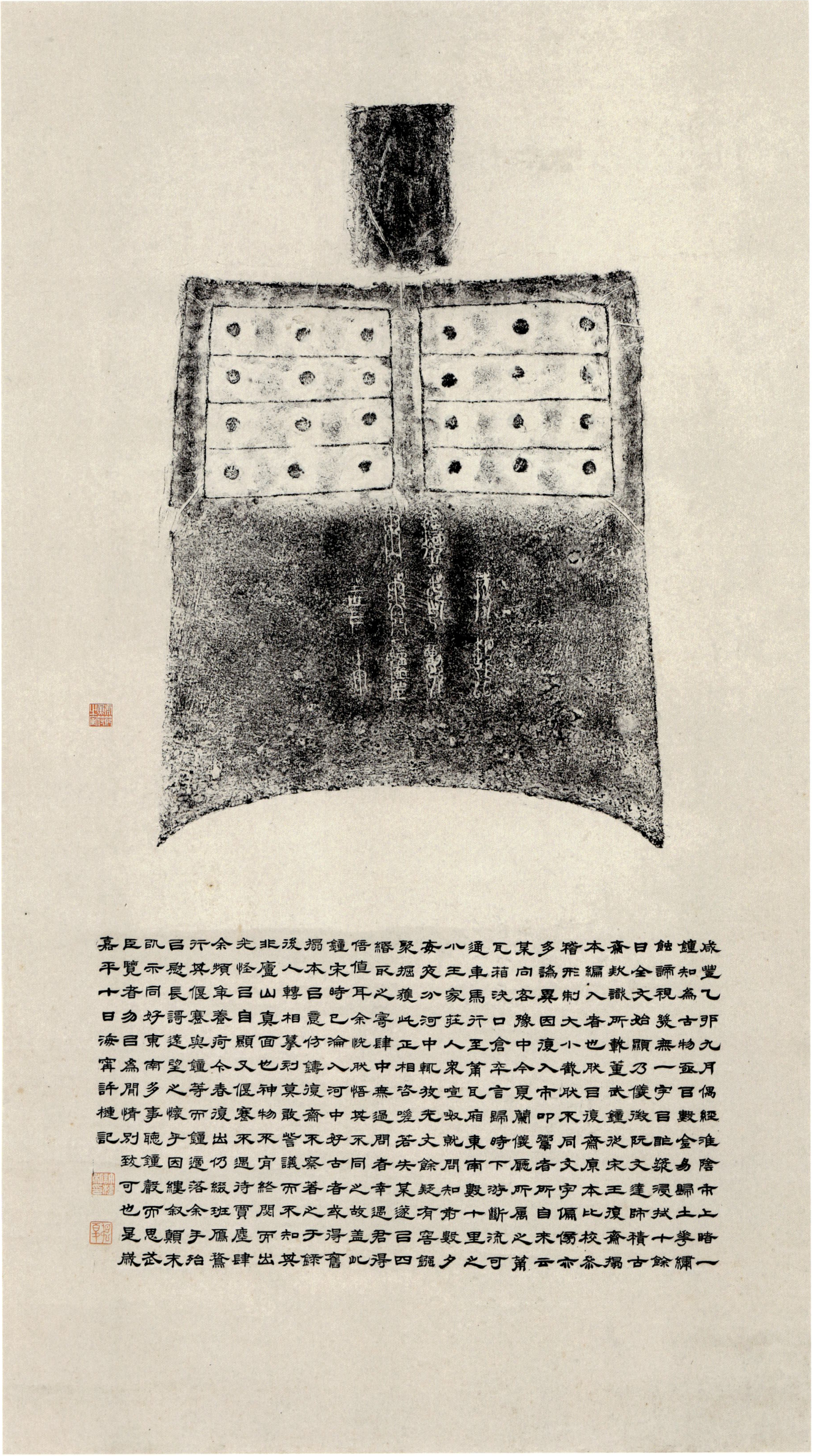

許槤監拓并跋董武鐘全形拓

拓本信息

時期：清

尺寸：横六四厘米，縱一二八厘米

監拓：許槤

題跋：許槤題跋：咸豐乙卯九月，偶經淮陰市上，睹一鐘，知爲古物，亟以數金易歸，土華銹蝕，諦視幾無一字，以酢漿浸拭十餘日，全文始顯，乃儀徵阮文達師《積古齋款識》所載董武鐘，從宋王復齋搨本編入者也。然以復齋原本比校參稽，形制大小截然不同，文字偏傍亦多譌異，因復入市，叩鬻者所自來。云：某向客豫中，今夏蘭儀廳所屬之篅瓦箱決口，倉卒言歸，時下游斷流可通車馬，行至篅瓦廂東南數十里之小王家莊，人衆喧呶，就問，知前數夕每夜分，河中輒放光丈餘，疑有窖鏹，聚掘獲此。正相咨嗟若失，某遂以四緡取之，寄肆中無過問者，幸遇君得倍值耳。余恍然悟其不同之故，蓋此鐘宋時已淪入河中，好古者或得舊搨本，以意仿鑄，復齋不察著之於録，後人轉相摹刻，莫敢訾議而不知其非廬山真面也。神物不肯終閟而出光怪以自顯。又偃蹇不遇，待賈塵肆。余頻年養疴，今春復出，仍綴班雁鶩行，其偃蹇與鐘等，而鐘適落余手，殆以慰長謌遠望之懷乎，因縷叙顛末以示同好。東南多事，聽鐘聲而思武臣，覽者勿以爲閒情别致可也。是歲嘉平十日海寧許槤記。

鈐印：許槤私印、叔夏、虎節魚符之室

器物信息

器名：董武鐘

類別：樂器

出土時地：咸豐五年（一八五五）蘭儀廳（今河南蘭考）

遞藏：許槤

現藏：海外

備注：僞器

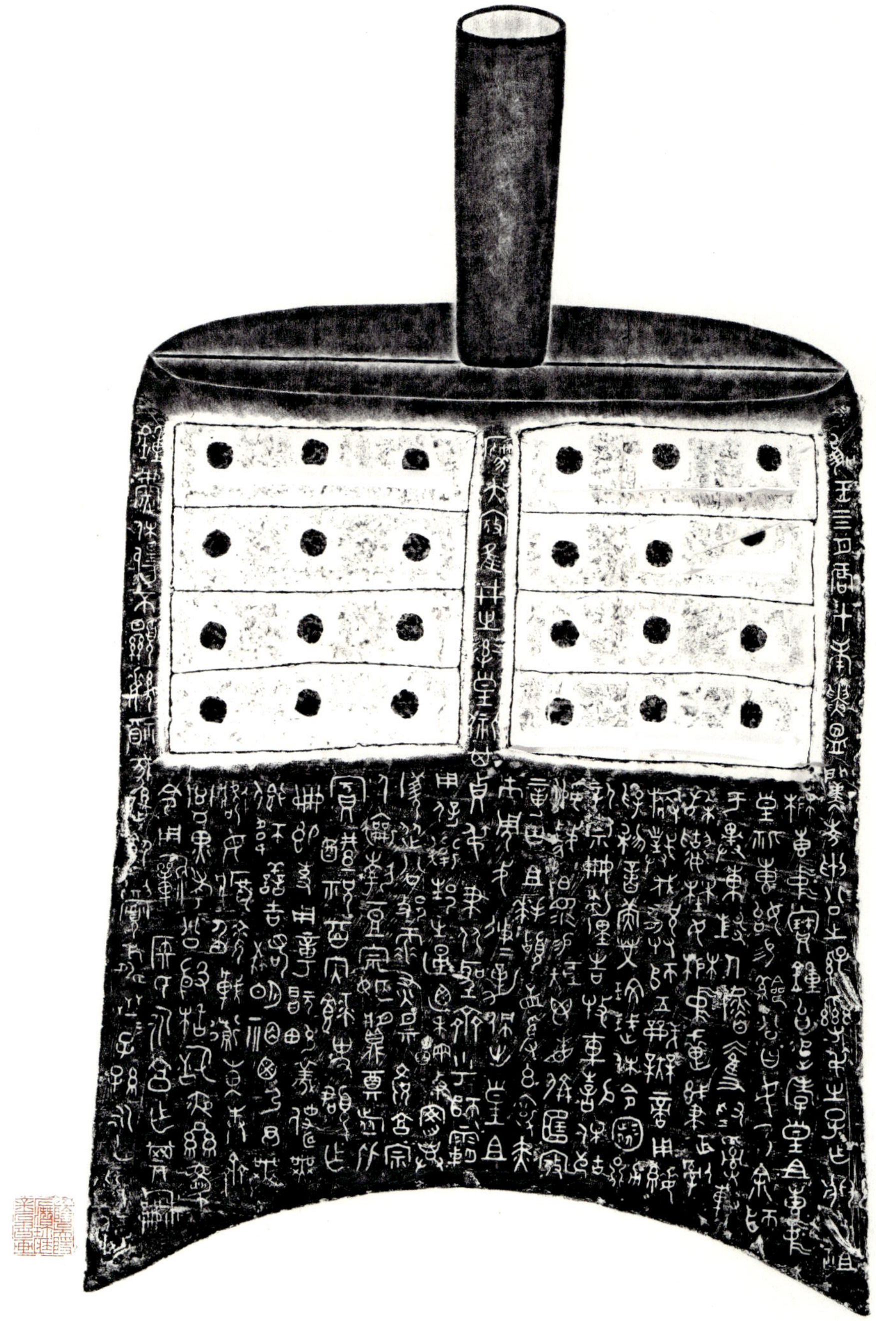

录公鐘全形拓

拓本信息

時期：清末民初

尺寸：横六七厘米，縱一一〇厘米

鈐印：山陰吴隱石潛珍藏金石書畫

流傳：吴隱

器物信息

信息見後柯昌泗劉大同跋录公鐘全形拓

柯昌泗劉大同跋彔公鐘全形拓

拓本信息

時期：清末民初

尺寸：橫六四厘米，縱一二八厘米

製拓：中賢

鈐印：中賢拓彝器、燕舲、繞溪草堂勞氏珍藏、劉顛、詩顛酒狂、芝叟過目

題跋：柯昌泗題跋：右彔公鐘藏潘文勤家，字勢雄渾，似眲敦、楕妃彝諸器，蓋周初文字也。第一行第十字見郘鐘，第三行第六字見齊子仲姜鎛，第十五行第二、三、四字見散氏盤，第十九行第一、三字見國佐甔，第廿二行第八字見番君鬲。凡此數字胥爲金文中不多覯者，此鐘乃獨備與脗合，真古籀之尾閭矣。福泉仁兄得此精搨，忻喜出眎，得不羡其左右逢源之樂哉。録，周時國名。此云申公之孫作皇祖彔公云云者，當是周初未定謚法之稱。柯昌泗。

劉大同題端：是鐘爲吴縣潘伯寅尚書所藏。甲子年春，余過姑蘇至其家訪是鐘。據云原器已失，聞之不快者久之。今福泉老弟持此索題，喜極意欲留之，然亦不敢奪人所好也，因題數語以還之。芝里老人。

流傳：勞福泉

器物信息

器名：彔公鐘

類別：樂器

遞藏：潘祖蔭

現藏：不明

備注：僞器

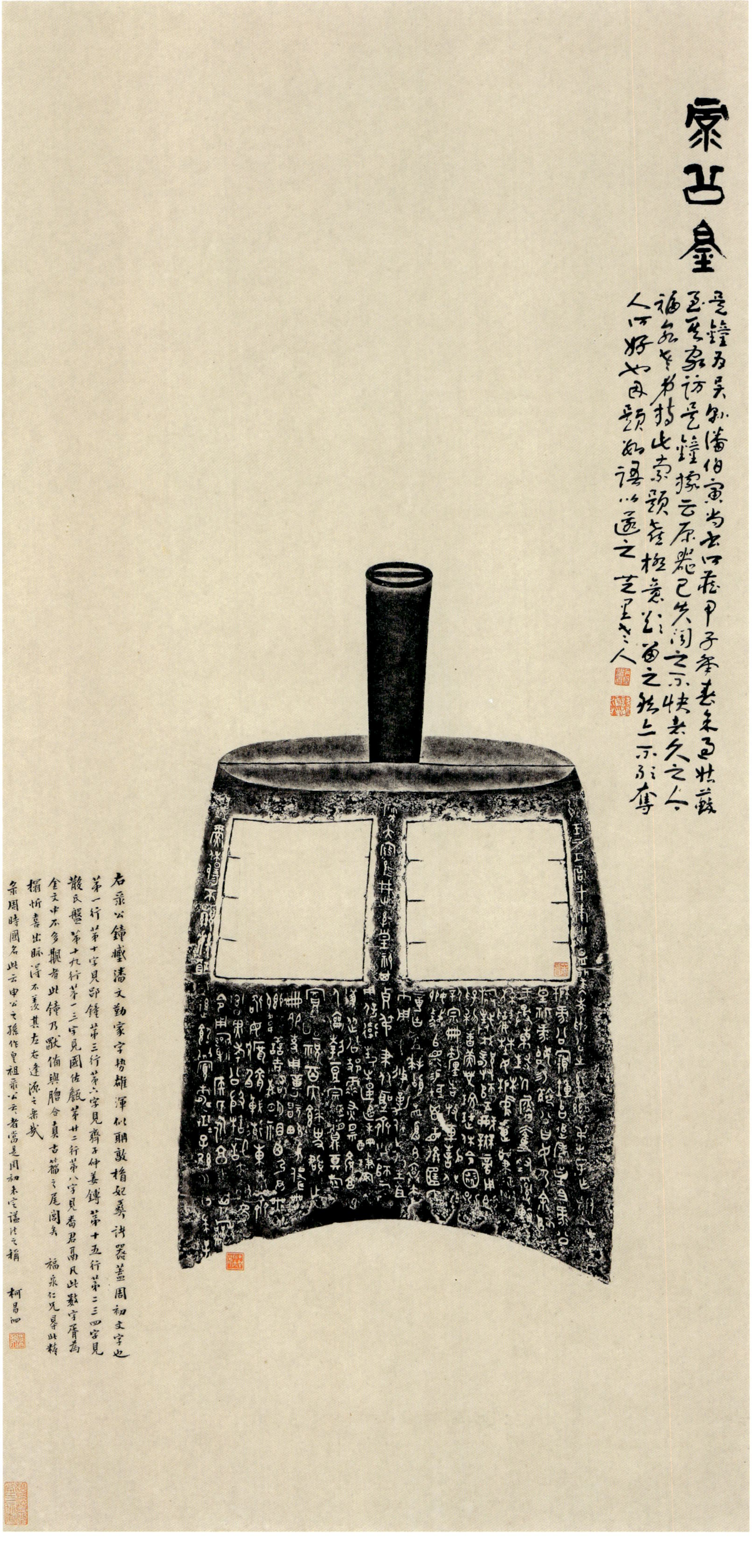

季梁父鐘全形拓

拓本信息

時期：清末民初

尺寸：横三五厘米，縱六〇厘米

鈐印：滎陽氏珍藏書畫金石

器物信息

器名：季梁父鐘

類别：樂器

備注：僞器

羅原覺監拓文君錞于全形拓

拓本信息

時期：清末民初

尺寸：横四〇厘米，縱六五厘米

監拓：羅原覺

鈐印：羅原覺傳本、家有文君淳于隋大業南海王夫人墓志宋熙寧潮州陳十五娘造瓷佛紹定廣州城南傅二娘造石水筧記石刻

器物信息

器名：文君錞于

類别：樂器

時期：漢

釋文：文君。

出土時地：不明

遞藏：羅原覺

現藏：不明

著録：不明

陳介祺監拓并跋陳純釜全形拓

拓本信息

時期：清

尺寸：横六三厘米，縱一五三厘米

鈐印：介祺、簠齋、幼石拓圖、卜居孝子之里、壽考維祺

監拓：陳介祺

製拓：幼石

流傳：幼石

器物信息

器名：陳純釜

類别：權量器

時期：戰國中期

尺寸：通高八點六五厘米，口徑二二點六五厘米，底徑一八點〇八厘米

釋文：墜（陳）猷立（涖）事歲，𩛥月戊寅，于兹安墜（陵）亭，命左關帀（師）䇂（發）敕成左關之𨪂（釜），節于𣪘（廩）𨪂（釜），敦（屯）者曰墜（陳）純。

出土時地：清咸豐七年（一八五七）山東膠縣（今山東青島）靈山衛古城

遞藏：陳介祺

現藏：上海博物館

著録：《總集》7870、《三代》18·23·1、《憙齋》24·3、《綴遺》28·17·1、《奇觚》6·35·1、《簠齋》3·26·2、《周金》6·122·2、《大系》262·1、《小校》9·104·1、《山東存》齊21、《度量衡》79、《銘文選》857、《青全》9·43、《辭典》916、《上海》（2004）593、《集成》10371、《商周》18817

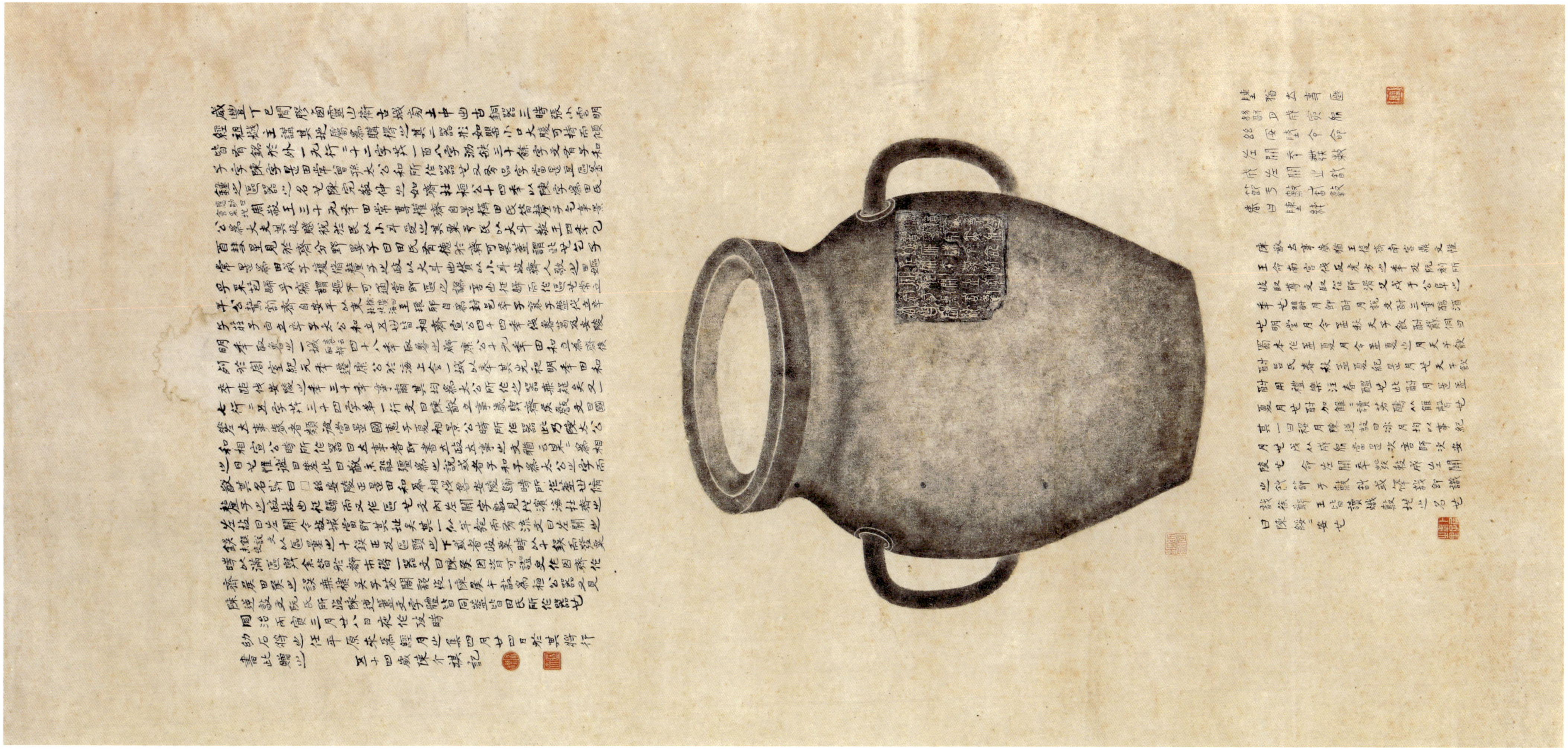

題跋：

陳介祺題跋：咸豐丁巳，聞膠西靈山衛古城旁土中出古銅器三，時張小雲明經祖樾主講其地，屬為購得之。其二器形如罍，小口大腹，可持而傾，皆有銘於外。一九行，行十二字，共一百八字。泐缺三十餘字，文有『子和子』字、『陳』字，是田常曾孫太公和所作器也。又有『區』字，當是『豆區釜鍾』之區，器之名也。陳完敬仲之如齊，在桓公十四年，以陳字為田氏。（應劭曰：『食采地』。）周敬王三十九年，田常專權，齊自是稱田氏。昔釐子乞事景公，為大夫，其收賦稅於民，以小斗受之，其粟予民以大斗。敬王四年乙酉，彗星見於齊分野。晏子曰：『田氏有德於齊，可畏。』蓋謂此也。乞子常，是為田成子，復修釐子之政，以大斗出貸，以小斗收。齊人歌之曰：『嫗乎采芑，歸乎。』竊謂，『嫗』不可通，當即區之譌。言出征歸而作區也。常立平公驁，割齊自安平以東。（徐廣曰：在北海。）至琅邪，自為封邑。卒，子襄子盤代立。卒，子莊子白立。卒，子太公和立。五世皆相齊。宣公四十四年，伐魯、葛及安陵。明年，取魯之一城。（《表》云取都。）四十八年，取魯之郕。康公十九年，田和立為齊侯，列於周室。紀元年，遷康公於海上，食一城，以奉其先祀。明年，田和卒。距伐安陵之年三十年事爾。其均為太公所作之器無疑矣。又一七行，行五字，共三十四字。第一行文曰『陳猷立事歲』，與齊侯甗文曰『國差立事歲』者類。彼當是國惠子夏相景公時所作器，此乃陳太公和相宣公時所作器。曰立事者，即《書》『立政立事』之文，猶云某某為相之日也。惟彼曰差，此曰猷，未敢彊為之說。或者子和子為太公之字，而猷，其名與？曰『□茲安陵』，正是田和為相，伐魯、安陵歸時所作。蓋世修釐子之政，故出征歸而又作區也。文內『左關』字數見，地濱海，在齊之左，故曰左關，今故城當即其址矣。其一似半匏而有流，文曰『左關之鋘』。（鋘，《說文》未收。）以區量之，十鋘正及區頸之下，或者收粟時以十鋘，而發粟時以滿區與？余昔者於都市得一器，文曰『陳侯因資』，可證史作因齊、作齊侯，田侯之誤。無棣吳子苾閣部收一陳侯午敦，為桓公器。又見陳逆敦文，阮氏所收陳逆簠文，字體皆同，蓋皆田氏所作器也。

同治丙寅三月廿八日夜作考。時幼石將之任平原，來為經月之集，四月廿四日於其將行，書此贈之。

五十四歲陳介祺記。

陳介祺跋：陳猷立事歲，猶王復齋南宮鼎文『惟王命南宮伐反虎方之年』及阮刻所收㕡尊文『㕡從師滑父戍於公皋之年』也。醻月，即酎月。《說文》：『酎，三重醇酒也。』《明堂月令》：『孟秋，天子飲酎。』戴侗曰：『蜀本作孟夏。』《月令》『孟夏之月，天子飲酎。』《呂氏春秋·孟夏紀》『是月也，天子飲酎，用禮樂。』注：『春醞也。』此酎月是孟夏月也。酎加雔。雔，讀若疇，从雔聲也。其一曰禝月。陳逆敦曰『冰月』，均以事紀月也。戈，从戌。[illegible]，當是次，言師次安陵也。命左關卒發敕成左關之鈄，節於[illegible]。鈄或釋戠，即識。戠，徐、鄭、王皆讀熾。[illegible]，地之名也。曰陳綏，綏，安也。

咸豐丁巳聞膠西靈山衛古城旁土中出古銅器三時張小雲明
經祖樾主講其地屬為購得之其二器形如罌小口大腹可持而傾
皆有銘於外一九行二十二字共一百八字泐缺三十餘字文有子和
子字陳字是田常曾孫太公和所作器也又有品字當是豆區釜
鍾之區器之名也陳完敬仲也如齊桓公十四年以陳字為田氏
應劭曰會采地周敬王三十九年田常專權齊自是稱田氏簡釐子乞事景
公為大夫其收賦稅於民以小斗受之其粟予民以大斗敬王四年乞
百彗星見於齊分野晏子曰田氏有德於齊可畏蓋謂此也乞子
常是為田成子復傳釐子之政以大斗出貸以小斗收齊人歌之曰嫗
乎采芑歸乎竊謂嫗不可通當即區之謠言也征歸而作區也常立
平公驚割齊自安平以東徐廣曰北北海至琅邪自為封邑卒子襄子盤代立卒
子莊子白立卒子太公和立五世皆相齊宣公四十四年伐魯葛及安陵
明年取魯之一城表云取都四十八年取魯之郕康公十九年田和立為齊侯
列於周室紀元年遷康公於海上食一城以奉其先祀明年田和
卒距伐安陵之年三十年事爾其均為太公所作之器無疑矣又一
七行二五字共三十四字第一行文曰陳猷立事歲與齊侯敵文曰國
差太事歲者類彼當是國惠子夏相景公時所作器此乃陳太公
和相宣公時所作器曰太事者即書太政太事也文猶云某某為相
也曰世惟彼曰差此曰猷未設彊為也說或者子和子為太公之字而
猷其名與曰□給安陵正是田和為相伐魯安陵歸時所作蓋世傳
釐子之政故也征歸而又作區也文內左關字數見故濱海杜齊也
左故曰左關令故城當即其址矣其一似半鈍而有流文曰左關之
鍨鍨說文未收以區量之十鍨正及區頸之下或者收粟時以半鍨而發粟
時以滿區與余皆於都市得一器文曰陳侯因資可證史作因齊作
齊侯田侯之誤兼據吳子苾閣藏收一陳侯午敦為桓公器又見
陳逆敦文阮氏所收陳逆簠文字體皆同蓋皆田氏所作器也
同治丙寅三月廿八日夜作竣時
幼石將之任平原來為經月之集四月廿四日於其將行
書此贈之　五十四歲陳介祺記

陳猶太事歲
䜌月戊寅於
茲安陵亭命
左關帀發敕
成左關之釜
節于稟釜敦
者曰陳純

陳猷太事歲猶王復齋南宮鼎文惟
王命南宮伐反虎方之年及阮刻所
收取尊文取從師渭父戍于公阜之
年也雖亦月即亦月說文亦三重醞酒
也明堂月令孟秋天子飲亦戴侗曰
蜀本作孟夏月令孟夏之月天子飲
亦呂氏春秋孟夏紀是月也天子飲
亦用禮樂注春醞也此亦月是孟
夏月也亦加餛二讀若醲从餛聲也
其一曰禝月陳逆敦曰冰月均以事紀
月也戊从戍舟當是次字師次安
陵也　命左關卒發敕成左關
之釜節于敦釜或釋敦即識
敦徐鄭王皆讀熾敦廩也名也
曰陳綏二安也

陳介祺監拓秦始皇帝二十六年詔令鐵權全形拓

拓本信息

時期：清

尺寸：横四六厘米，縱一〇二厘米

監拓：陳介祺

鈐印：秦鐵權齋、海濱病史、集秦斯之大觀、山東省立圖書館

器物信息

器名：秦始皇帝二十六年詔令鐵權

類別：權量器

時期：秦始皇帝二十六年（前二二一）

釋文：廿六年，皇帝盡并兼天下諸侯，黔首大安，立號爲皇帝，乃詔丞相狀、綰，灋（法）度量則不壹歉疑者皆明壹之。

出土時地：山東琅玡臺西南蘭山沂南古城址

遞藏：陳介祺

現藏：日本藤井有鄰館

著録：《簠齋藏古目》13•1、《羅表》7•3、《愙齋》24•11、《秦漢》11、《國圖拓》7•1750

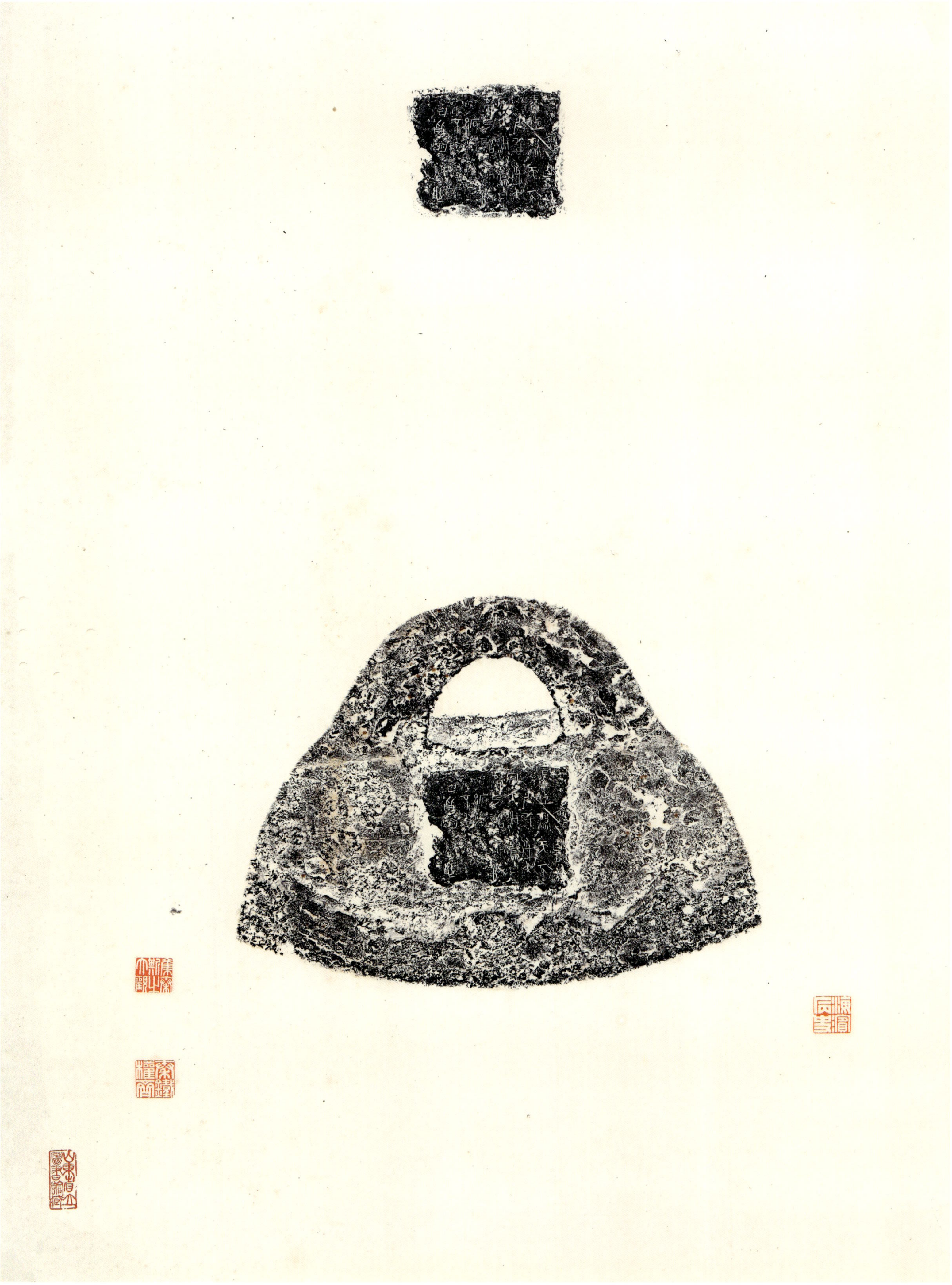

杜尚跋秦二世詔鐵權全形拓

拓本信息

時期：清

尺寸：橫五二厘米，縱一〇八厘米

流傳：陳介祺（僞）、杜尚

鈐印：簠齋藏三代器（僞）、齊東陶父（僞）、簠齋吉金文字（僞）、臣尚私印、友棠

題跋：杜尚題：秦權圖。丙寅正月，杜尚題於濟垣四照樓。

器物信息

器名：秦二世詔鐵權

類別：權量器

釋文：元年制詔丞相斯、去疾，灋（法）度量盡始皇帝爲之，皆有刻辭焉。今襲號，而刻辭不稱始皇帝。其於久遠也，如後嗣爲之者，不稱成功盛德。刻此詔，故刻左，使毋疑。

出土時地：不明

遞藏：不明

現藏：不明

備注：僞器，陳介祺印章係僞章。

王懿榮監拓漢永始元年弩機全形拓

拓本信息

時期：清

尺寸：横三〇厘米，縱七五厘米

鈐印：六皆手拓、王懿榮、蓮生所藏金石、道芬

監拓：王懿榮

製拓：程謙吉

題跋：吴道芬跋：古弩機最多，然全美者不甚見。按此器爲福山廉生太史視學陝西所得，字迹略有剥蝕，尚不爲害，宜其寶之。光緒甲午新春吴道芬識。

器物信息

器名：永始元年弩機

類别：兵器

時期：西漢永始元年（前16）

出土時地：陝西

遞藏：王懿榮

現藏：不明

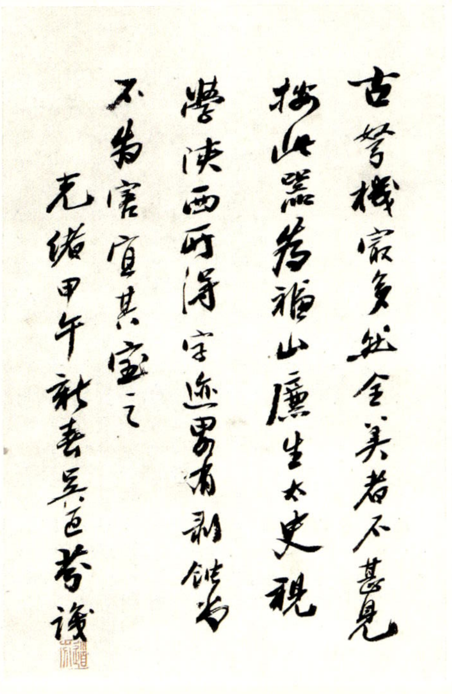

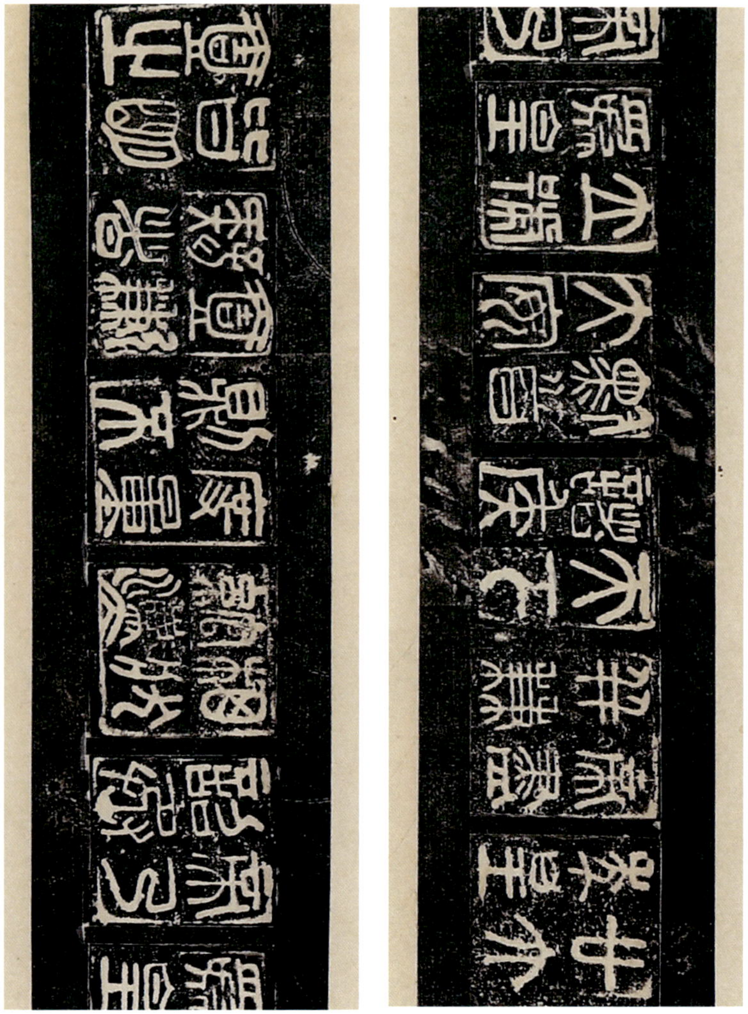

秦始皇帝詔瓦量全形拓

拓本信息

時期：清

尺寸：橫五七厘米，縱一二三厘米

流傳：陳介祺

鈐印：簠齋先秦文字、秦詔量瓦之齋、古陶主人、海濱病史、集秦斯之大觀

器物信息

器名：秦始皇帝詔瓦量

類別：權量器

釋文：廿六年，皇帝盡并兼天下諸侯，黔首大安，立號爲皇帝，乃詔丞相狀、綰，灋（法）度量則不壹歉疑者，皆明壹之。

遞藏：不明

現藏：不明

備注：此爲簠齋復原拓本。

廿六年皇帝盡并兼天下諸侯黔首大安立號為皇帝乃詔丞相狀綰灋度量則不壹歉疑者皆明壹之

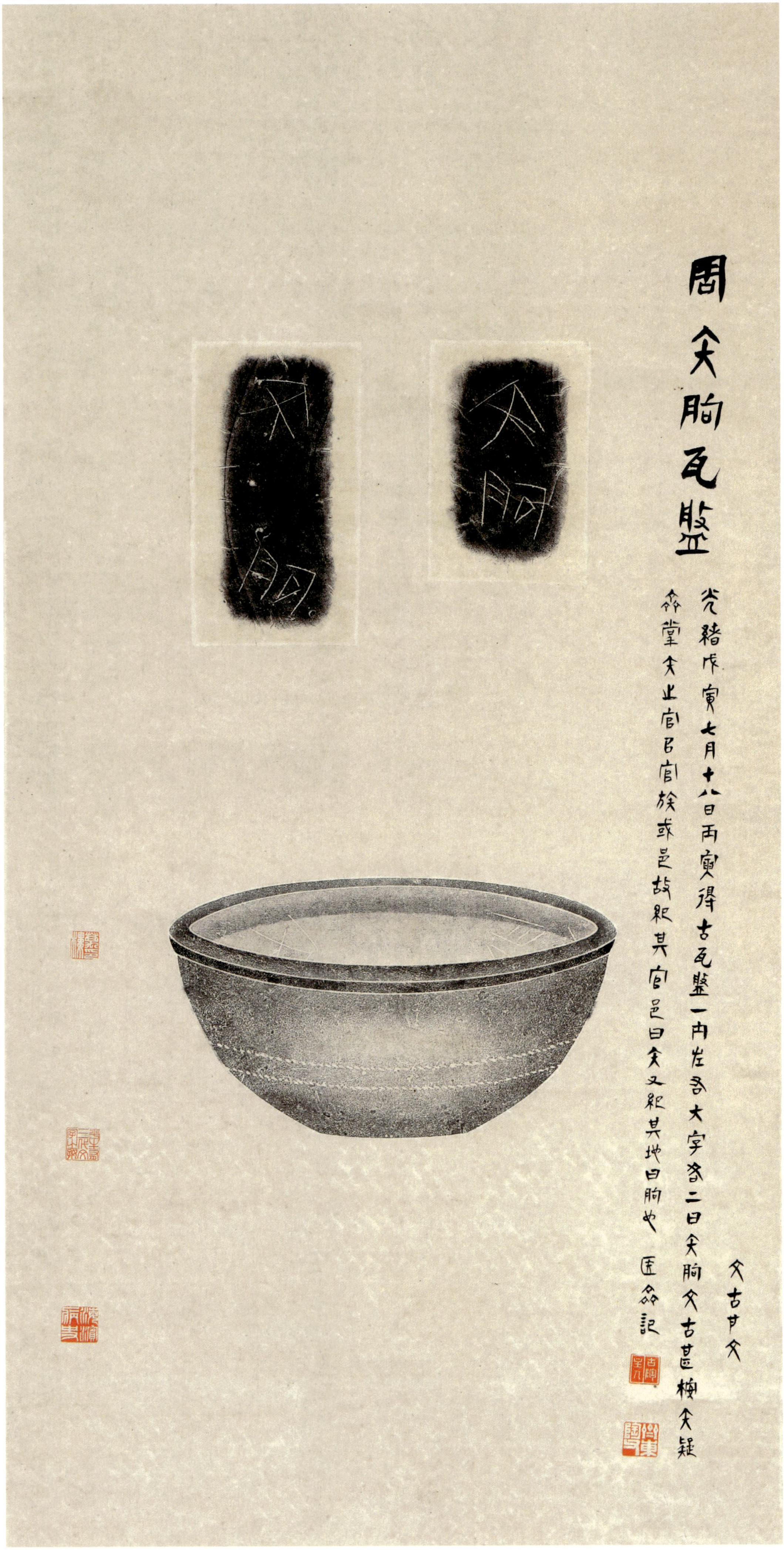

陳介祺監拓并跋矢胸瓦盤全形拓

拓本信息

時期：清

尺寸：橫四九厘米，縱一〇〇厘米

監拓：陳介祺

鈐印：古陶主人、齊東陶父、萬印樓、平生有三代文字之好、海濱病史

題跋：陳介祺題跋：周矢胸瓦盤。光緒戊寅七月十八日丙寅得古瓦盤一，內左右大字各二，曰矢胸，文古甚。桉矢，疑齊掌矢之官，以官族或邑，故紀其官邑曰矢，又紀其地曰胸也。簠齋記。

器物信息

器名：矢胸瓦盤（矢胸盆）

類别：水器

時期：戰國

釋文：矢胸

出土時地：山東臨朐

遞藏：陳介祺

現藏：青島市博物館

備注：《王譜》一九三七年七月五日：謝國楨來訪，彼新由濰縣青島來，言濰縣陳氏所藏一部分陶片、陶器，經彼與徐森玉等作合，已以千三百元售於青島市博物館矣，胸盤在內焉。

組軸全形拓

洹子孟姜壺師酉簋叔朕簠三器全形拓

拓本信息

時期：清末民初

尺寸：橫六一厘米，縱一三〇厘米

鈐印：鄭盦所藏吉金

流傳：徐蔭田

器物信息

器名：叔朕簠

類別：食器

時期：春秋早期

尺寸：高一二厘米，腹深六點八厘米，口橫三〇厘米，口縱二四點二厘米

釋文：隹（唯）十月初吉庚午，弔（叔）朕（朕）睪（擇）甘（其）吉金，自乍（作）𩰫（薦）匡（簠）。㠯（以）歌稻粱，萬年無彊（疆），弔（叔）朕（朕）釁（眉）壽（壽），子子孫孫，永寶用之。

出土時地：不明

遞藏：阮元、周季木

現藏：上海博物館

著録：《總集》2979、《三代》10•23•2、《積古》7•4、《張藏》4、《攈古》3•1•6、《愙齋》15•14、《綴遺》8•5、《奇觚》17•21、《周金》3•123•1、《小校》9•20•1、《銘文選》784、《集成》4620、《商周》5967

信息見前阮元監拓阮元吴公謹跋洹子孟姜壺全形拓

信息見前師酉簋全形拓

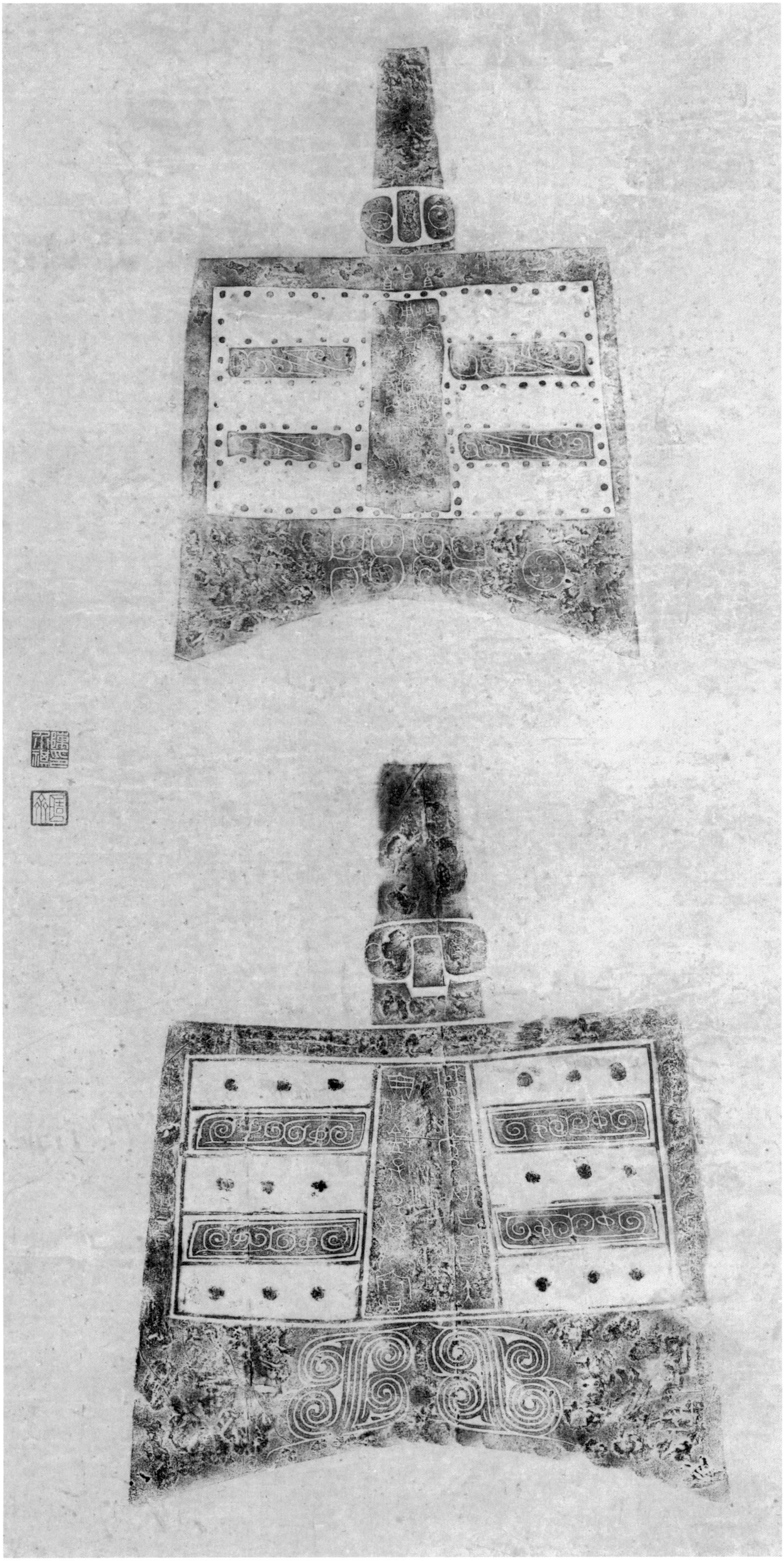

虘鐘楚公豪鐘全形拓

拓本信息

時期：清

尺寸：橫一〇厘米，縱五九厘米

監拓：陳介祺

鈐印：陳介祺印、簠齋

備注：器形翻刻

器物信息

信息見後陳介祺後裔監拓王獻唐跋虘鐘全形拓

信息見後陳介祺後裔監拓王獻唐跋楚公豪鐘全形拓

陶盂全形拓

拓本信息

時期：清末民初

尺寸：橫四七厘米，縱五七厘米

鈐印：馬家桐印

流傳：馬家桐

器物信息

器名：陶盂

類別：食器

時期：戰國

釋文：楚郭鄉關里□。

出土時地：不明

遞藏：不明

現藏：不明

著録：不明

備注：另一器疑贗造器。

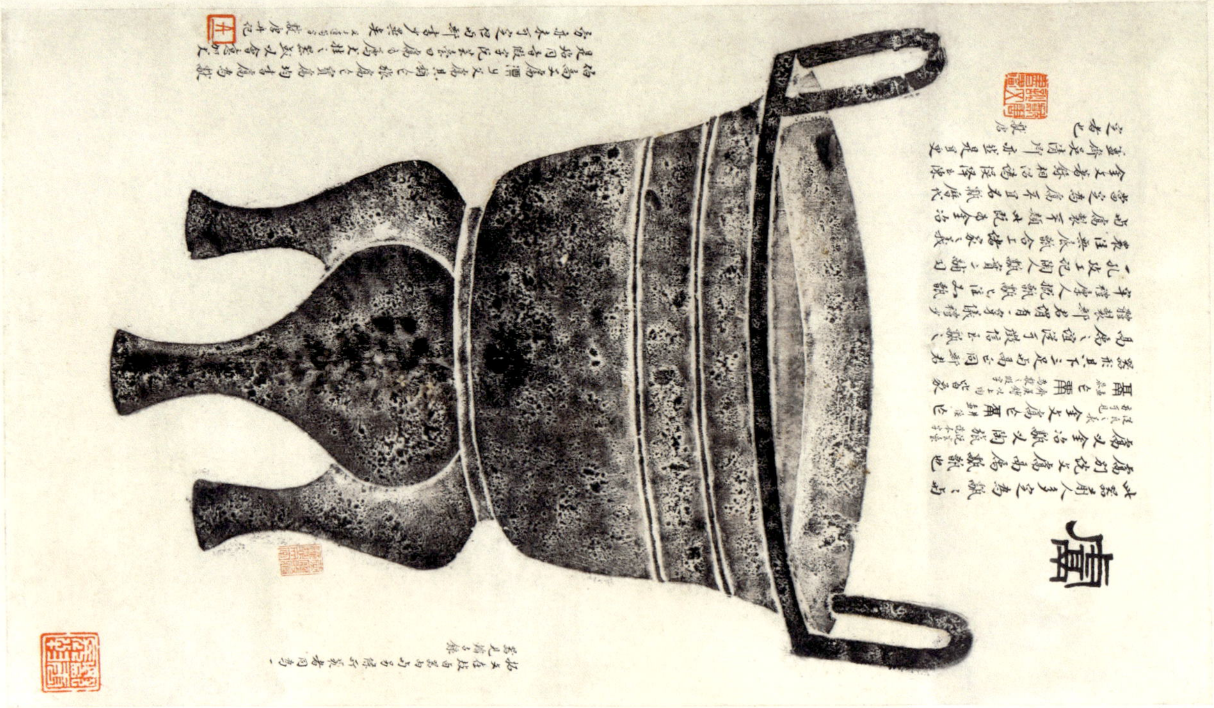

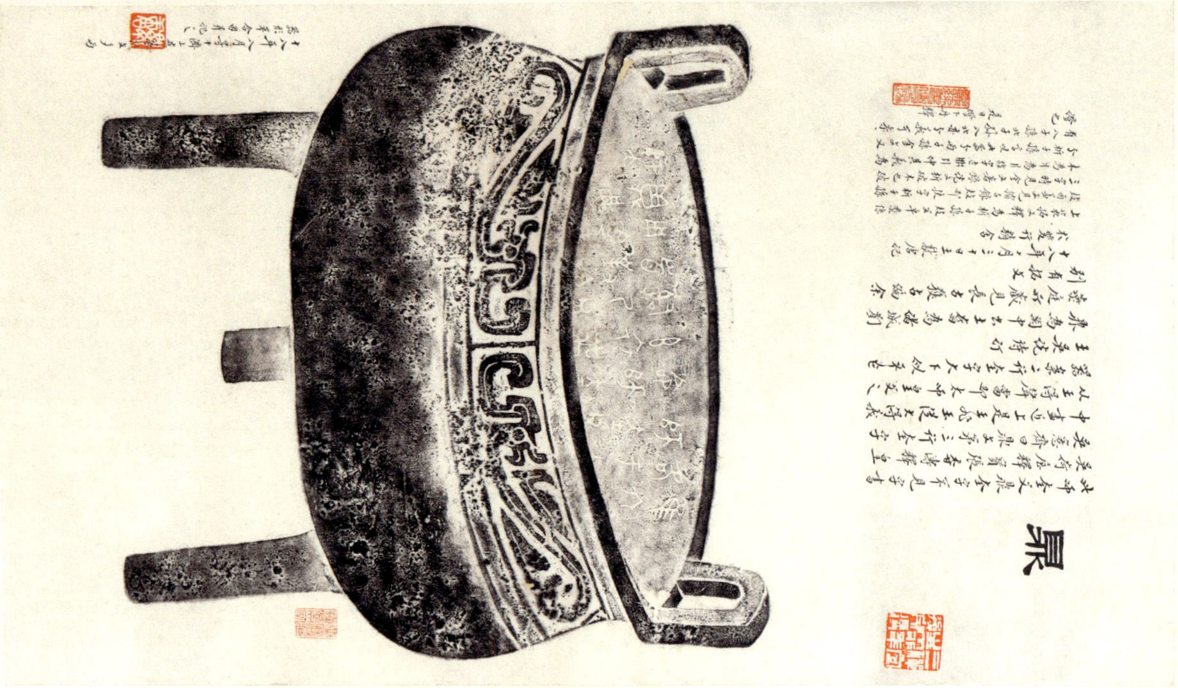

劉喜海監拓王獻唐跋彝器全形拓四條屏

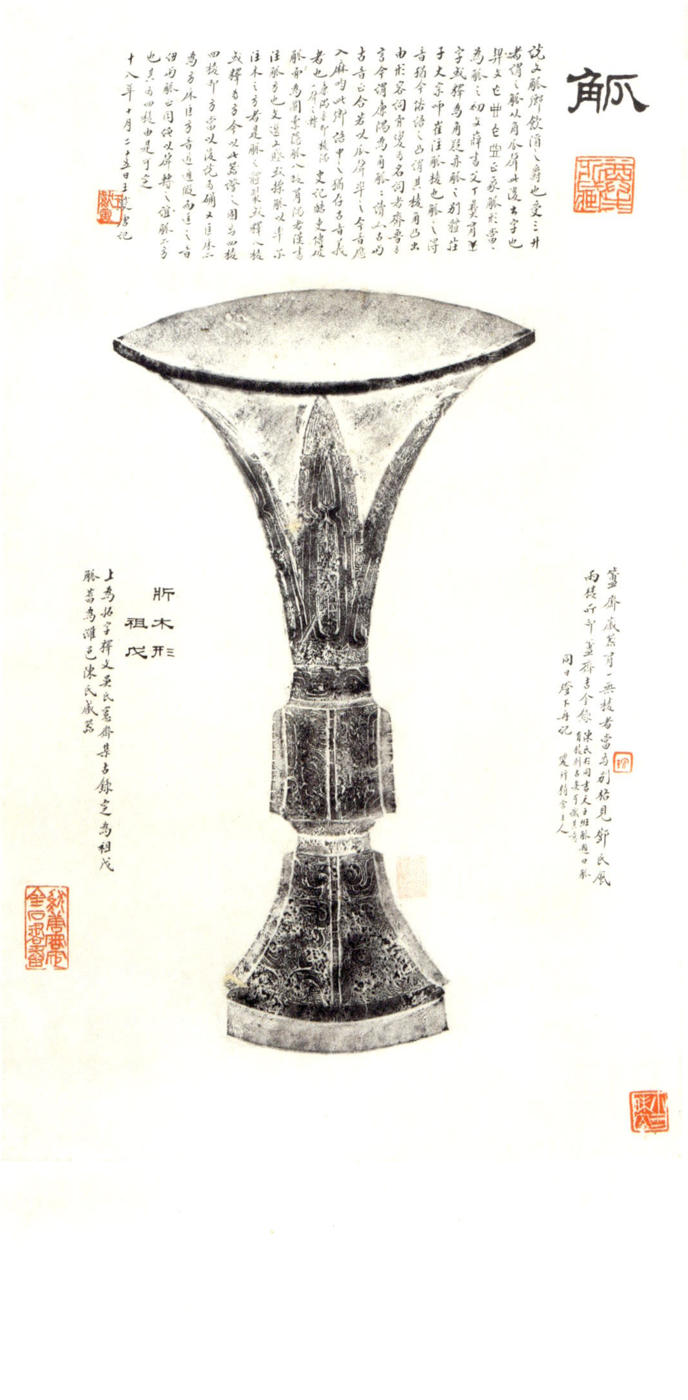
觚

卣

師奎父鼎全形拓

拓本信息

時期：清

尺寸：橫三五厘米，縱八九厘米

監拓：劉喜海

鈐印：燕庭收藏鐘鼎文字、三禪室主丁卯年後所得、日思誤書便是一適、獻唐

題跋：王獻唐題端并跋：鼎。

此師奎父鼎。奎字，不見字書，吴荷屋釋寶，張香濤釋皇。吴愙齋曰：鼎文第三行奎字中畫近上，是王非玉。從大得義，從王得聲，當即太師皇父之器。案二行奎字大下似不作王，吴說待訂。

鼎爲關中出土，舊爲諸城劉燕庭所藏，見《長古（安）獲古編》，余別有拓文。十八年十月三十日，王獻唐記於雙行精舍。

上裝拓文釋爲『析子孫敁父辛彝』，係敁卣蓋文，見《攈古録》。敁即扶字，析子孫三字時見金文著録。《說文》『析，破木也』。破木爲爿爲片，故字作㸤，引伸其義爲分。析子孫言以此器分與子孫，金文又有八子孫、北子孫，八、北亦分義，可參證也。是日燈下再釋。

十八年八月得於濟上，舊裝拓文多與器形不合，因并記之。

備注：此組拓本裝裱時，三器出現銘文錯配。佚失師奎父鼎銘文，誤將𥁰弗生甗配於父辛卣，而父辛卣器、蓋銘文又分別配於師奎父鼎、𥁰弗生甗。今據另一組劉喜海監拓同四器全形拓補配銘文。

流傳：山東省立圖書館

器物信息

器名：師奎父鼎（寶父鼎）

類別：食器

時期：西周中期

尺寸：通高二六厘米，口徑二四點九厘米，腹深一三點四厘米

釋文：隹（唯）六月既生霸（霸）庚寅，王各（格）于大（太）室，𤔲（司）馬井（邢）白（伯）右師奎父，王乎（呼）内史駒册令（命）師奎父，易（錫）載（緇）市（韍）、冋黄（衡）、玄衣、黹屯（純）、戈琱（琱）㦸、旂，用𤔲（司）乃父官、友，奎父拜（拜）䭫（稽）首，對䚄（揚）天子不（丕）㔻（丕）魯休，用追考（孝）于剌（剌）中（仲），用乍（作）䵼（尊）鼎，用匄𩒨（眉）耇（壽）、黄耇、吉康，師奎父其（其）萬年，子子孫永寶用。

出土時地：關中（《愙齋》）

遞藏：劉喜海、吴大澂、費念慈、徐乃昌

現藏：上海博物館

著録：《總集》1305、《三代》4•34•1、《筠清》4•20、《長安》1•5•2、《恒軒上》13•2、《攈古》3•2•9、《愙齋》4•26•2、《周金》2•23•2、《小校》3•26•2、《上海》46、《大系》61、《斷代》111、《彙編》3•47、《銘文選》201、《上海》（2004）297、《集成》2813、《商周》2476

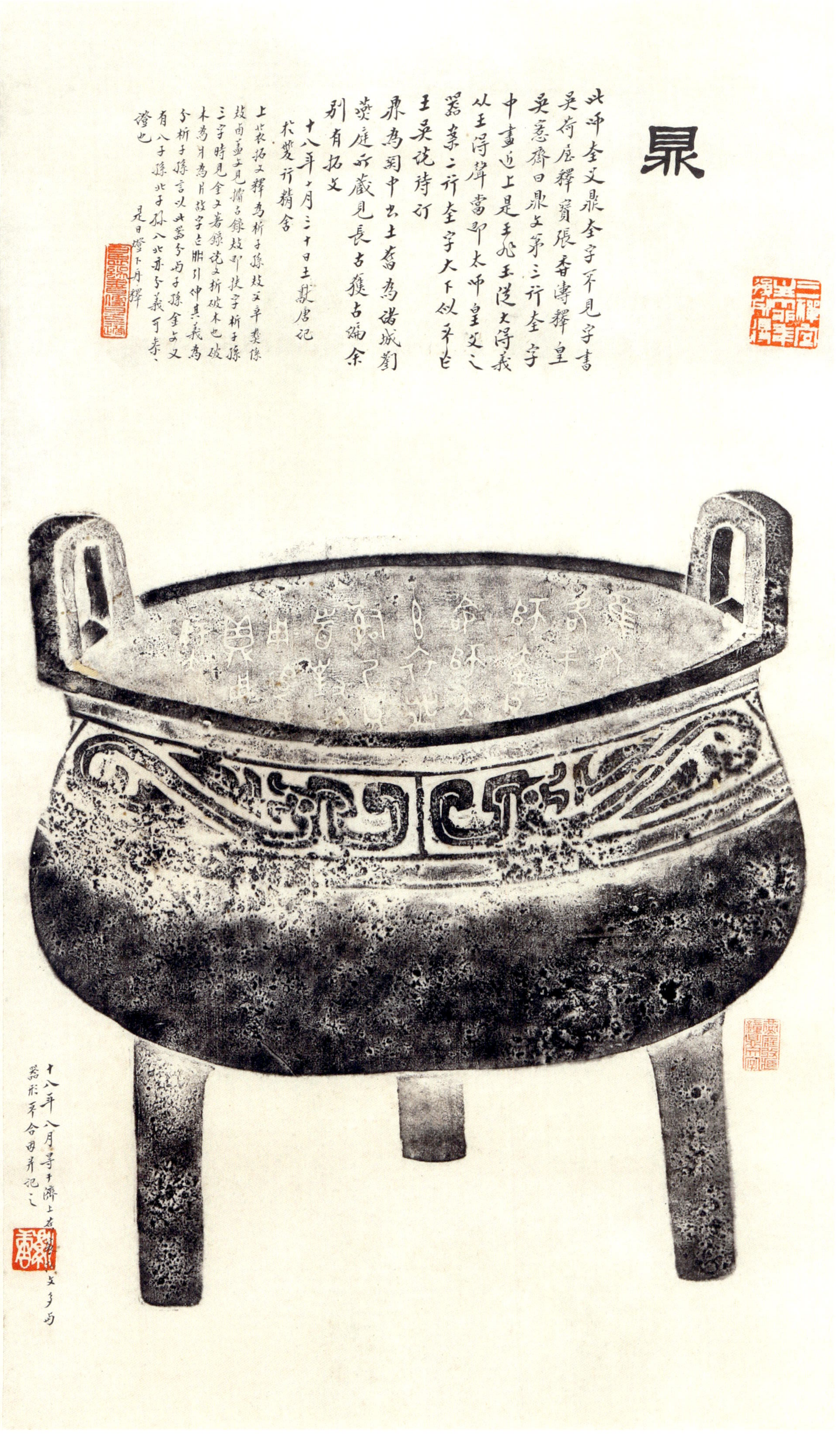
鼎
此師全文鼎全字不見字書
吳荷屋釋寶張香濤釋皇
吳窓齋曰鼎文第三行全字
中畫近上是王非玉從大得義
从王得聲當即太師皇父之
器第二行全字大下似不也
王吳說詩訂
鼎為關中出土舊為諸城劉
燕庭所藏見長古獲古編余
別有拓文
十八年七月三十日王獻唐記
於雙行精舍
上裝拓文釋為析子孫敦文辛㸚係
敦尚盂文見攈古錄敦即決字析子孫
三字時見金文著錄說文析破木也破
木為片為片故字從片引伸其義為
分析子孫言以此器分與子孫全文
有八子孫此子孫八此亦分義可參
證也
是日燈下再釋
十八年八月尋于濟上右拓文多而
器形不合因再記之

龔叔父辛卣全形拓

拓本信息

時期：清

尺寸：横三五厘米，縱八九厘米

鈐印：燕庭收藏鐘鼎文字、瑄、王獻唐、與古爲徒、知白守墨之室

監拓：劉喜海

題跋：此爲□弗生龐拓本，釋爲『□弗生作旅獻』，與下卣非一器。獻唐。

上拓文□字，吴子苾釋西，獻即甗之假字。卣。

卣字僅見經傳，《説文》無之，《爾雅·釋器》『中尊也』，又『彝卣罍器』。金文字體作□（亞卣，見《積古齋鐘鼎款識》），作□（亞卣，見《攈古録》），作□（亞彝，見《從古堂款識》），上似勺柄，下爲古文酒字。核與著録，器形殊不相類，疑此器原制中有一勺。勺，訓挹取，古讀如天之上聲，入宵部。今俗謂挹取，猶存其音。卣入幽部，幽、宵相轉，紐亦通勺（約从勺聲，可證），知卣之音義原從勺出。上書勺柄實爲指事，其器必插有一勺，以挹取酒漿（金文字體亦可爲卣之象形字），固當别爲一器，與此不同。姑從舊説標名，容再詳之。

備注：原錯配㽅弗生甗銘文拓片。

流傳：山東省立圖書館

器物信息

器名：龔叔父辛卣

類别：酒器

時期：殷商晚期

釋文：□（龔）叔（扶）父辛彝。

遞藏：劉喜海

現藏：中國國家博物館

著録：《總集》5299、《三代》13•11•3（蓋）、《攈古》2•1•8•2、《綴遺》11•11•1、《集成》5167、《商周》13026

備注：此組拓本明顯是同一拓工一時製作，已知師奎父鼎係劉喜海舊藏，可推知劉喜海亦收藏此拓本原器，同組㽅弗生甗、且戊觚同。

卣

昷弗生甗全形拓

拓本信息

時期：清

尺寸：横三五厘米，縱八九厘米

監拓：劉喜海

鈐印：燕庭收藏鐘鼎文字、王、獻唐長物、獻唐詩文書畫

題跋：王獻唐題跋：拓文在玟㔹器内，與另條所裝者同爲一器，見《攈古録》。

甗。此器前人多定爲甗，甗與鬳别。《説文》『鬳，鬲屬』，『甗，甑也』。鬳以金冶，甗以陶旊。（阮芸臺説，本字從瓦之義，亦可見。）金文鬳作□（井侯盉），作□（盂鼎），作□（齊侯鎛），以上均爲獻之假字，皆象器形其下三足，與鬲正同。鄦君鬲屬之誼從，可徵信。至甗之體製，鄦君謂有一穿。《儀禮·少牢禮》『廪人概甑、甗、匕』，注『如甑，一孔』。《考工記》『陶人甗，實二鬴』，司農注『無底甑』。合上諸家之義與鬳製不類。此既爲金冶，當定爲鬳，不宜名甗。歷代金文著録相沿訛誤，降至陳簠齋、吴清卿亦然，是宜更定者也。獻唐。

伯高父鬳、□父鬳，其稱作旅鬳、作寶鬳，均書鬳爲獻。是殆同音假字。阮芸臺曰，鬳爲薦犬牲之器。或以會意加犬旁，亦未可定，但與鄦書少異矣。（父上遺筍字。）獻唐再記。

流傳：山東省立圖書館

器物信息

器名：昷弗生甗（西弗生甗、□弗生甗、㐭弗生甗）

類别：食器

時期：西周早期

尺寸：高一三點五寸，腹深六點二寸，口徑一〇點五寸（《陶齋》）

釋文：昷弗生乍（作）旅獻（甗）。

出土時地：道光時陝西咸陽出土（《陝西金石志》）

遞藏：劉喜海、姜愛珊、潘祖蔭、端方

現藏：不明

著録：《總集》1622、《三代》5·7·3、《攈古》1·3·60·1、《綴遺》9·32、《陶齋》2·60、《周金》2·90·1、《小校》3·90·4、《集成》887、《商周》3270

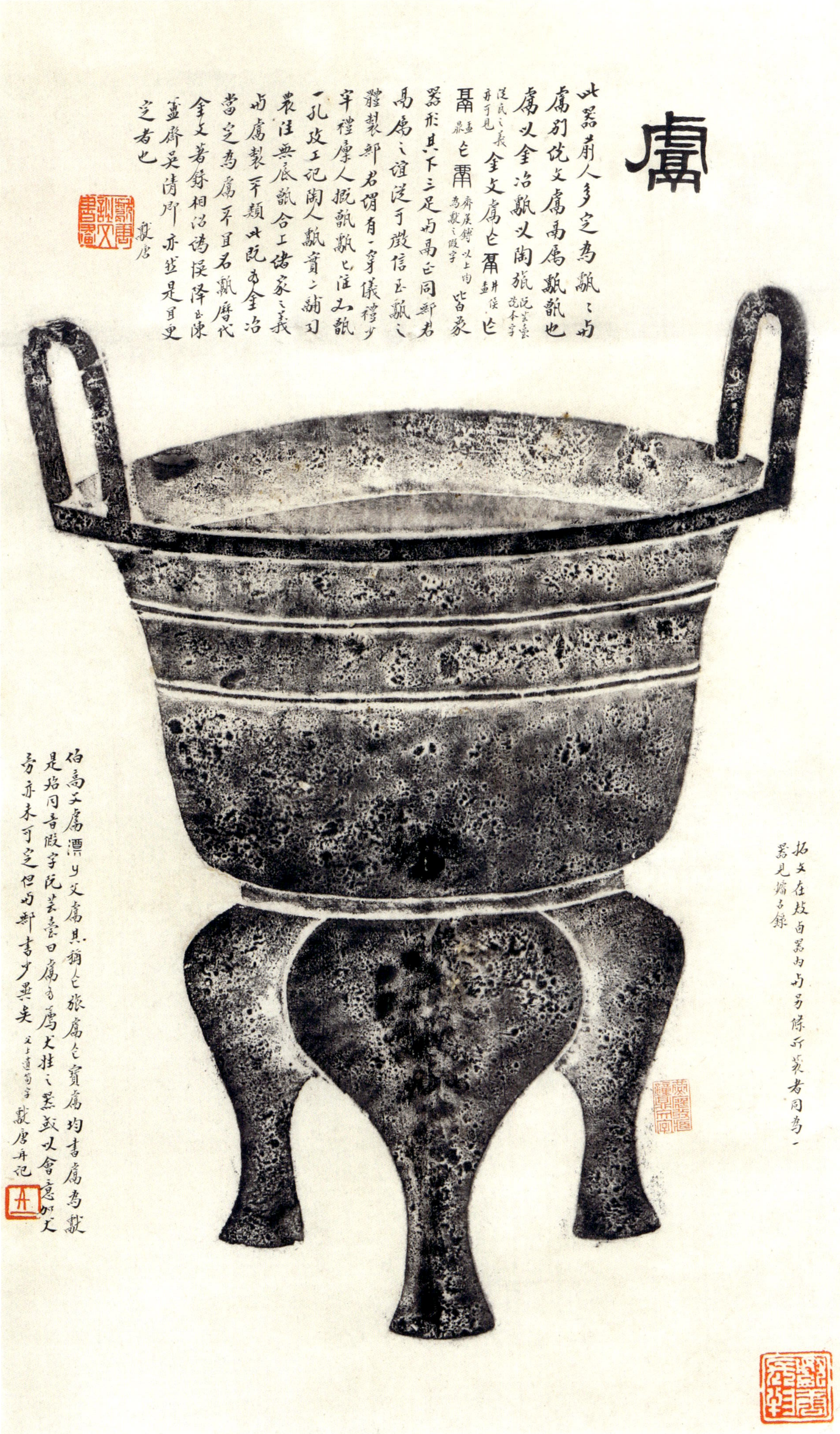

且戊觚全形拓

拓本信息

時期：清

尺寸：横三五厘米，縱八九厘米

監拓：劉喜海

鈐印：燕庭收藏鐘鼎文字、獻唐審定金石書畫、王獻唐、尊生所藏、琯、小三昧室

題跋：王獻唐題跋：斨木形祖戊。上爲拓字釋文。吳氏《愙齋集古録》定爲祖戊觚，舊爲濰邑陳氏藏器。

觚。《説文》：觚，鄉飲酒之爵也。受三升者，謂之觚，从角瓜聲。此後出字也。契文作□，作□，正象觚形，當爲觚之初文。薛書父丁彝有□字，或釋爲角，疑亦觚之別體。《莊子・大宗師》崔注：『觚，棱也。』觚之得音猶今俗語之凸，謂其棱角凸出，由形容詞而變爲名詞者。齊魯方言今謂廉隅爲角觚，觚讀如古，與古音正合，若以瓜聲準之，今音應入麻韵，此鄉語中之獨存古音義者也。（廉隅亦即棱隅一聲之轉。）《史記・酷吏傳》：『破觚而爲圜。』《索隱》：『觚，八棱有隅者。』《漢書》注：『觚，方也。』《文選・文賦》：『或操觚以率爾。』注：『木之方者，是觚之體製，或釋八棱，或釋爲方。』今以此器證之，固爲四棱。四棱即方，當以後説爲確。又匡床亦爲方床，『匡』『方』音近通假，而『匡』之音約與『觚』正同。『繩』以『聲』轉之，誼觚亦方也。其爲四棱，由是可定。十八年十月二十五日，王獻唐記。簠齋藏器有一無棱者，當爲別格，見鄧氏風雨樓所印《簠齋吉金録》。陳氏於同書天子班觚題曰『觚有棱則古矣』，可識其意。同日燈下再記，雙行精舍主人。

流傳：山東省立圖書館

器物信息

器名：且戊觚（木鉞祖戊觚、木戊祖戊觚）

類別：酒器

時期：殷商晚期

尺寸：通高一三點三寸，口徑七點三寸（《善齋》）

釋文：木戊（鉞）且（祖）戊。

遞藏：劉喜海、陳介祺、劉體智

現藏：不明

著録：《總集》6212、《三代》14・28・6、《攈古》1・2・40、《愙齋》21・3・2、《奇觚》6・24・3、《敬吾下》44、《簠齋》2觚2、《殷存下》25・9、《善齋》5・41、《小校》5・64・1、《集成》7214、《商周》9726、《國圖拓》4・1000

觚

說文觚鄉飲酒之爵也受三升者謂之觚从角瓜聲此後出字也契文乍[illegible]乍[illegible]乃象觚形當〻為觚之初文薛書文丁彝有[illegible]字或釋為角疑亦觚之別體莊子大宗師崔注觚棱也觚之得音猶今俗語之出謂其棱角凸出由形容詞變為名詞者齊魯方言今謂康陽為角觚〻讀如古尚古音正合若以瓜聲求之今音應入麻韻此鄉語中之猶存古音義者也（康陽亦即棱陽一聲之轉）史記酷吏傳破觚而為圜索隱觚八棱有隅者漢書注觚方也文選文賦或操觚以率爾注木之方者是觚之體製或釋八棱或釋為方今以此器證之固為四棱四棱即方當以後說為確又注床亦為方床注方音近通假而注之音伊為觚正同俱以聲轉之誼觚亦方也其為四棱由是可定

十八年十月二十五日王獻唐記

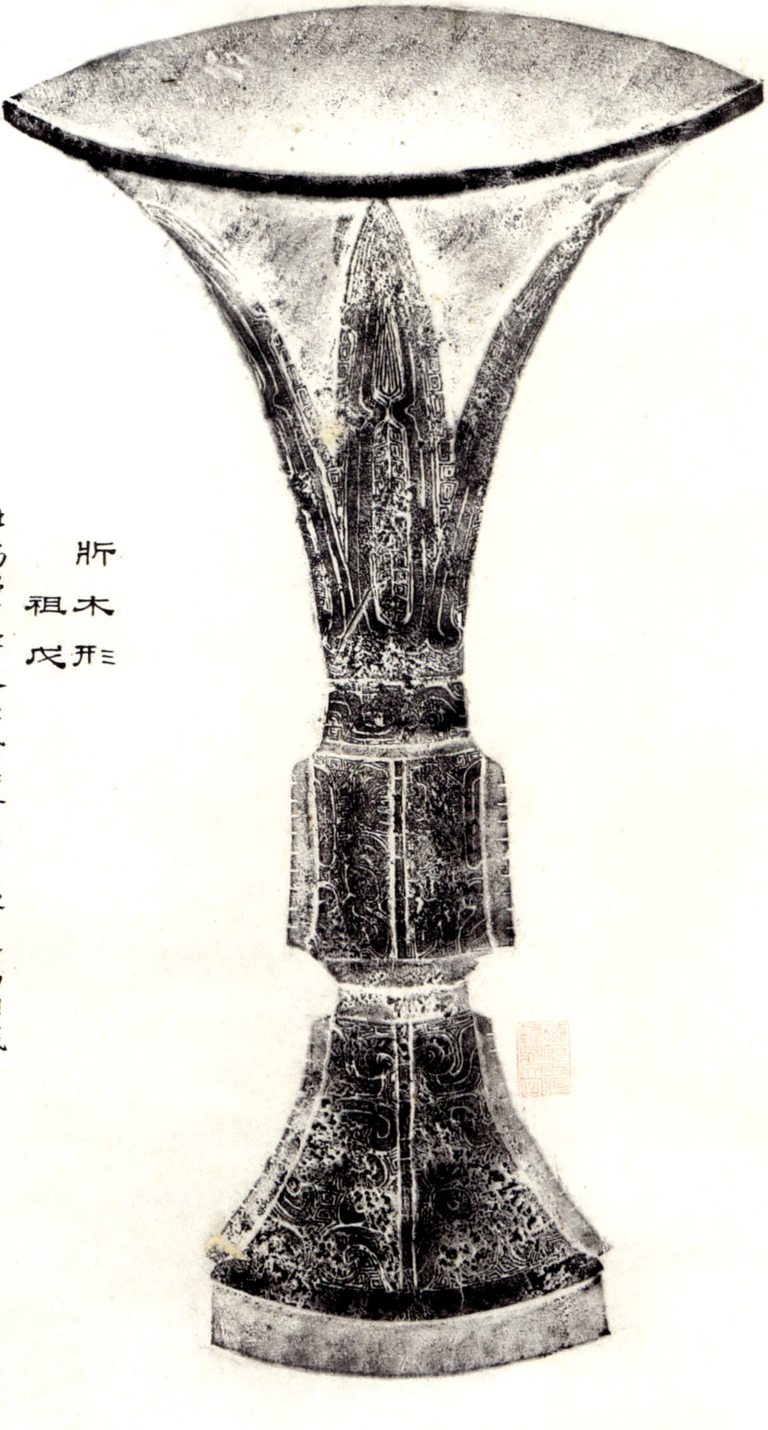

簠齋藏器有二無棱者當為別格見鄭氏風雨樓所印簠齋吉金錄 陳氏於同書天子班觚題曰觚有棱則古矣予識其意 同日燈下再記 雙行精舍主人

析木形 祖戊

上為拓字釋文吳氏愙齋集古錄定為祖戊觚 舊為濰邑陳氏藏器

劉喜海藏全形拓四條屏

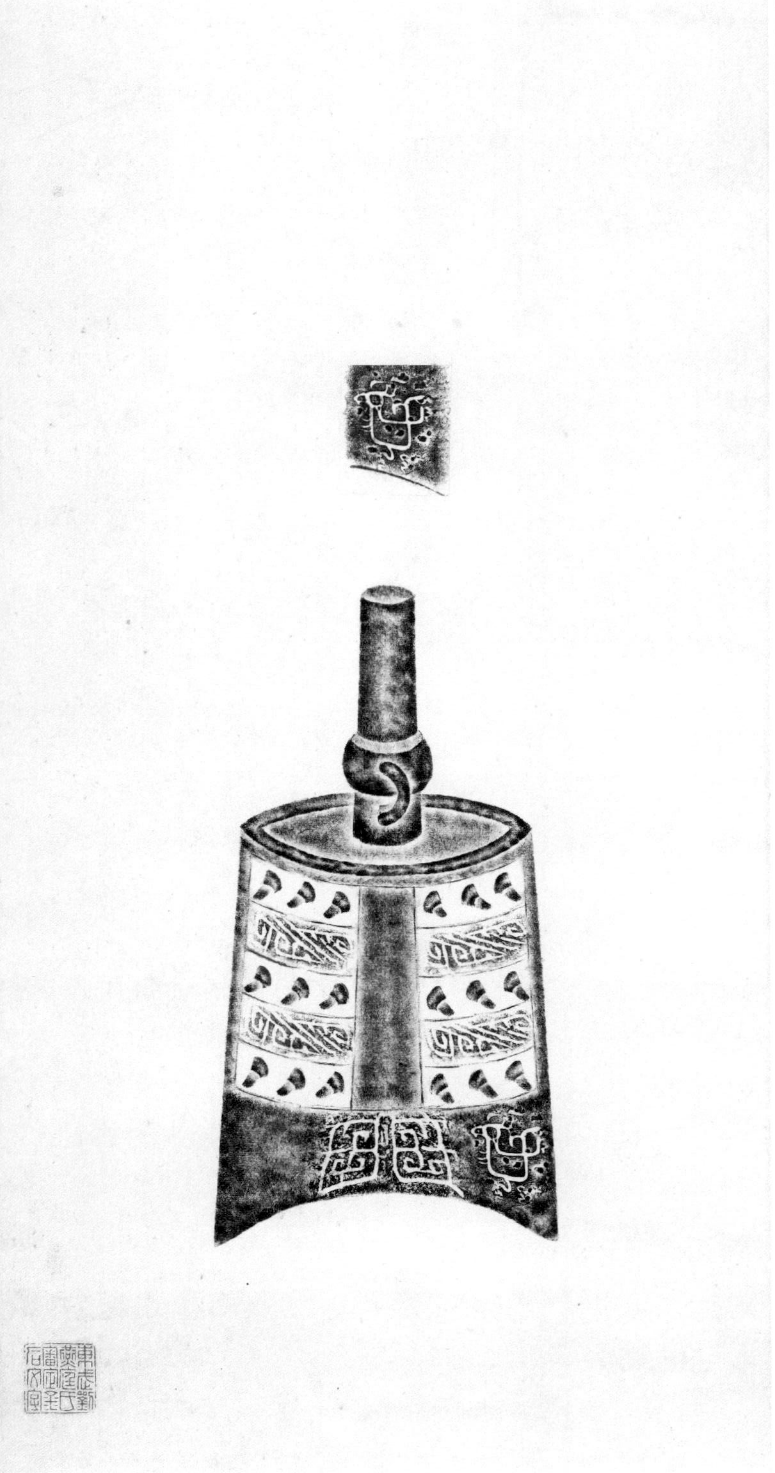

作姬彝簋全形拓

拓本信息

時期：清

尺寸：橫四二厘米，縱七五厘米

鈐印：東武劉燕庭氏審定金石文字

流傳：劉喜海

器物信息

器名：作姬彝簋

類別：食器

時期：西周早期

出土時地：不明

遞藏：不明

現藏：不明

著録：《攈古》1·18

備注：應爲《商周》11412中『作姬彝尊』銘文，但全形拓中器形爲簋，則有兩種可能。一是《周金文存》誤記器物類型，而此張全形拓可以糾正并補充器物的真實圖像，二是此張全形拓中的銘文與器形圖像裝配錯誤。

鳳鳥紋甬鐘全形拓

拓本信息

時期：清

尺寸：橫四二厘米，縱七五厘米

鈐印：東武劉燕庭氏審定金石文字

流傳：劉喜海

備注：《陝歷》收録是器全形拓。

器物信息

器名：鳳鳥紋甬鐘

類別：樂器

時期：周

出土時地：不明

遞藏：不明

現藏：不明

葡參父乙盉全形拓

拓本信息

時期：清

尺寸：横四二厘米，縱七五厘米

鈐印：東武劉燕庭氏審定金石文字

流傳：劉喜海

器物信息

器名：葡參父乙盉（箙參父乙盉、葡[illegible]父乙盉）

類别：水器

時期：殷商晚期

尺寸：通高一〇點五寸，口徑五點六寸（《善齋》）

釋文：葡（箙）參父乙。

遞藏：羅振玉、劉體智

現藏：不明

著録：《總集》4398、《三代》14·6·1-2、《奇觚》5·4·2、《貞補中》14·4-5 、《善齋》9·27、《續殷下》71·7-8、《小校》9·47·4-5 、《集成》9370、《商周》14672、《國圖拓》6·1458

良季鼎全形拓

拓本信息

時期：清

尺寸：横四二厘米，縱七五厘米

鈐印：東武劉燕庭氏審定金石文字

流傳：劉喜海

器物信息

信息見前良季鼎全形拓

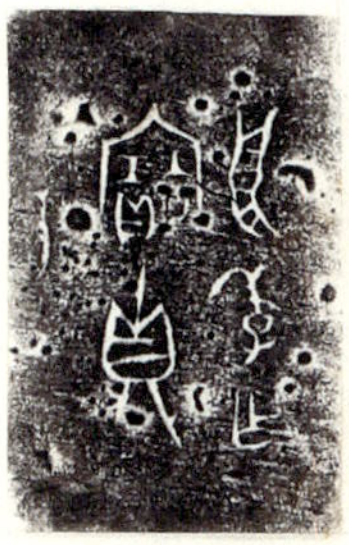

吳式芬監拓陳介祺跋漢鼎全形拓對屏

陳簠齋爲李竹朋跋漢承安宮鼎拓本五幀珍品 辛巳秋 ……藏

陳簠齋爲李竹朋跋漢器拓本五幀珍品 辛巳秋 ……藏

漢宣帝承安宮銅鼎見阮氏款識承安宮名今不傳安長丞

郎承安宮長之丞而省承字此圖之文與阮刻筆畫小不

同者六七字自是阮摹之誤工拙乃尤誤此器余於吳子苾閣

學覲虞壺齋中曾一見之召澤之舊拓未入土而傳世之寶

久者蓋千百物也此文疑爲李錦鴻重刻本當向仲飴

索拓本校之甲戌五月乙丑竹朋兄屬陳介祺題

漢鼎器文十一字曰衛少主菅邑家鼎容五

升重六斤第一蓋文曰衛少主菅邑家五升鼎

蓋重十二兩第一藏海豐吳子苾閣學家按後

漢書后紀末漢制皇女皆封縣公主儀服同列

侯其尊崇者加號長公主儀服同蕃

王此曰少主者所以別于長也曰衛者少主所封也

國也續漢志東郡衛公國本觀故國光武更名

曰菅邑者少主遷菅邑侯或侯之世子也少主

當是別于長之稱

竹朋二兄屬跋之訂正之 甲戌午月小暑乙丑 陳介祺書

承安宮鼎全形拓

拓本信息

時期：清

尺寸：横四六厘米，縱一〇〇厘米

監拓：吴式芬

製拓：李錦鴻

鈐印：李錦鴻拓、簠齋

題跋：陳介祺題跋：漢宣帝承安宮銅鼎，見阮氏《款識》。承安宮名，今不傳。安長丞，即承安宮長之丞而省承字。此圖之文與阮刻筆畫小不同者六七字，自是阮摹之誤。『工』作『夕』，尤誤。此器余於吴子苾閣學雙虞壺齋中曾一見之，色澤之舊，似未入土，而傳世又最久者，蓋千年物也。此文疑爲李錦鴻重刻本，當向仲飴索拓本校之。甲戌五月乙丑，竹朋兄屬，陳介祺題。

唐仰杜題外簽：陳簠齋爲李竹朋跋漢承安宮鼎拓本立幀珍品，辛巳秋露園藏。

流傳：李佐賢、唐仰杜

備注：銘文翻刻

器物信息

器名：承安宮鼎

類别：食器

時期：西漢宣帝甘露二年（前五二）

釋文：承安宮銅鼎容一斗，重十四斤。甘露二年，安長丞福、掾禄、守令史宣、工世造。第五。

出土時地：不明

遞藏：姚紫垣、吴式芬

現藏：不明

著録：《羅表》7·11、《積古》9·9、《奇觚》11·9

漢宣帝承安宮銅鼎見阮氏款識承安宮名今不傳安長丞
即承安宮長之丞而省承字此圖之文與阮刻筆畫小不
同者六七字自是阮摹之誤工作夕尤誤此器余於吳子苾閣
學雙虞壺齋中曾一見之色澤之舊似未入土而傳世又最
久者蓋千年物也此文疑爲李錦鴻重刻本當向仲飴
索拓本校之甲戌五月乙丑竹朋兄屬陳介祺題

漢鼎器文十一字曰衛少主菅邑家鼎容五
升重六斤第一蓋文曰衛少主菅邑家五升鼎
蓋重十二兩第一臧海豐吳子苾閣部家按後
漢書后紀末漢制皇女皆封縣公主儀服同列
侯其尊崇者加號長公主儀服同蕃 以李夫人石考之當作藩
王此曰少主者所以別于長也曰衛者少主所封也
國也續漢志東郡衛公國本觀故國光武更名
曰菅邑者少主適菅邑侯或侯之世子也少主
當是別于長之稱

竹朋二兄屬考訂正之 後九字複 甲戌午月小暑乙丑 陳介祺書

衛少主菅邑家鼎全形拓

拓本信息

時期：清

尺寸：橫四六厘米，縱一〇〇厘米

監拓：吳式芬

製拓：李錦鴻

鈐印：陽湖李錦鴻手拓金石、海濱病史

題跋：陳介祺題跋：漢鼎器文十一字，曰：『衛少主菅邑家鼎，容五升，重六斤。第一。』蓋文曰：『衛少主菅邑家五升鼎，蓋重十二兩。第一。』藏海豐吳子苾閣部家。按《後漢書·后紀》末：『漢制，皇女皆封縣公主，儀服同列侯。其尊崇者，加號長公主，儀服同蕃王。』（以李夫人石考之當作藩。）此曰少主者，所以別於長也。曰衛者，少主所封之國也。《續漢志》，東郡衛公國本觀故國，光武更名。曰菅邑者，少主適菅邑侯或侯之世子也。少主，當是別於長之稱。竹朋二兄屬考，乞訂正之，後九字複。甲戌午月小暑乙丑陳介祺書。

唐仰杜題外簽：陳簠齋爲李竹朋跋漢器拓本立幀珍品，辛巳秋露園藏。

流傳：李佐賢

器物信息

器名：衛少主菅邑家鼎

類別：食器

時期：西漢

尺寸：通高一二點五厘米，腹深八點一厘米，口徑一二點五厘米

釋文：【鼎銘】衛少主菅邑家鼎，容五升，重六斤。第一。

【蓋銘】衛少主菅邑家五升鼎，蓋重十二兩。第一。

出土時地：不明

遞藏：吳式芬

現藏：山東博物館（失蓋）

著録：《羅表》7·9、《貞松》13·12、《秦漢》1·22

備注：此器以前流傳不明，今據陳介祺跋可補吳式芬家藏。

陳介祺監拓青銅鐘四條屏

己侯虓鐘全形拓

拓本信息

時　期：清

尺　寸：横三六厘米，縱一二四厘米

監　拓：陳介祺

鈐　印：簠齋藏三代器，齊東陶父，平生有三代文字之好

器物信息

器　名：己侯虓鐘（紀侯虓鐘）

類　別：樂器

時　期：西周晚期

尺　寸：通高二六厘米

釋　文：己（紀）医（侯）虓（虓）乍（作）寶鐘。

出土時地：山東壽光紀侯臺（《積古》）

遞　藏：李廓，劉鳳誥，劉喜海，陳介祺

現　藏：日本京都泉屋博古館

著　録：《總集》6970，《三代》1•2•1，《銘文選》499，《積古》3•2•1，《金索》金1•60•1，《清愛》1，《從古》10•8，《攈古》1•3•38，《愙齋》2•8•2-9•2，《綴遺》1•32•2，《奇觚》9•2，《周金》1•73•2，《簠齋》1鐘5，《大系》235，《小校》1•4•2，《海外》128，《山東存》紀1，《通考》951，《日精華》4•350，《斷代》163，《銘文選》499，《泉屋博古》148，《集成》14，《商周》15124，《國圖拓》6•1544-1547

者沪鐘全形拓

拓本信息

時期：清

尺寸：横三六厘米，縱一二四厘米

監拓：陳介祺

鈐印：簠齋藏三代器、十鐘山房、文字之福、秦前文字之語

器物信息

信息見前陳介祺監拓潘祖蔭等十一家跋者沪鐘全形拓

虘鐘全形拓

拓本信息

時期：清

尺寸：横三六厘米，縱一二四厘米

監拓：陳介祺

鈐印：簠齋藏三代器、有周匋正之後、半生林下田間

器物信息

器名：虘鐘（䲨伯鐘、叡鐘）

類別：樂器

時期：西周中期

尺寸：通高二五點一厘米

銘文：首，敢對䫉（揚）天子不（丕）顯休，用乍（作）朕（朕）文考䲨白（伯）龢䕝（林）鐘。叡（虘）眔帣（蔡）姬永寶。

出土時地：不明

遞藏：袁理堂、陳介祺

現藏：日本京都泉屋博古館

著録：《總集》7023、《三代》1·18·1、《攈古》2·3·33、《愙齋》2·11、《綴遺》1·25、《奇觚》9·10、《周金》1·59、《海外吉》136、《小校》1·23·2、《簠齋》1鐘3、《山東存》紀4、《彙編》5·256、《銘文選》391、《泉屋博古》145、《集成》92、《商周》15273、《國圖拓》6·1534、《北圖拓》10

余贎逐兒鐘全形拓

拓本信息

時期：清

尺寸：横三六厘米，縱一二四厘米

監拓：陳介祺

鈐印：簠齋藏三代器、海濱病史、收秦燔所不及、十鐘山房藏鐘

器物信息

器名：余贎逐兒鐘（楚余義鐘、僕兒鐘、𠑇兒鐘）

類别：樂器

時期：春秋晚期

尺寸：通高二二點五厘米

釋文：【正面】隹（唯）正九月初吉丁亥，曾孫僕（僕）兒，嘑（呼）敬哉，余

【背面】余迭斯於之孫，余兹（兹）佫之元子，曰：於（烏）

出土時地：不明

遞藏：陳介祺、孫星衍

現藏：上海博物館

著録：《總集》7118、《三代》1·51·2–1·52·1、《攈古》3·1·71、《從古》13·4–5、《愙齋》2·12–13·1、《綴遺》2·20、《奇觚》9·14、《周金》1·3、《簠齋》1鐘11、《大系》173、《小校》1·95、《上海》79、《彙編》4·223、《銘文選》572 乙、《音樂（上海）》1·3·5、《青全》11·163、《集成》185、《商周》15530、《國圖拓》6·1602

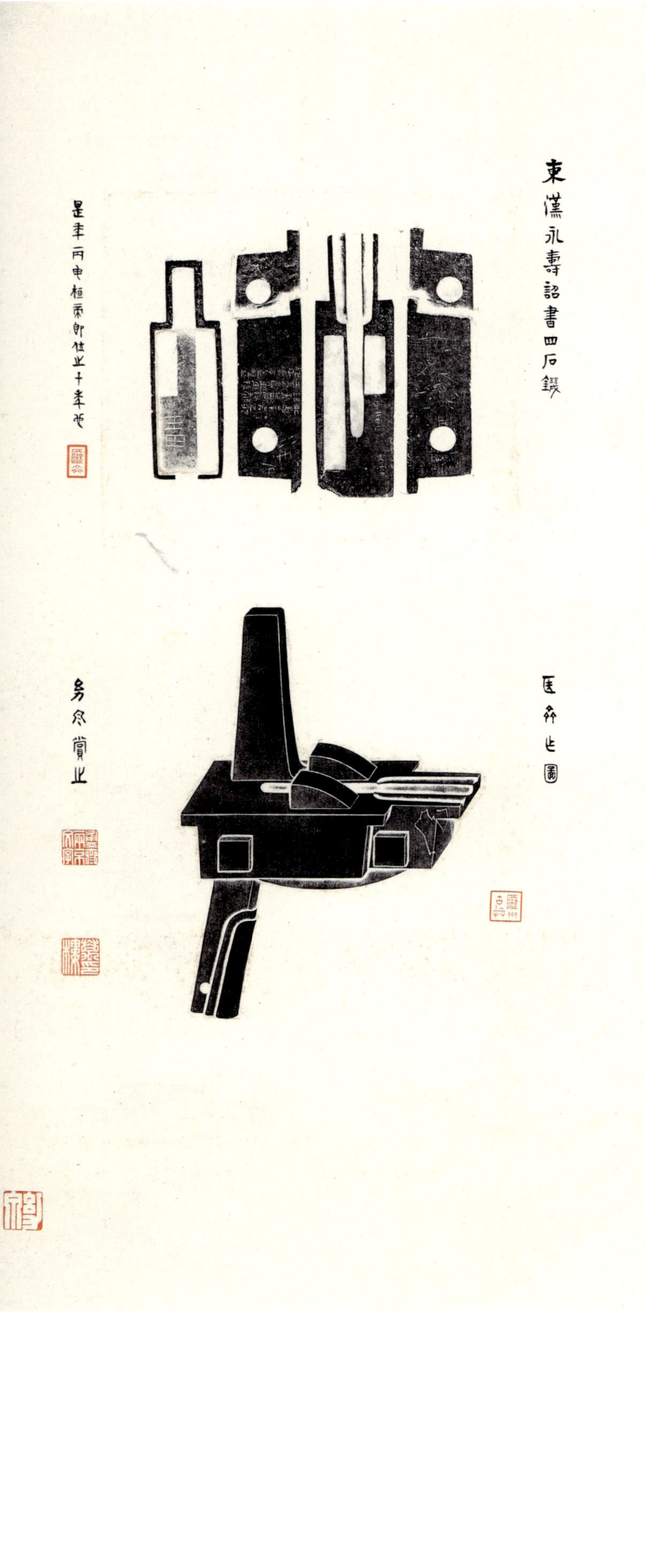

陳介祺監拓并跋秦漢器全形拓四條屏

新莽河平垣翰連率虎符

中貞字佀亭而上字不佀土頭蓋止乃是羽
縣莽曰羽貞與釋始定多宋本少明明時
我碎劫記止

新莽連率虎符

莽之連率見於莽傳者四一漢郡一莽郡二莽縣而不隸二者唯豫章南昌連
率封泥與此同而漢名此莽名者錄辛巳九月丁未日圖之蝶研多見刻止並
錄攷說於刻拓匡森記

秦權銅詔版

始皇二世詔

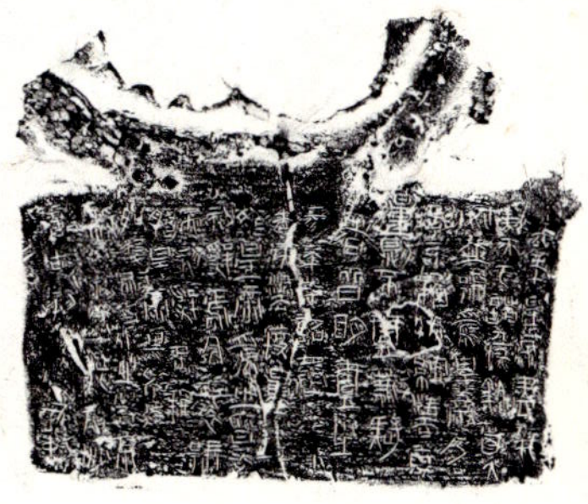

版陰

大字始皇詔

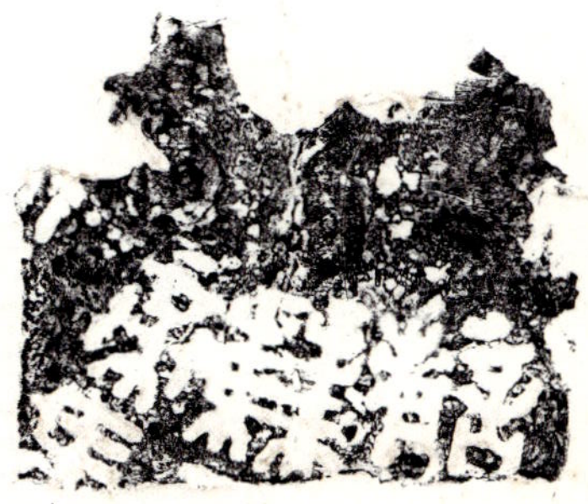

陽泉使者舍熏爐全形拓

拓本信息

時期：清

尺寸：横三二厘米，縱一一〇厘米

監拓：陳介祺

製圖：王宗彝

鈐印：簠齋藏古、簠齋、齊東陶父、半生林下田間

備注：器形翻刻

器物信息

器名：陽泉使者舍熏爐

類别：雜器

時期：西漢宣帝甘露四年（前五〇）

釋文：陽泉使者舍熏盧一，有般（盤）及蓋并重四斤一。五年六安十三年正月乙未内史屬賢造。雒陽付守長則、丞善、掾勝、傳舍嗇夫兑。

題跋：陳介祺題跋：西漢六安王陽泉使者舍熏爐。六安十三年與五鳳刻石同例，一石一金，并峙千古。揚州秦太史物，歸東武李氏。簠齋藏西漢器第一。

出土時地：不明

遞藏：秦恩復、李璋煜、陳介祺

現藏：不明

著録：《簠齋金石》1·8、《簠齋藏古目》16·1、《積古》9·12、《愙齋》25·6、《羅表》8·11、《秦漢》4·18、《小校》13·59、《國圖拓》7·1896-1901

新莽河平垣翰連率虎符拓本

拓本信息

時期：清

尺寸：横三二厘米，縱一一〇厘米

監拓：陳介祺

製圖：王宗彝

鈐印：半生林下田間、簠齋西漢器圖、簠齋、簠齋兩京文字、齊東陶父、簠齋藏虎龜魚符之印、王宗彝印、幼泉

器物信息

器名：河平垣翰連率虎符

類别：兵器

時期：西漢王莽

釋文：【器脊】新莽河平垣翰連率虎符。

【器身】河平郡左二。

出土時地：不明

遞藏：陳介祺

現藏：不明

著録：《羅表》8·3

題跋：陳介祺題跋：新莽河平垣翰連率虎符。貞字似[illegible]，而上字不似土旁。審之乃是羽縣，莽曰羽貞耳，釋始定。幼泉年少眼明，助我考刻，記之。

莽之連率見於《莽傳》者四，一漢郡、一莽郡、二莽縣而不兼。兼者唯豫章南昌連率，封泥與此同，而彼漢名，此莽名。光緒辛巳九月丁未日圖之端研，幼泉刻之，節録考説於初拓，簠齋記。

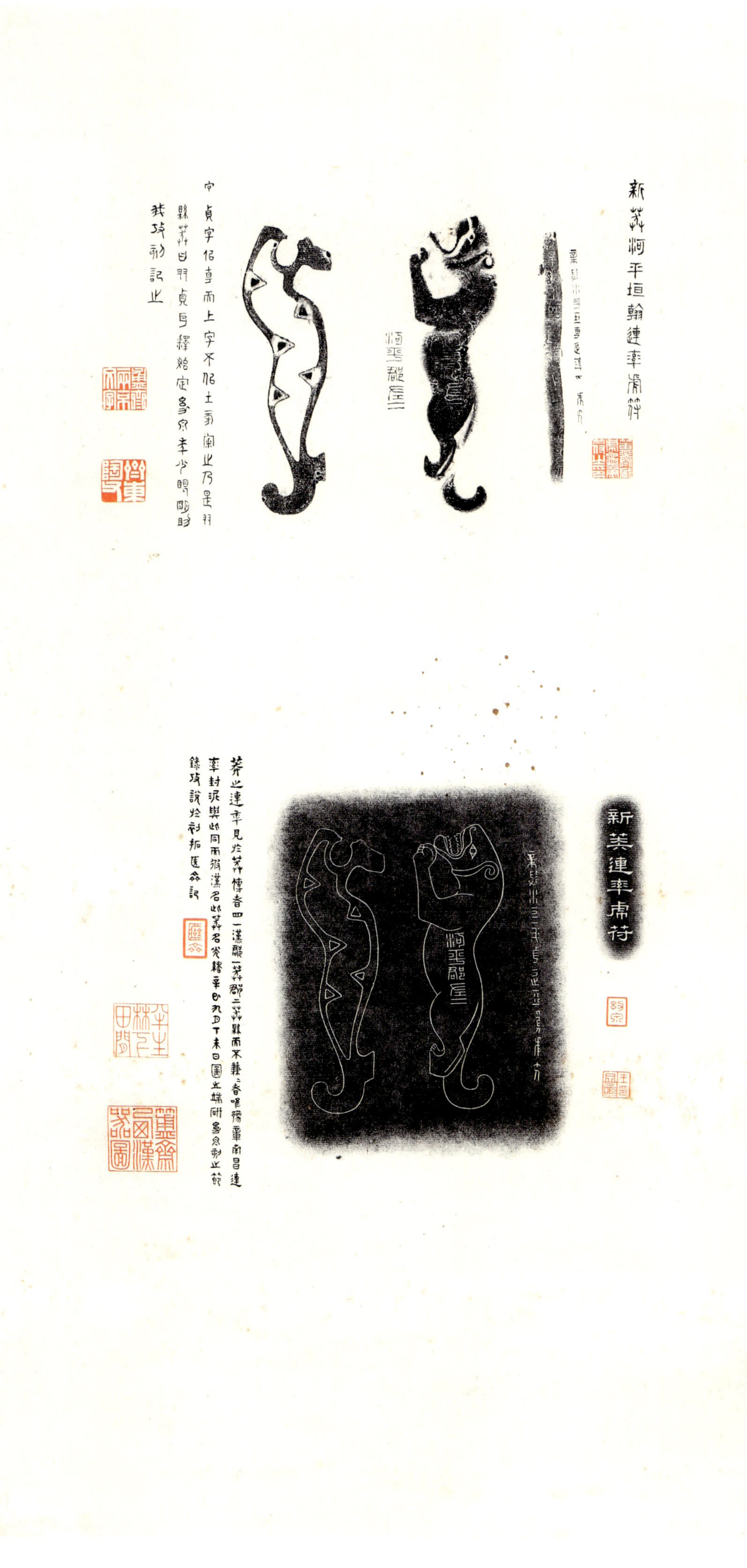

永壽二年弩機全形拓

拓本信息

時期：清

尺寸：横三二厘米，縱一一〇厘米

監拓：陳介祺

製圖：王宗彝

鈐印：簠齋古兵、簠齋、萬印樓、簠齋兩京文字、幼泉

備注：器形翻刻

器物信息

器名：永壽二年弩機

類别：兵器

時期：東漢永壽二年（一五六）

釋文：【郭側】永壽二年七月己卯，詔書作四石機郭。工童廣，史足，掾汜、丞善、令羕監作。

【郭面】考工。四石。掾汜、史宫。

【郭底】王甲。

題跋：陳介祺題跋：東漢永壽詔書四石鐖。是年丙申，桓帝即位之十年也。簠齋作圖。幼泉賞之。

出土時地：不明

遞藏：陳介祺

現藏：不明

著録：《簠齋藏古目》18•2、《羅表》8•21、《貞松》16•10、《秦漢》6•18、《國圖拓》7•1708

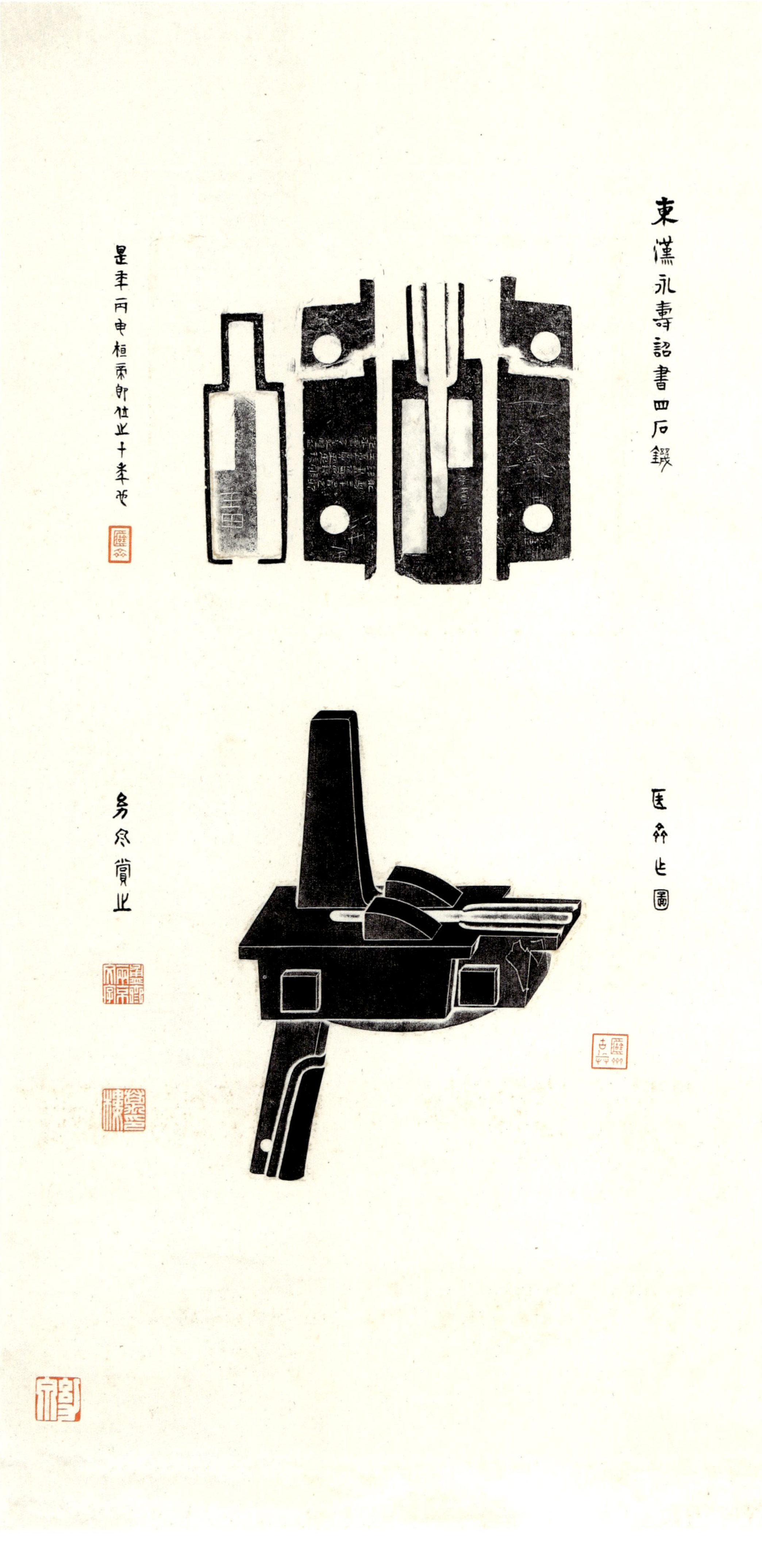

秦權銅詔版拓本

拓本信息

時期：清

尺寸：橫三二厘米，縱一一〇厘米

監拓：陳介祺

鈐印：文字之福、簠齋先秦文字、秦詔瓦量之齋、集秦斯之大觀、秦鐵權齋

題跋：陳介祺題跋：秦權銅詔版。始皇二世詔。版陰。大字始皇詔。

器物信息

器名：秦二世權詔版

類別：權量器

時期：秦二世元年（前209）

釋文：廿六年，皇帝盡并兼天下諸侯，黔首大安，立號爲皇帝，乃詔丞相狀、綰，灋（法）度量則不壹歉疑者皆明壹之。元年制詔丞相斯、去疾，灋（法）度量盡始皇帝爲之，皆有刻辭焉。今襲號，而刻辭不稱始皇帝。其於久遠也，如後嗣爲之者，不稱成功盛德。刻此詔，故刻左，使毋疑。

出土時地：長安（今西安）

遞藏：劉喜海、陳介祺

現藏：不明

著録：《長安》2·1、《簠齋藏古目》13·2

備注：簠齋舊藏缺角秦二世詔版，今藏山東博物館。

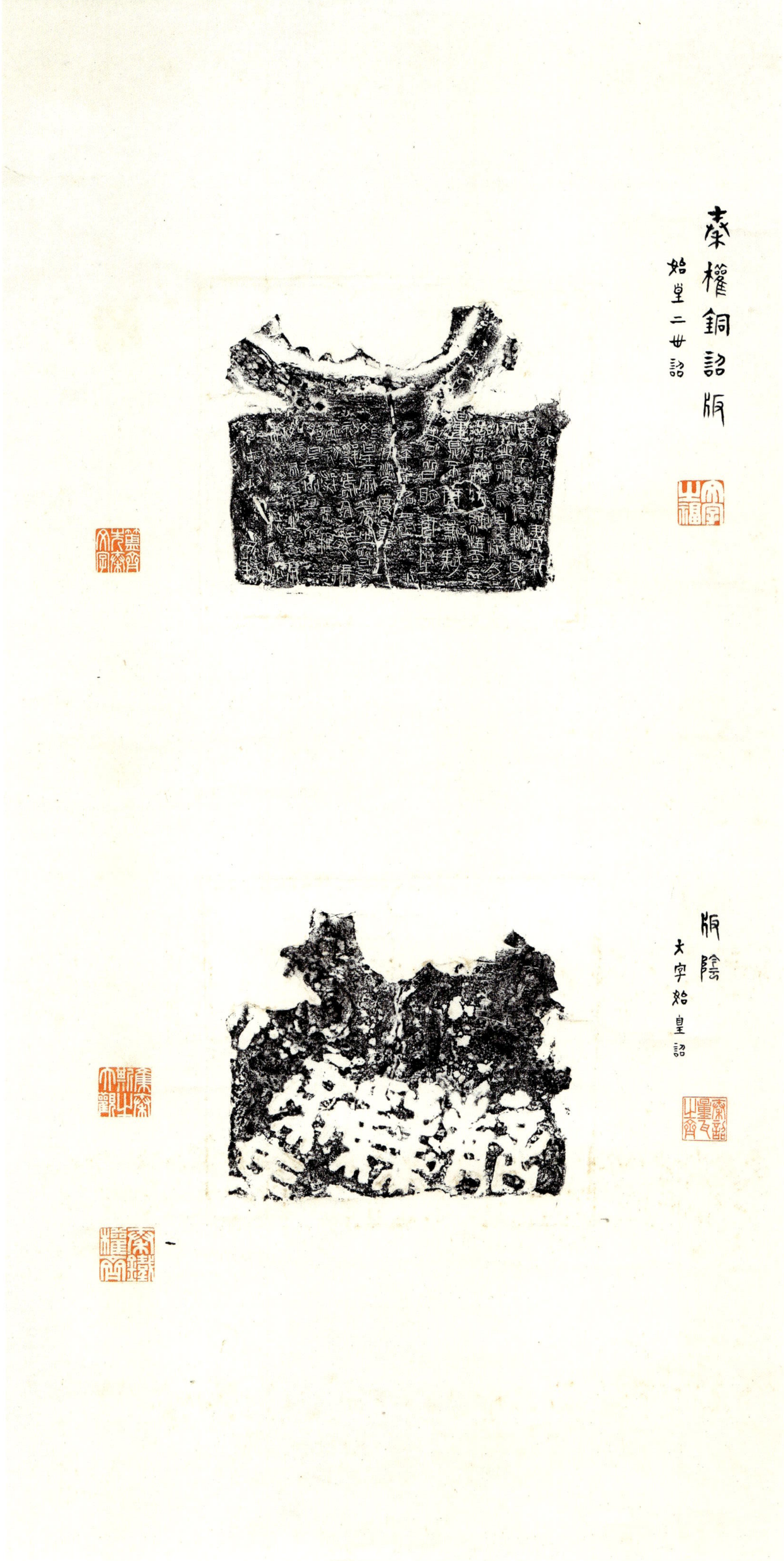

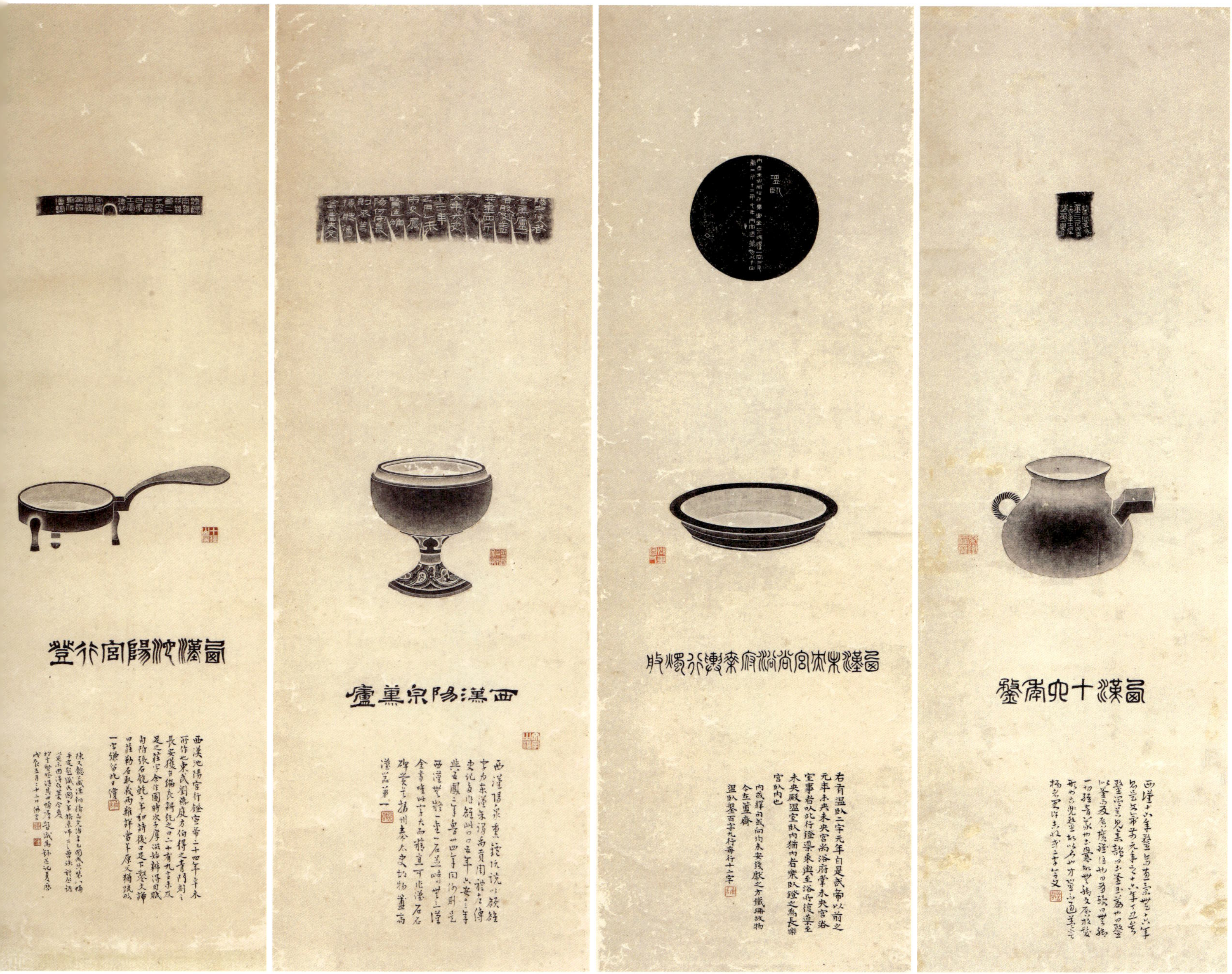

丁佛言録陳介祺跋漢器全形拓八條屏

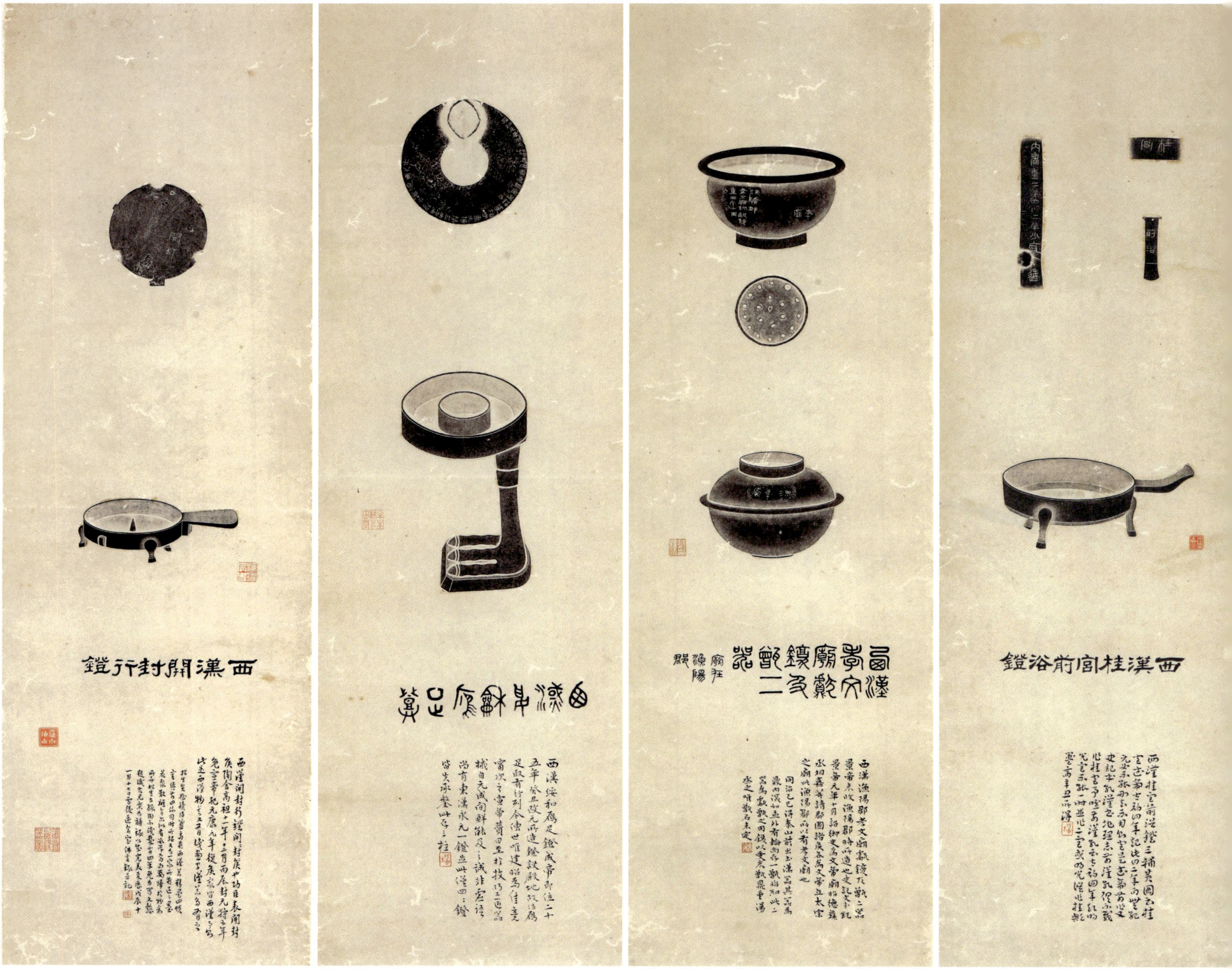
西漢開封行鐙
西漢桂宮前浴鐙

十六年鍪全形拓

拓本信息

時期：清

尺寸：横三二厘米，縱一〇五厘米

監拓：陳介祺

鈐印：秦鐵權齋、善哉

題跋：丁佛言録陳介祺題跋：西漢十六年鍪。西漢十六年鍪，高、惠、景無十六年，則是文帝前元年之十六年丁丑矣。鍪，温器，見《集韵》曰『土釜』，《玉篇》也曰『鍪似釜而反唇』，《廣雅》注也曰『有環』、曰『無脚』，《一切經音義》也『土鑋』，故無脚反唇放髮，形如古兜鍪，故以名也。方鍪不通，蓋容柄者。閲，許未收，或二字合文。

流傳：松生

備注：器形翻刻

器物信息

器名：十六年鍪

類別：食器

時期：西漢孝文帝前元十六年（前一六四）

釋文：鍪容五升，重三斤九兩。十六年，工從造。第一。閲主。

出土時地：長安（今西安）

遞藏：劉喜海、陳介祺

現藏：不明

著録：《長安》2・13、《簠齋金石》1・6、《簠齋藏古目》15・7、《愙齋》25・9、《小校》13・56、《秦漢》4・15、《羅表》8・10、《國圖拓》3・720

尚浴府乘輿行燈盤全形拓

拓本信息

時期：清

尺寸：橫三二厘米，縱一〇五厘米

監拓：陳介祺

鈐印：齊東陶父、佛言

題跋：丁佛言録陳介祺跋：西漢未央宫尚浴府乘輿行燭盤。

右有『温卧』二字，元年自是武帝以前之元年。未央，未央宫。尚浴府，掌未央宫浴室事者。以此行燈導乘輿至浴所，復導至未央殿温室卧内，猶内者樂卧燈之爲長樂宫卧内也。内，或釋句或向，均未安。錢獻之、方鐵珊故物，今在簠齋。

温卧盤百字，九行，每行十二字。

流傳：松生

備注：器形翻刻

器物信息

器名：尚浴府乘輿行燭盤

類別：雜器

時期：西漢初

釋文：温卧。内者未央尚浴府乘輿金行燭盤一，容二升，重二斤十二兩。元年内者造。第初八十四。

出土時地：不明

遞藏：錢坫、方廷瑚、陳介祺

現藏：不明

著録：《簠齋藏古目》16•3、《羅表》7•21、《積古》9•29、《奇觚》11•24、《秦漢》3•27

陽泉使者舍熏爐全形拓

拓本信息

時期：清

尺寸：横三二厘米，縱一〇五厘米

監拓：陳介祺

鈐印：文字之福、簠齋兩京文字、善哉

題跋：丁佛言録陳介祺題跋：西漢陽泉熏爐。

西漢陽泉熏爐。阮説以雒字爲東漢。余謂《禹貢》《周禮》《左傳》《史記》多作雒，此□□五年六安十三年與五鳳二年魯卅四年同例，則是西漢無疑，一金一石并峙無三。漢金書唯此字大而精，直可作漢石名碑賞矣。揚州秦太史故物，簠齋漢器第一。

流傳：松生

備注：器形翻刻

器物信息

信息見前陳介祺監拓陽泉使者舍熏爐全形拓

池陽宮行燈全形拓

拓本信息

時期：清

尺寸：横三二厘米，縱一〇五厘米

監拓：陳介祺

鈐印：十鐘山房、佛言、還倉、魚人

題跋：丁佛言録陳介祺題跋：西漢池陽宮行燈。

西漢池陽宮行燈，宣帝二十四年辛未所作也。東武劉燕庭方伯得之青門，刻入《長安獲古編》，長歌紀之。曰二十有九言，未及足之『莊』字。余作圖時，次子厚滋始辨得，因賦句，附張石匏、鮑子年和詩後。曰：足下鑿文諦曰莊，勒石取義兩難詳。當年原父猶疏略，一字縑留此日償。

陳文懿公藏漢銅精品，光緒辛巳圖成，共裝八幅，手定題識。民國十年旅京師，公之曾孫禮丞録以見示，因得存稿。今夏松生賢侄得其四幅，囑題識，爲録并記。夏曆戊辰五月二十二日，佛言。

流傳：松生

備注：器形翻刻

器物信息

器名：池陽宮行燈

類别：雜器

時期：西漢宣帝甘露四年（前五〇）

釋文：池陽宮銅行鐙，重二斤六兩。甘露四年，工虞德造，守屬陽，澂邑丞聖，佐博臨。

出土時地：長安（今陝西西安）

遞藏：姜君榮、劉喜海、陳介祺、周湘雲、趙叔孺、吴樸堂

現藏：私人藏

著録：《簠齋藏古目》16•4、《羅表》7•20、《長安》2•10、《秦漢》3•19、《國圖拓》7•1838-1843

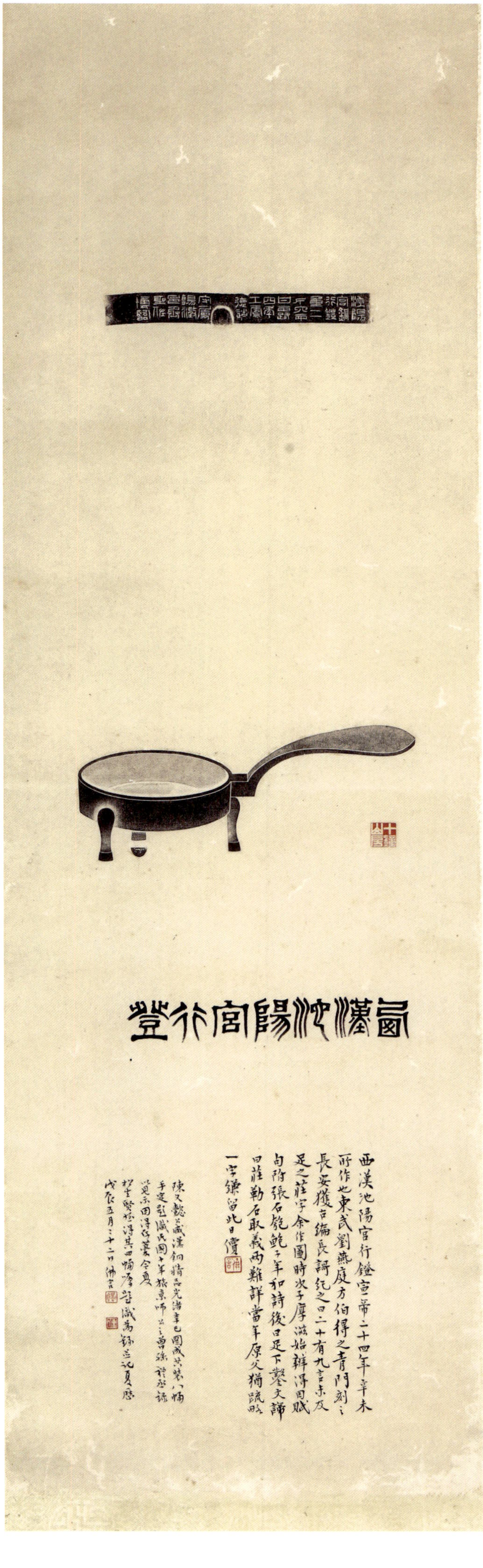

桂宮燈全形拓

拓本信息

時期：清

尺寸：橫三二厘米，縱一〇五厘米

監拓：陳介祺

鈐印：簠齋、戊寅生

題跋：丁佛言録陳介祺題跋：西漢桂宮前浴燈。西漢桂宮前浴燈，《三輔黄圖》云：桂宮，武帝太初四年起。此曰二年而無紀元。必不能删去不用，則宫是武帝前作。又《史記·本紀》《漢書·地理志》《前漢紀》俱不載作桂宮事。唯《前漢紀》云：『太初四年起明光宮。』不能一時并作二宮，或明光從作桂歟？簠齋辛丑所得。

流傳：松生

備注：器形翻刻

器物信息

器名：桂宮燈

類别：雜器

時期：西漢

釋文：【鐙盤】桂宮。內者，重二斤四兩。二年，少府造。【執柄】前浴。

出土時地：不明

遞藏：陳介祺、丁錫綸

現藏：不明

著録：《簠齋金石》1·7、《簠齋藏古目》16·4、《羅表》7·20、《貞松》13·211、《秦漢》3·28、《國圖拓》7·1880-1885

備注：《王譜》一九三四年五月七日：『丁叔言以陳氏桂宮燈來，燈座刻陳跋，精极，器於前年歸之。』

漁陽郡孝文廟甗鍑全形拓

拓本信息

時期：清

尺寸：横三二厘米，縱一〇五厘米

監拓：陳介祺

鈐印：萬印樓、邁鈍

題跋：丁佛言録陳介祺題跋：西漢孝文廟甗鍑及甑二器。（廟在漁陽郡。）

西漢漁陽郡孝文廟甗鍑及甑二器，景帝末收漁陽郡時所造也。《史記・文本紀》，景帝元年十月詔御史爲文帝廟《昭德》舞。丞相嘉等請郡國諸侯各爲文帝立太宗之廟。此漁陽郡所以有孝文廟也。

同治己巳得泰山前出土漢器。其器爲鼎，内深如盂，外有輪，尚存一甑。始知此二器爲甗甑之用，鍑以受米，甑鼎重湯蒸之，唯甑名未定。

流傳：松生

備注：器形翻刻

器物信息

器名：漁陽郡孝文廟甗

類別：食器

時期：漢景帝元年（前一五六）

釋文：【鍑】孝廟。漁陽郡孝文廟銅甗鍑，重四斤七兩。【甑】漁孝廟。

出土時地：陝西關中

遞藏：陳介祺、邢藍田

現藏：不明

著録：《簠齋金石》1・7、《簠齋藏古目》15・7、《簠齋藏古册目》15・11、《羅表》8・9、《窓齋》26・14、《容齋》47、《國圖拓》3・625

備注：《王譜》一九三六年十一月二十日：『濰縣陳氏送陳介祺藏漁陽郡孝廟鍑來售。』一九三七年三月五日：『邢藍田以二百金購濰縣陳氏所藏漢孝廟鍑并陳介祺題拓本一紙，囑桑子中帶來爲之考證。』

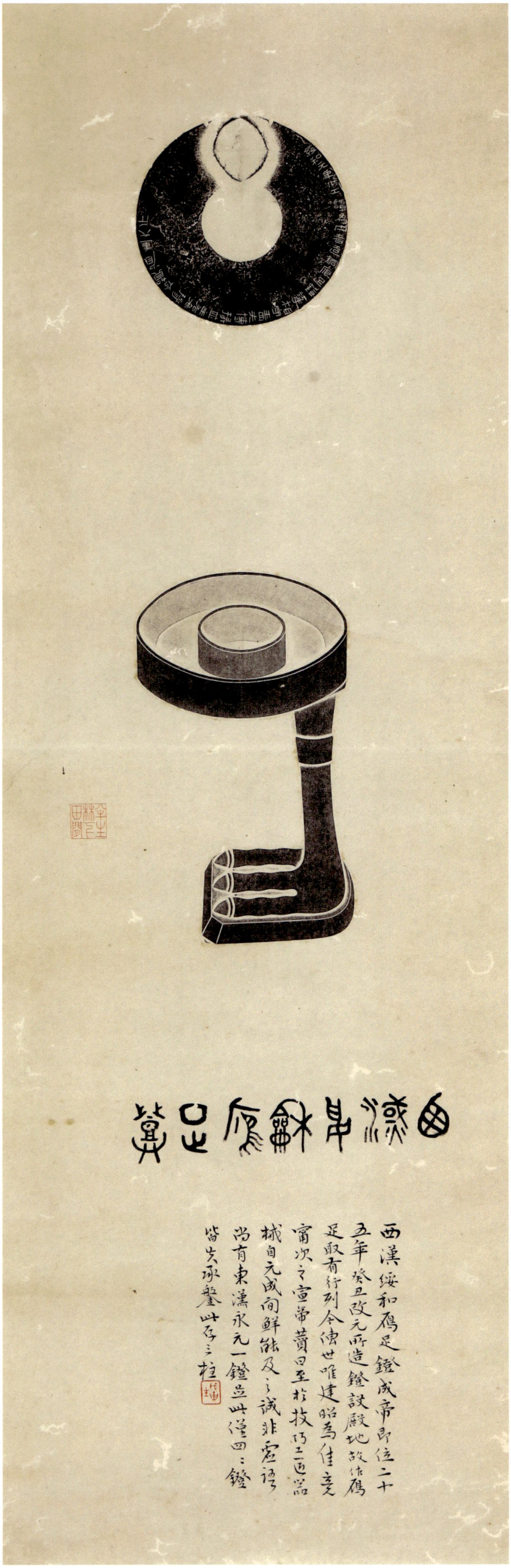

綏和雁足燈全形拓

拓本信息

時期：清

尺寸：横三二厘米，縱一〇五厘米

監拓：陳介祺

鈐印：半生林下田間、戊寅生

題跋：丁佛言録陳介祺題跋：西漢綏和雁足燈。

西漢綏和雁足燈，成帝即位二十五年癸丑改元所造燈，設殿地，故作雁足，取有行列。今傳世唯建昭爲佳，竟寧次之。《宣帝贊》曰：『至於技巧工匠器械，自元成間鮮能及之。』誠非虚語。尚有東漢永元一燈，并此僅四。四燈皆失承盤，此存三柱。

流傳：松生

備注：器形翻刻

器物信息

器名：綏和雁足燈

類別：雜器

時期：漢成帝綏和元年（前八）

釋文：綏和元年，供工工譚爲内者造銅雁足鐙，護相、守嗇夫博、掾并主、右丞揚、令賀省。重六斤。

出土時地：不明

遞藏：陳介祺

現藏：不明

著録：《簠齋金石》1•10、《簠齋藏古目》16•1、《羅表》7•21、《窓齋》26•23、《秦漢》3•25、《國圖拓》7•1854-1861

開封燈全形拓

拓本信息

時期：清

尺寸：橫三二厘米，縱一〇五厘米

監拓：陳介祺

鈐印：海濱病史、簠齋藏古、簠齋西漢器圖、邁鈍、還倉

題跋：丁佛言録陳介祺題跋：西漢開封行燈。

西漢開封行燈。開封，開封侯也。《功臣表》，開封侯陶舍，高祖十一年十二月丙辰封，元狩五年免。《宣帝紀》，元康元年復侯家。皆西漢事，則此是西漢物矣。又有淺畫字，漢器多有之。

松生賢侄續得簠齋藏西漢器精墨四幀，審與前四係同時所拓，又爲一家所藏。區區墨花，聚散離合，亦似有數字焉，而要歸於物聚所好。松生古緣洵不淺哉！前四余既爲寫文懿題識，兹見樂爲補録，以成完美。夏曆戊辰十一月十七日雪後還倉室佛言録并記。

流傳：松生

備注：器形翻刻

器物信息

器名：開封燈

類別：雜器

時期：西漢

釋文：開封。（一斤五兩十二朱。）

出土時地：不明

遞藏：陳介祺、丁錫田

現藏：不明

著録：《簠齋藏古目》16・2、《羅表》7・19、《貞松》13・2 十、《秦漢》3・33、《國圖拓》7・1874–1879

備注：《王譜》一九三六年一月二十日：『是日接丁錫田函：開封燈已歸弟有矣，其餘尚有簇範一、金鋪首一、文辛右爵器一，費洋百餘元……此均係簠齋故物。』

陳介祺監拓漢器全形拓四條屏

十六年鍪全形拓

拓本信息

時期：清

尺寸：横三二厘米，縱一〇五厘米

監拓：陳介祺

題跋：見前

鈐印：君車漢石亭長

備注：器形翻刻

器物信息

信息見前丁佛言録陳介祺跋十六年鍪全形拓

陽泉使者舍熏爐全形拓

拓本信息

時期：清

尺寸：横三二厘米，縱一〇五厘米

監拓：陳介祺

題跋：見前

鈐印：文字之福、簠齋兩京文字

備注：器形翻刻

器物信息

信息見前丁佛言録陳介祺跋陽泉使者舍熏爐全形拓

尚浴府乘輿行燈盤全形拓

拓本信息

時期：清

尺寸：橫三二厘米，縱一〇五厘米

監拓：陳介祺

鈐印：齊東陶父

題跋：見前

備注：器形翻刻

器物信息

信息見前丁佛言録陳介祺跋尚浴府乘輿行燭盤全形拓

池陽宮行燈全形拓

拓本信息

時期：清

尺寸：橫三二厘米，縱一〇五厘米

監拓：陳介祺

題跋：見前

鈐印：十鐘山房

備注：器形翻刻

器物信息

信息見前丁佛言録陳介祺跋池陽宮銅行鐙全形拓

陳介祺監拓陶器全形拓四條屏

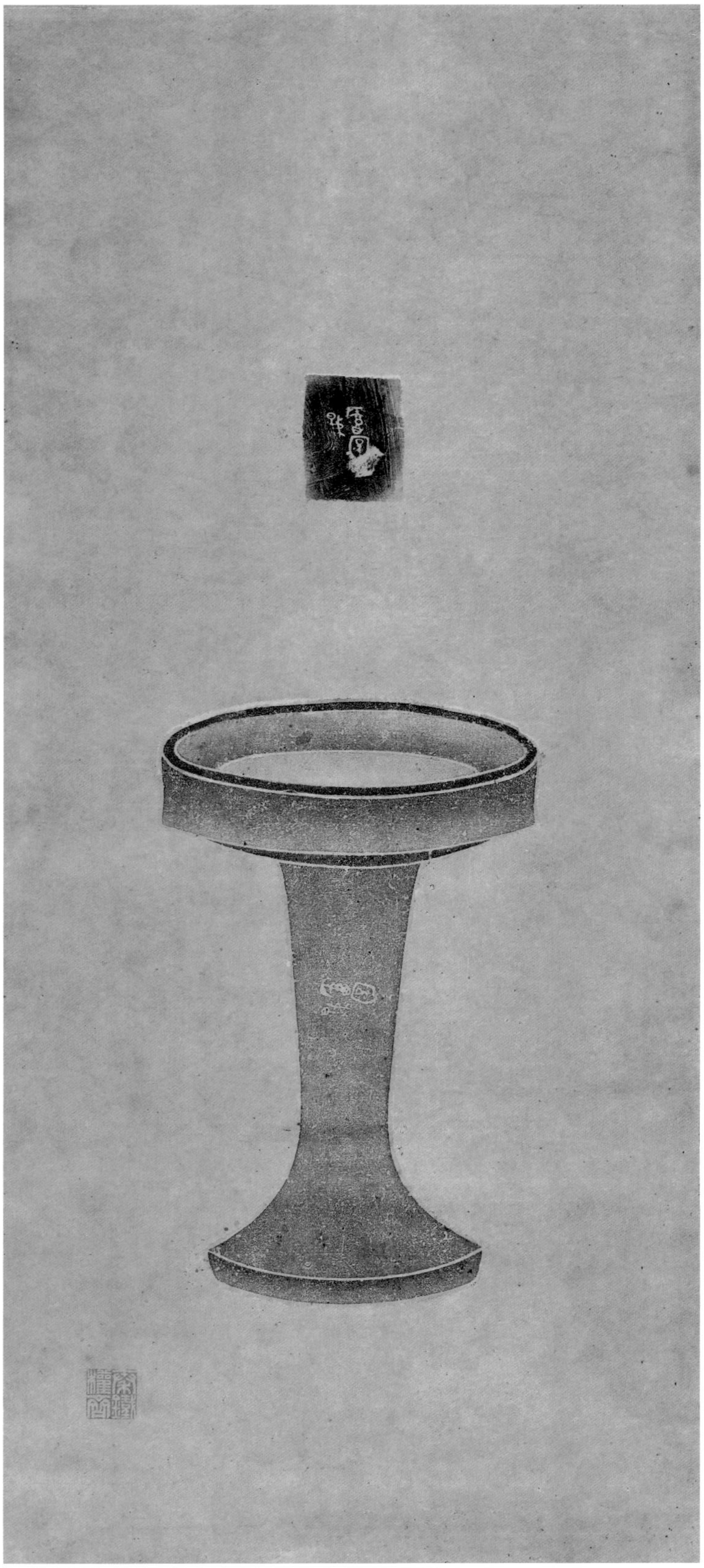

陶豆全形拓

拓本信息

時期：清

尺寸：橫三〇厘米，縱八三厘米

監拓：陳介祺

鈐印：秦鐵權齋

器物信息

器名：陶豆

類別：食器

時期：戰國

釋文：城圀昳

出土時地：不明

遞藏：陳介祺

現藏：不明

陶壺全形拓

拓本信息

時期：清

尺寸：橫三〇厘米，縱八三厘米

監拓：陳介祺

鈐印：三代古陶軒

器物信息

器名：陶壺

類別：水器

釋文：不詳

時期：戰國

出土時地：不明

遞藏：陳介祺

現藏：不明

陶鼎全形拓

拓本信息

時期：清

尺寸：橫三〇厘米，縱八三厘米

監拓：陳介祺

鈐印：寶康瓠室、齊魯三代陶器文字

器物信息

器名：陶鼎

類别：食器

時期：戰國

釋文：大匋里□

出土時地：不明

遞藏：陳介祺

現藏：不明

陶盂全形拓

拓本信息

時期：清

尺寸：橫三〇厘米，縱八三厘米

監拓：陳介祺

鈐印：齊東陶父、三代古陶軒

器物信息

器名：陶盂

類别：食器

時期：戰國

釋文：關里王

出土時地：不明

遞藏：陳介祺

現藏：不明

陶器全形拓四條屏

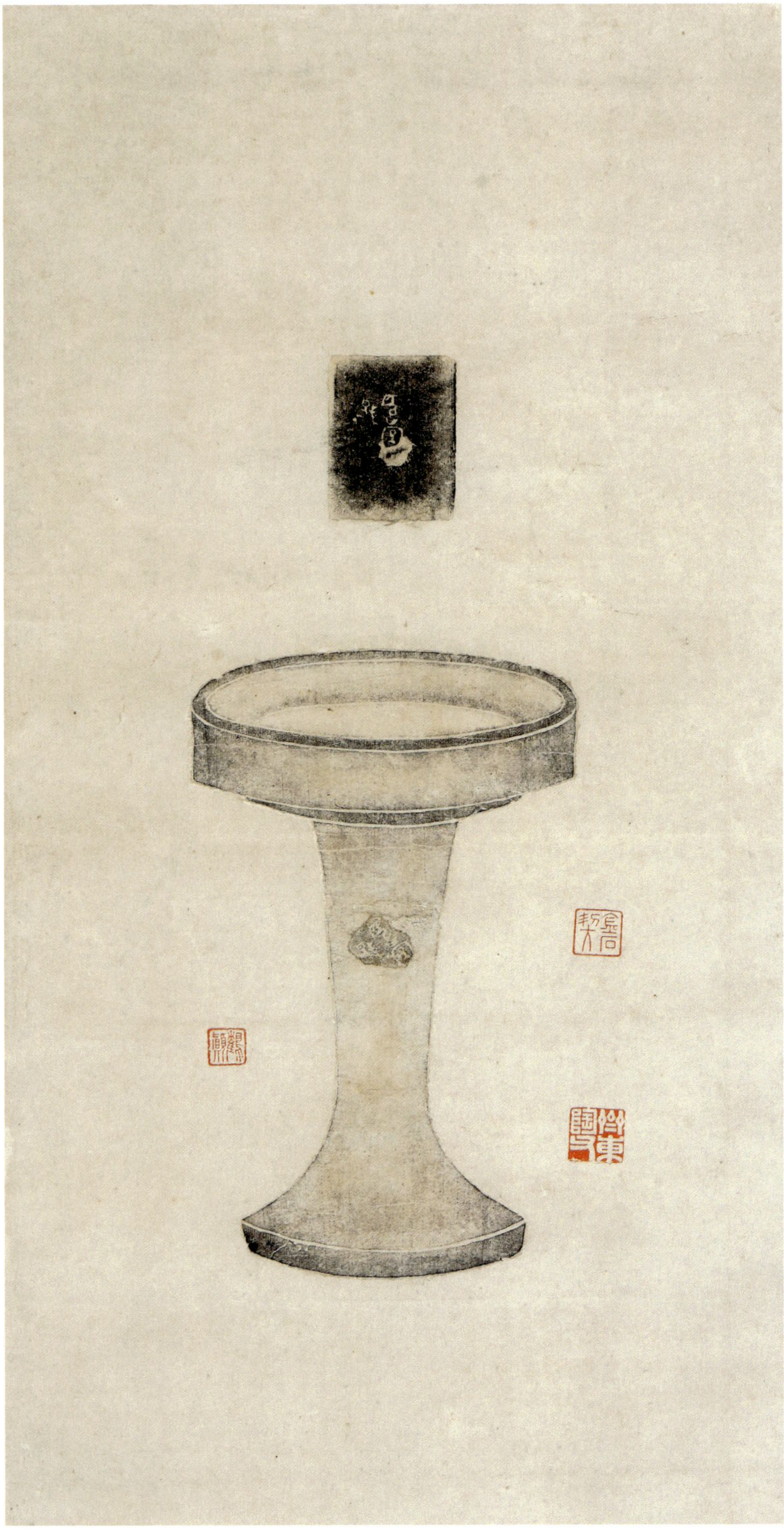

陶豆全形拓

拓本信息

時期：清
尺寸：横三二厘米，縱六五厘米
監拓：陳介祺（僞）
流傳：鶴頗
鈐印：齊東陶父（僞）、鶴頗、金石契
備注：陳介祺印章係僞造

器物信息

器名：陶豆
類别：食器
時期：戰國
釋文：城圀晞
出土時地：不明
遞藏：陳介祺
現藏：不明

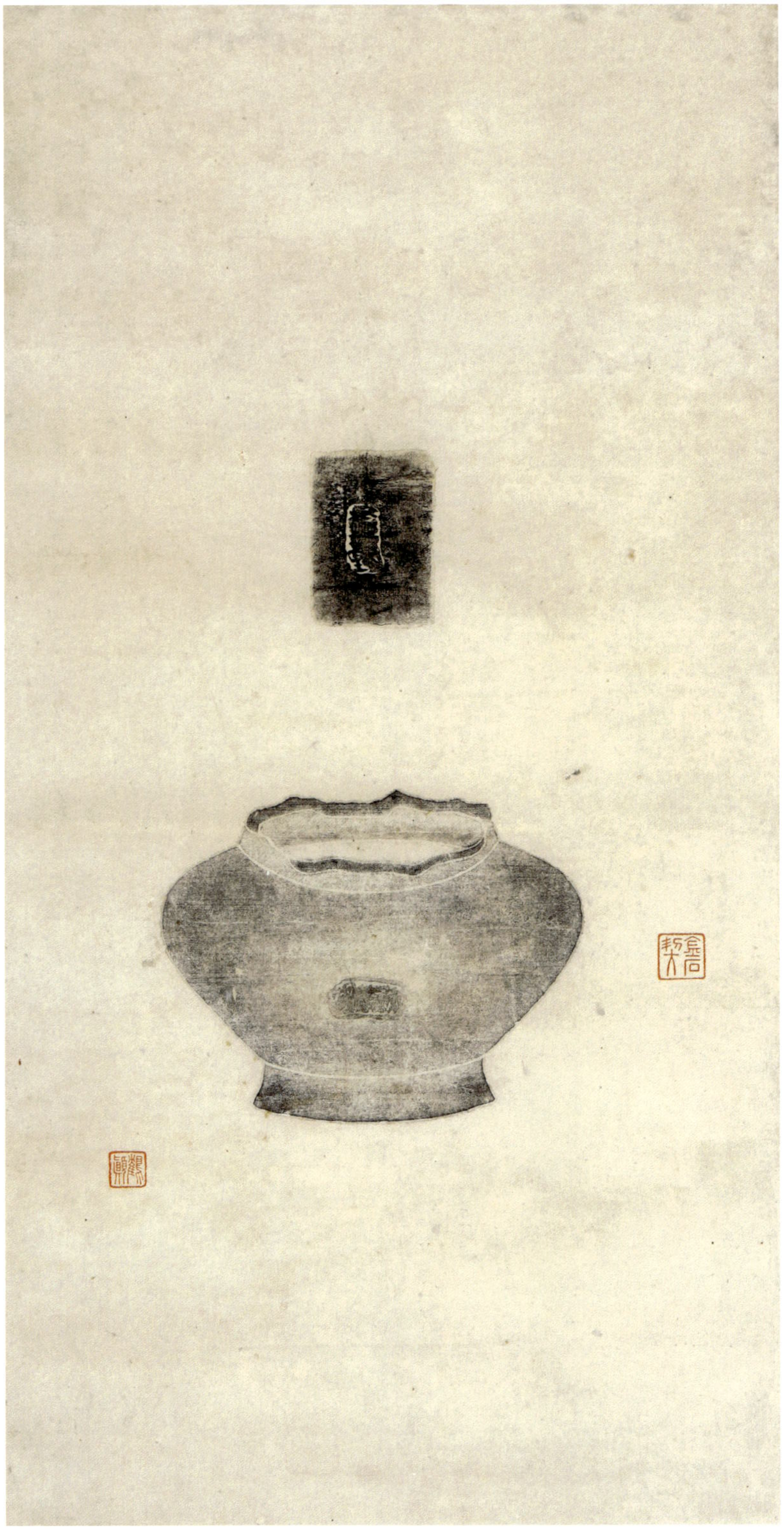

陶壺全形拓

拓本信息

時期：清
尺寸：横三二厘米，縱六五厘米
監拓：陳介祺（僞）
流傳：鶴頗
鈐印：鶴頗、金石契
備注：陳介祺印章係僞造

器物信息

器名：陶壺
類别：水器
時期：戰國
釋文：不詳
出土時地：不明
遞藏：陳介祺
現藏：不明

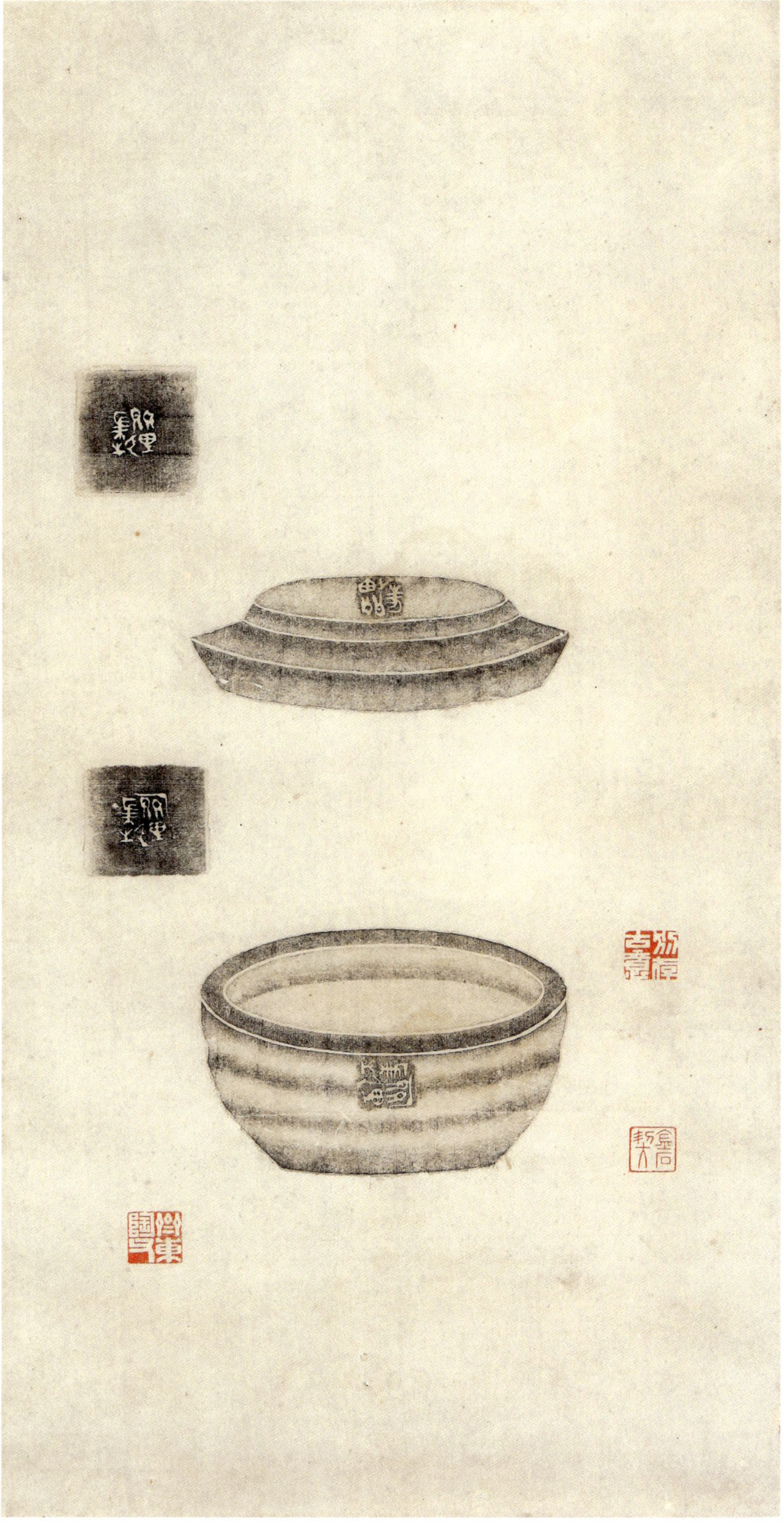

陶盂全形拓

拓本信息

時期：清

尺寸：横三二厘米，縱六五厘米

監拓：陳介祺（僞）

流傳：鶴顛

鈐印：齊東陶父（僞）、別存古意、金石契

備注：陳介祺印章係僞造

器物信息

器名：陶盂

類別：食器

時期：戰國

釋文：關里馬𣏌

出土時地：不明

遞藏：陳介祺

現藏：不明

陶盂全形拓

拓本信息

時期：清

尺寸：横三二厘米，縱六五厘米

監拓：陳介祺（僞）

流傳：鶴顛

鈐印：齊東陶父（僞）、別存古意、金石契

備注：陳介祺印章係僞造

器物信息

器名：陶盂

類別：食器

時期：戰國

釋文：關里□

出土時地：不明

遞藏：陳介祺

現藏：不明

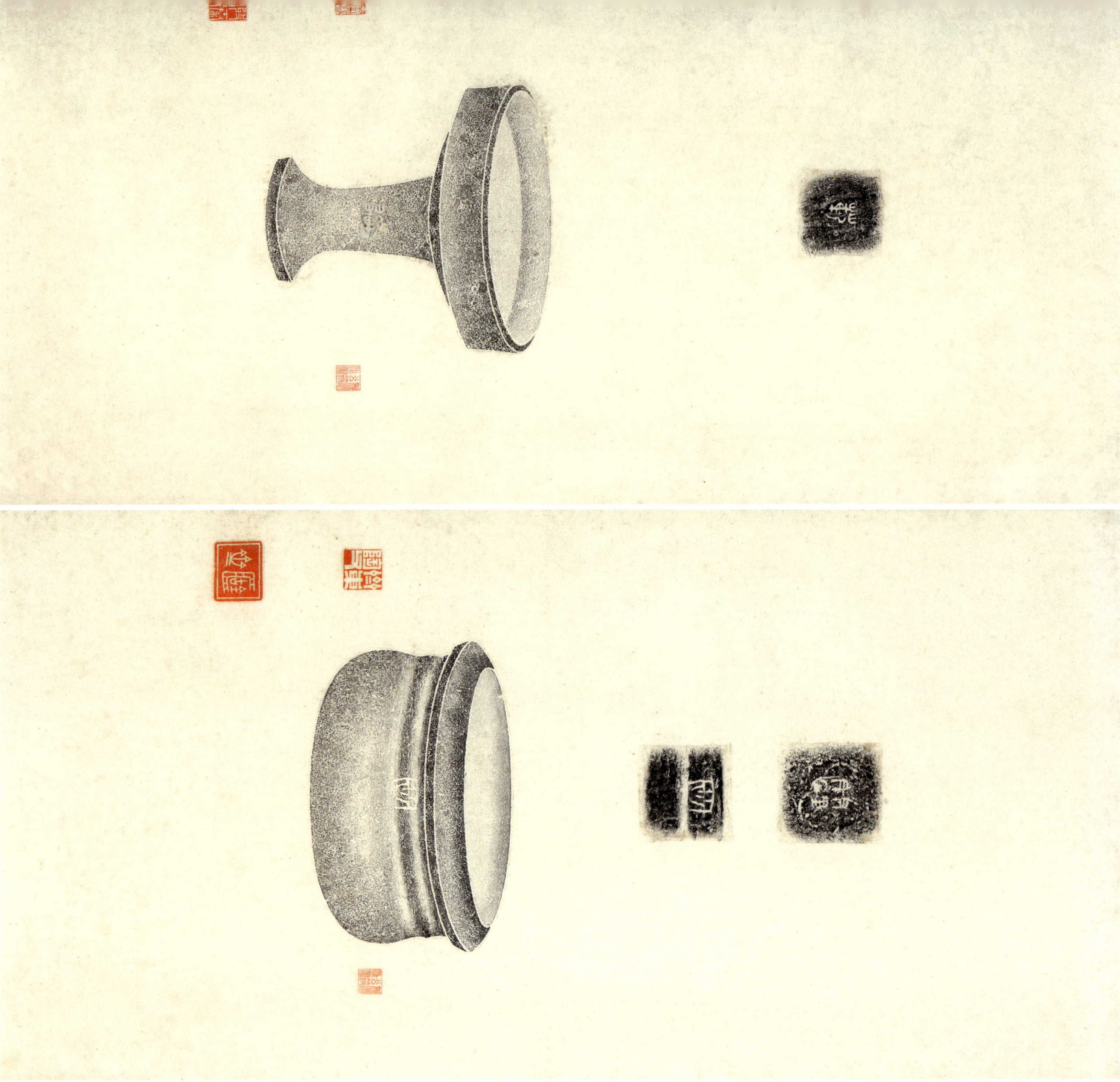

陳介祺監拓陶器全形拓三條屏

陶盂全形拓

拓本信息

時期：清

尺寸：横三二厘米，縦六九厘米

監拓：陳介祺

製圖：姚學桓

鈐印：簠齋、齊東陶父、姚公符作圖

器物信息

器名：陶盂

類別：食器

時期：戰國

銘文：關里□

出土時地：不明

遞藏：陳介祺

現藏：不明

陶豆全形拓

拓本信息

時期：清

尺寸：横三二厘米，縦六九厘米

監拓：陳介祺

製圖：姚學桓

鈐印：齊魯三代古陶文字、收秦燔所不及、姚公符作圖

器物信息

器名：陶豆

類別：食器

時期：戰國

釋文：範

出土時地：不明

遞藏：陳介祺

現藏：不明

陶豆全形拓

拓本信息

時期：清

尺寸：横三二厘米，縦六九厘米

監拓：陳介祺

鈐印：十鐘主人、秦前文字之語、公符

器物信息

器名：陶豆

類別：食器

時期：戰國

釋文：城圙㬏

出土時地：不明

遞藏：陳介祺

現藏：不明

張守叙製拓彝器全形拓四條屏

伯作寶鼎全形拓

拓本信息

時期：清

尺寸：横三二厘米，縱九二厘米

製拓：張守叙

鈐印：守叙之印、芷衫手拓

備注：器形翻刻

器物信息

器名：伯作寶鼎（伯鼎）

類別：食器

時期：西周中期

尺寸：通高二〇點六厘米，口徑一九點二厘米

釋文：白（伯）乍（作）寶鼎。

遞藏：丁筱農、許延暄

現藏：清華大學圖書館

著録：《三代》2·43·1、《窓齋》6·18·2、《周金》2·65·3、《小校》2·29·7、《集成》01914、《總集》0614、《商周》1243

篳卣全形拓

拓本信息

時期：清

尺寸：横三二厘米，縱九二厘米

製拓：張守叙

鈐印：張守叙、秩山、無棣張秩山手拓吉金樂石

備注：器形翻刻

器物信息

器名：篳卣

類别：酒器

時期：西周早期

釋文：篳乍（作）寶隮（尊）彝。

出土時地：不明

遞藏：潘祖蔭

現藏：上海博物館

著録：《三代》13·13·2、《愙齋》19·9·2、《綴遺》11·12·1、《周金》5·107·2、《續殷上》81·1、《小校》4·36·3、《集成》5189、《總集》5307、《商周》13070

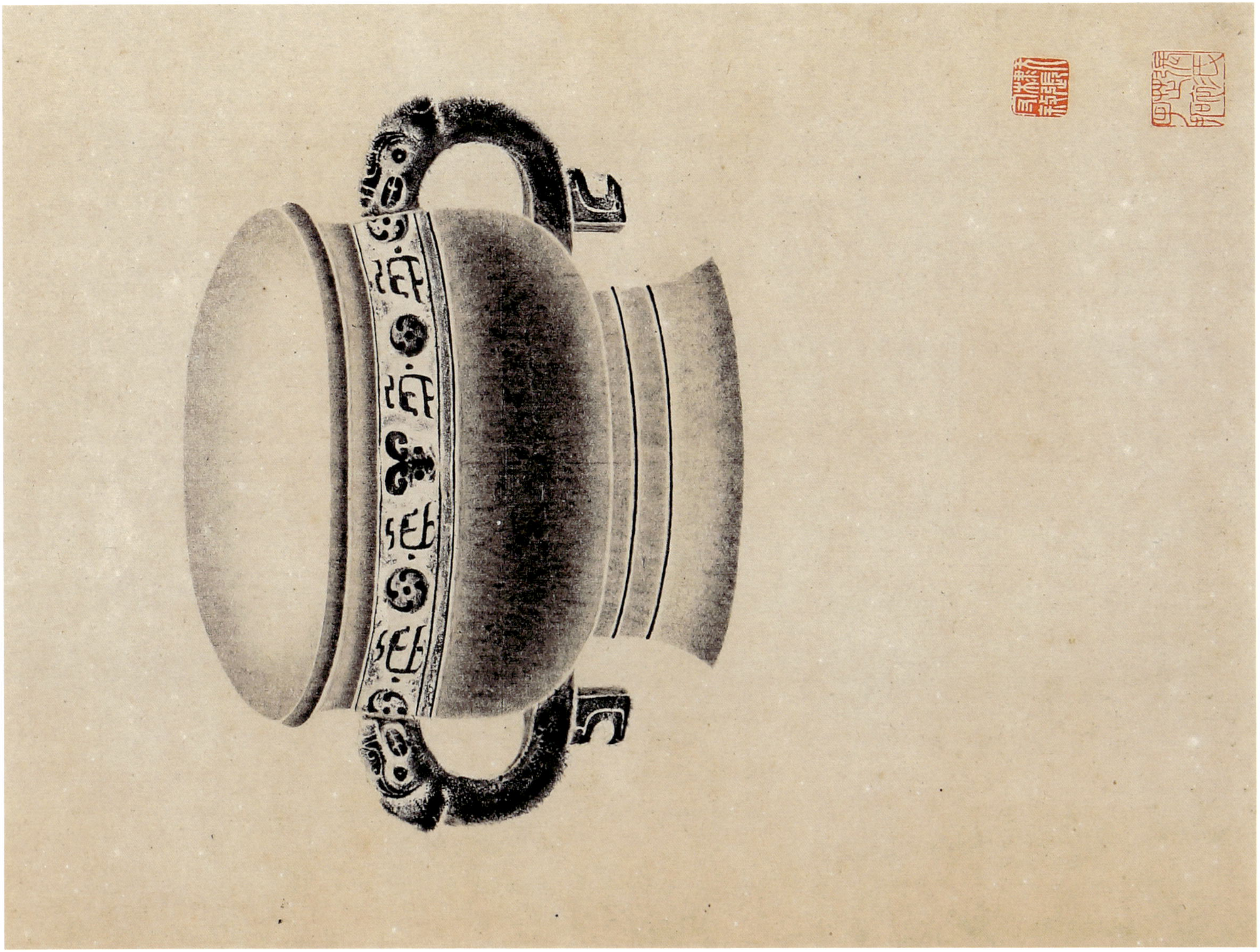

天黽父丁簋全形拓

拓本信息

時期：清

尺寸：横三二厘米，縱九二厘米

製拓：張守叙

鈐印：無棣張守叙、張芷衫手拓

備注：器形翻刻

器物信息

器名：天黽父丁簋（奄父丁簋）

類別：食器

時期：殷商晚期

釋文：天黽父丁。

出土時地：不明

遞藏：潘祖蔭

現藏：不明

著録：《總集》1996、《三代》6•20•8、《窓齋》7•19•3、《綴遺》24•2•2、《殷存上》16•10、《小校》7•59•1、《集成》3179、《商周》3968

召公簋全形拓

拓本信息

時期：清

尺寸：橫三二厘米，縱九二厘米

製拓：張守叙

鈐印：張守叙、秩山、秀才人情

備注：器形翻刻

器物信息

器名：召公簋

類别：食器

時期：西周早期

尺寸：通高六點一寸，腹深三點一寸，口徑五點八寸（《博古》）

釋文：召父乍（作）氒（厥）□寶彝。

出土時地：不明

遞藏：不明

現藏：不明

著録：《博古》8·18、《薛氏》112、《嘯堂》28、《集成》03622、《商周》4438

備注：此拓器形與《博古圖》等載器形均有較大出入，疑僞。

彝器全形拓四條屏

宋甗周娄壺蓋全形拓

拓本信息

時　期：清末民初

尺　寸：横四二厘米，縱一一〇厘米

備　注：銘文、器形翻刻

器物信息（一）

器　名：宋甗（守作寶甗）

類　别：食器

時　期：西周早期

釋　文：宋乍（作）寶彝。

出土時地：不明

遞　藏：丁彦臣

現　藏：日本東京出光美術館

著　録：《總集》1598、《三代》5・4・6、《窓齋》17・6・2、《綴遺》9・23・2、《奇觚》8・7・1、《梅花》《周金》2・91・3、《小校》3・89・1、《三代補》795、《集成》855、《商周》3223

器物信息（二）

器　名：周娄壺蓋

類　别：酒器

時　期：西周中期

釋　文：周娄乍（作）公日己障（尊）壺，其（其）用亯（享）于宗，其（其）子子孫孫邁（萬）年永寶用，畱。

出土時地：不明

遞　藏：清宫、丁彦臣、劉體智

現　藏：上海誠源文化藝術公司

著　録：《總集》5767、《三代》12・20・3、《西清》19・11、《窓齋》14・16・2、《綴遺》13・6・1、《奇觚》6・30・1、《梅花》《周金》5・45・2、《貞松上》38・2、《希古》5・6・3、《善齋》4・53、《小校》4・88・3、《集成》9691、《商周》12392

□□父簋父癸斝全形拓

拓本信息

時期：清末民初

尺寸：橫四二厘米，縱一一〇厘米

備注：銘文、器形翻刻。

器物信息（一）

器名：□□父簋

類別：食器

遞藏：不明

現藏：不明

現藏：疑僞器

器物信息（二）

器名：⿱非異父癸斝

類別：酒器

時期：殷商

釋文：（⿱非異）父癸。

出土時地：不明

遞藏：丁彦臣

現藏：不明

著録：《總集》4319、《三代》13·51·8、《綴遺》24·26·2、《奇觚》7·32·2、《梅花》《殷存》下31·2、《集成》9219、《商周》11016

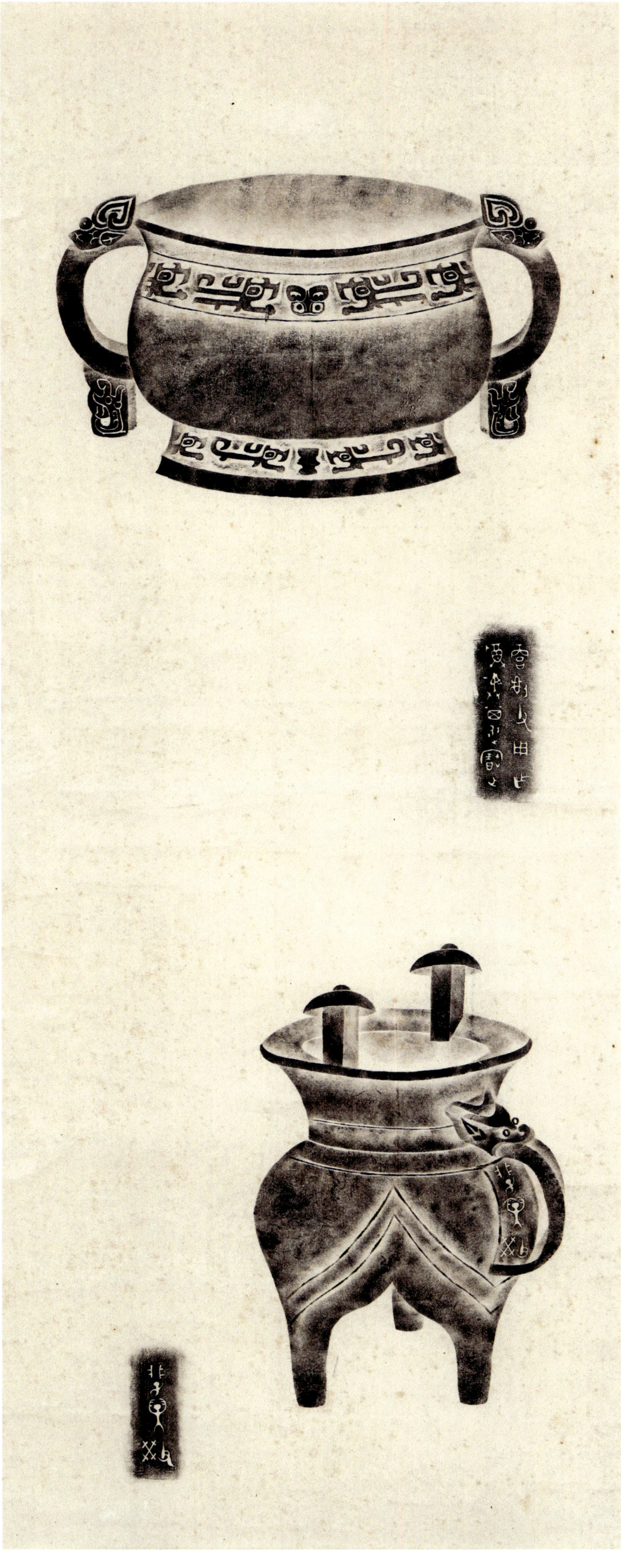

兮仲簋盉全形拓

拓本信息

時期：清末民初

尺寸：橫四二厘米，縱一一〇厘米

備注：銘文、器形、刻石皆翻刻

器物信息（一）

器名：兮仲簋

類別：食器

時期：西周晚期

釋文：兮中（仲）乍（作）寶段（簋），甘（其）萬年子子孫孫永寶用。

出土時地：不明

備注：銘文與已知的七件兮仲簋銘文字體稍異，當係翻刻導致，無法確定其爲哪件。

器物信息（二）

器名：盉

類別：水器

時期：周

出土時地：不明

遞藏：不明

現藏：不明

器物信息（三）

石刻名：孝堂山石祠題記

時期：漢

釋文：平原濕陰邵善君以永建四年四月廿四日來過此堂，叩頭謝賢明。

現藏：濟南市長清區孝堂山石祠

壺爵角全形拓

拓本信息

時期：清末民初

尺寸：横四二厘米，縱一一〇厘米

備注：器形、磚銘翻刻。

器物信息（一）

器名：壺

類别：酒器

時期：周

器物信息（二）

器名：爵

類别：酒器

時期：商

器物信息（三）

器名：角

類别：酒器

時期：商

備注：以上三器出土時地、遞藏、現藏、著録信息均不明。

器物信息（四）

石刻名：正光二年鮮于高刻磚

時期：北魏

尺寸：長八寸，寬三寸（《定興》）

釋文：大魏正光二年歲次辛丑四月卅日戊戌朔幽州范陽郡涿縣人鮮于高頭釘記前作涿縣功曹和將軍國使令。

出土時地：清嘉慶二十一年（一八一六）定興縣

遞藏：北平張檠

現藏：不明

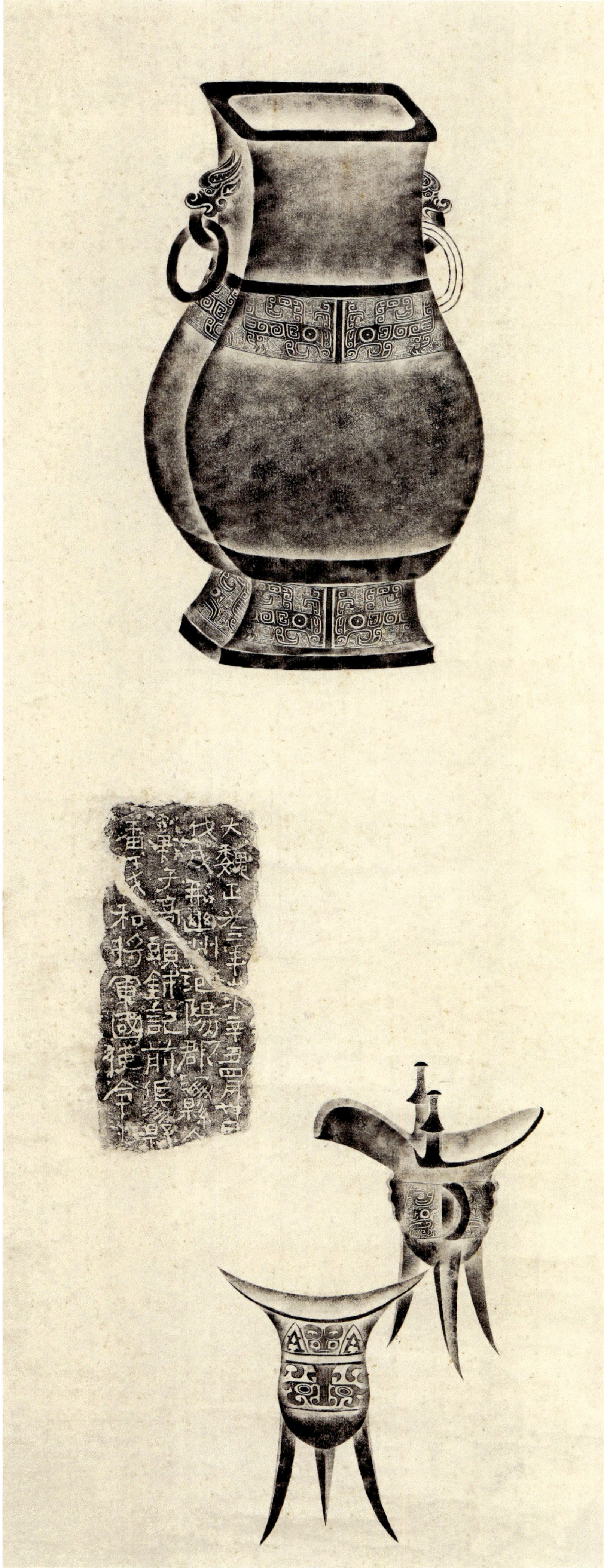

吴重憙監拓彝器全形拓四條屏

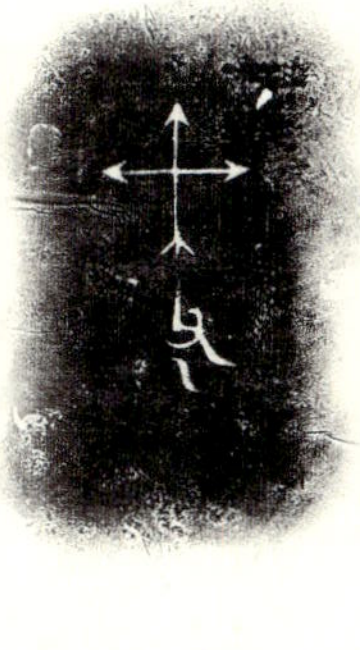

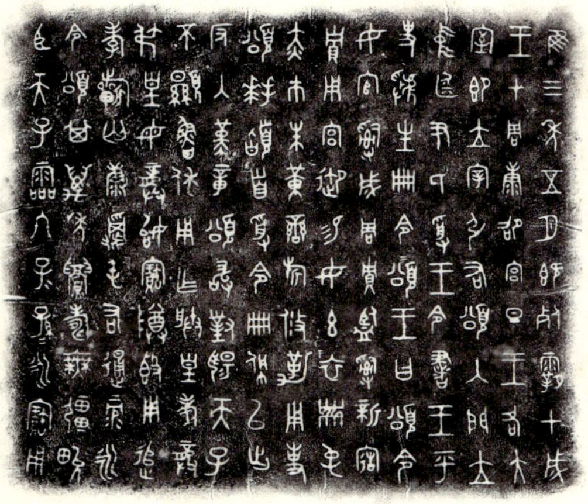

父癸鼎全形拓

拓本信息

時期：清

尺寸：横三五厘米，縱一三七厘米

監拓：吴重憙

鈐印：海豐吴氏、石蓮闇拓、戊辰兵燹壬辰灰盡之餘

備注：器形翻刻

器物信息

器名：父癸鼎

類別：食器

時期：殷商晚期

釋文：父癸。

出土時地：不明

遞藏：吴式芬

現藏：不明

著録：《總集》021、《三代》2·11·2、《攈古》1·1·20、《綴遺》3·5·1、《殷存》上2·12、《集成》1275、《商周》398

杞伯每刃匜全形拓

拓本信息

時期：清

尺寸：橫三五厘米，縱一三七厘米

監拓：吴重憙

鈐印：石蓮闇拓、海豐吴氏、戊辰兵燹壬辰灰盡之餘

備注：據父癸鼎爲吴氏藏器，且四件拓本皆鈐印『石蓮闇拓』『戊辰兵燹壬辰灰盡之餘』，故可知吴氏曾家藏是器。同組頌簋蓋、朿父乙卣同。器形翻刻。

器物信息

器名：杞伯每刃匜（杞伯每匕匜、杞伯每亡匜）

類別：水器

時期：春秋早期

釋文：杞白（伯）每刃盥（鑄）鼄（邾）嬟（曹）用寶也（匜），其子孫永寶用。

出土時地：清道光、光緒年間山東新泰縣

遞藏：吴式芬

現藏：故宫博物院

著録：《總集》6831、《三代》17・30・1、《周金》4・25・2、《貞松》10・36、《希古》5・24・2、《大系》234、《銘文選》804、《集成》10255、《商周》14943

頌簋蓋全形拓

拓本信息

時期：清

尺寸：横三五厘米，縱一三七厘米

監拓：吴重憙

鈐印：海豐吴氏、石蓮闇拓、戊辰兵燹壬辰灰盡之餘

備注：器形翻刻

器物信息

器名：頌簋蓋

類別：食器

時期：西周晚期

尺寸：蓋高九點二厘米，口徑二六點三厘米

釋文：隹（唯）三年五月既死霸甲戌，王在周康卲（昭）宫。旦，王各大室，即立（位）。宰引右頌入門，立中廷，尹氏受王令（命）書，王乎（呼）史虢生册令（命）頌。王曰：『頌，令女（汝）官嗣（司）成周賈（賈），監嗣（司）新寤（造）賓（賈）用宫御，易（錫）女（汝）玄衣黹屯（純）、赤市（韍）、朱黄（衡）、鑾（鑾）旂、攸（鋚）勒，用事。』頌拜韻（稽）首，受令（命）册，佩吕（以）出，反（返）入（納）堇（瑾）章（璋）。頌敢對揚天子不（丕）顯魯休，用乍（作）朕皇考龔（恭）弔（叔）、皇母龔（恭）始（姒）寶隣（尊）毁（簋），用追孝，𣋡（祈）匄康𩫖、屯（純）右（佑）、通録（禄）、永令（命）。頌其萬年覺（眉）壽無彊（疆），畯（畯）臣天子霝（靈）冬（終），子子孫孫永寶用。

出土時地：不明

遞藏：陳介祺、吴式芬、姚觀光、劉體智

現藏：上海博物館

著録：《總集》2850、《三代》9•46•2-9•47•1、《攈古》3•3•15•2-16•1、《愙齋》10•18•2-3、《簠齋》3敦3、《奇觚》4•20•1-2、《從古》15•12•1-15•13•2、《周金》3•7•1-2、《大系》51、《小校》8•100•1-2、《善齋》8•99•1、《善彝》86、《集成》4338、《商周》5396、《國圖拓》2•510

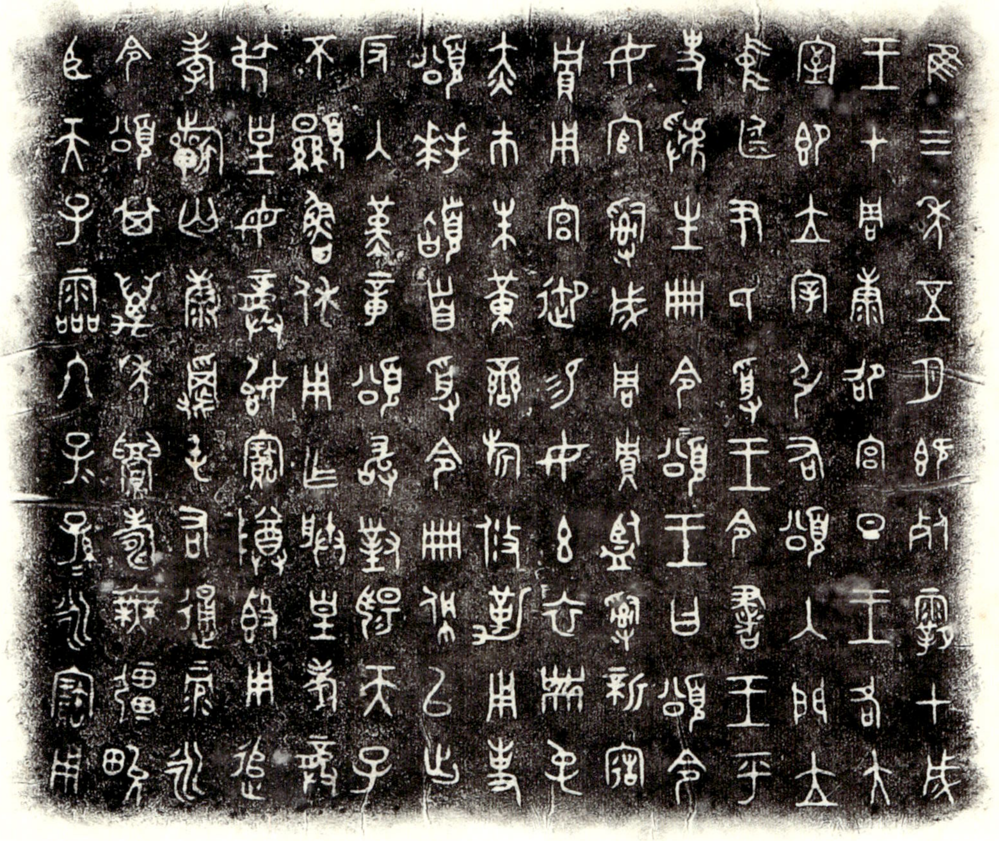

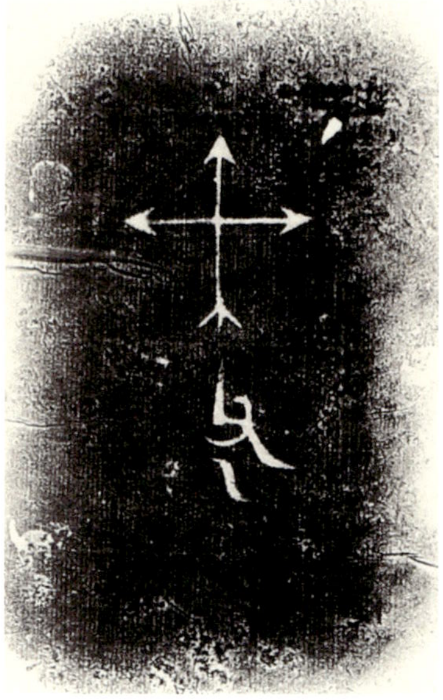

朿父乙卣全形拓

拓本信息

時期：清

尺寸：横三五厘米，縱一三七厘米

監拓：吴重憙

鈐印：海豐吴氏、石蓮闇拓、戊辰兵燹壬辰灰盡之餘

備注：器形翻刻

器物信息

器名：朿父乙卣

類别：酒器

時期：西周早期

釋文：朿（朿、刺）父乙。

出土時地：不明

遞藏：吴式芬

現藏：不明

著録：《總集》5123、《續殷上》73・1、《攈古》1・2・34・3、《綴遺》10・32、《集成》4912、《商周》12846

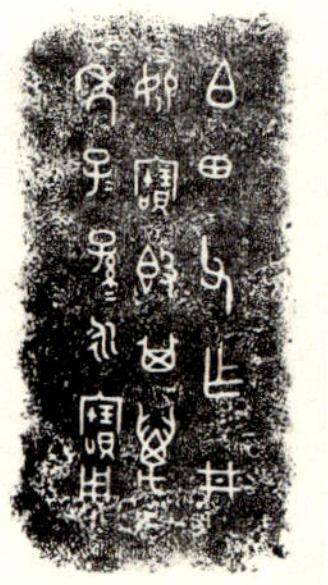

屖尊全形拓

拓本信息

時期：清末民初

尺寸：横三五厘米，縱七八厘米

監拓：丁麟年

鈐印：紱臣所藏酒器

備注：石印本

器物信息

器名：屖尊（倃作父癸尊）

類別：酒器

時期：西周早期

尺寸：通高二三點七厘米，腹深二二點八厘米，口徑一八點九厘米

釋文：屖乍（作）父癸寶隮（尊）彝，用輩（旅）。

出土時地：不明

遞藏：丁麟年、孫壯

現藏：不明

著録：《總集》4814、《三代》11•29•7、《移林》16、《十二雪》11、《續殷上》60•7、《通考》532、《小校》5•28•5、《綜覽》觚形尊•108、《集成》5927、《商周》11698、《國圖拓》5•1188

伯田父簋全形拓

拓本信息

時期：清末民初

尺寸：横三五厘米，縱七八厘米

監拓：丁麟年

鈐印：市臣藏簋

備注：石印本

器物信息

器名：伯田父簋

類別：食器

時期：西周晚期

尺寸：通高一五厘米，口徑一六點八厘米，寬三四厘米

釋文：白（伯）田父乍（作）井妀寶毁（簋），甘（其）萬年子子孫孫永寶用。

出土時地：不明

遞藏：丁麟年、端方

現藏：美國堪薩斯納爾遜美術館

著録：《總集》2518、《三代》7·47·4、《奇觚》3·16·1、《周金》3·74·2、《小校》8·2·2、《陶齋》2·1、《美集録》417、《文美》23、《彙編》5·328、《綜覽》簋·359、《集成》3927、《商周》4881

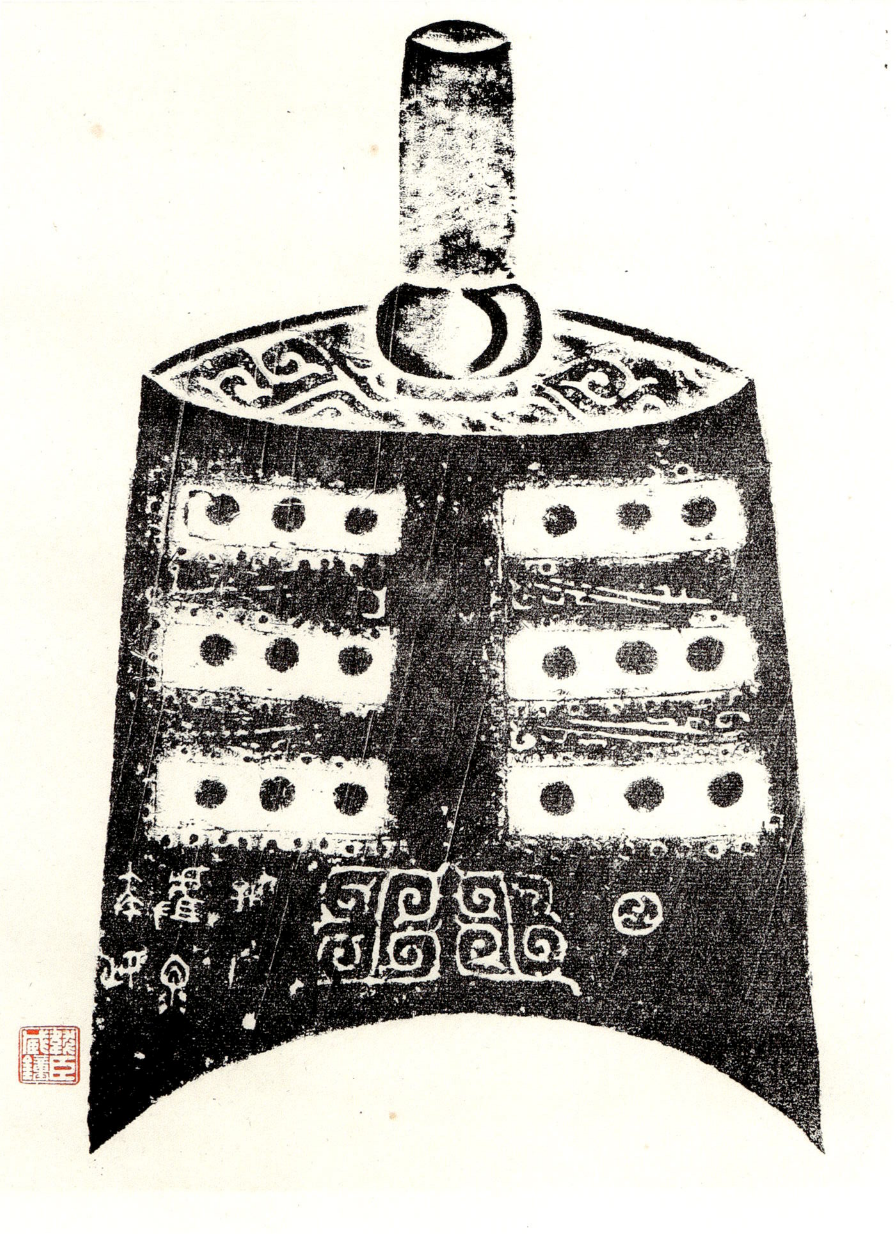

虘鐘全形拓

拓本信息

時期：清末民初

尺寸：横三五厘米，縱七八厘米

監拓：丁麟年

鈐印：韍臣藏鐘

備注：石印本

器物信息

器名：虘鐘（覷鐘）

類别：樂器

時期：西周中期

釋文：好守（賓），覷（虘）眔（暨）帝（蔡）姬。

出土時地：不明

遞藏：丁麟年、溥倫

現藏：不明

著録：《總集》7025、《三代》1•8•1、《移林》1、《周金》1•59•2、《希古》1•1、《小校》1•4•1、《山東存》紀5、《集成》91、《商周》15272、《國圖拓》6•1530

尹臾鼎全形拓

拓本信息

時期：清末民初

尺寸：横三五厘米，縱七八厘米

監拓：丁麟年

鈐印：市臣藏鼎

備注：石印本

器物信息

器名：尹臾鼎

類別：食器

時期：西周早期

釋文：尹臾。

出土時地：不明

遞藏：丁麟年

現藏：不明

著録：《續殷上》10•9、《國史金》1915•1、《集成》1352、《商周》677

備注：其他三器皆爲丁麟年藏器，而此組拓本同時拓製，故是器也當曾爲其藏器，據補。

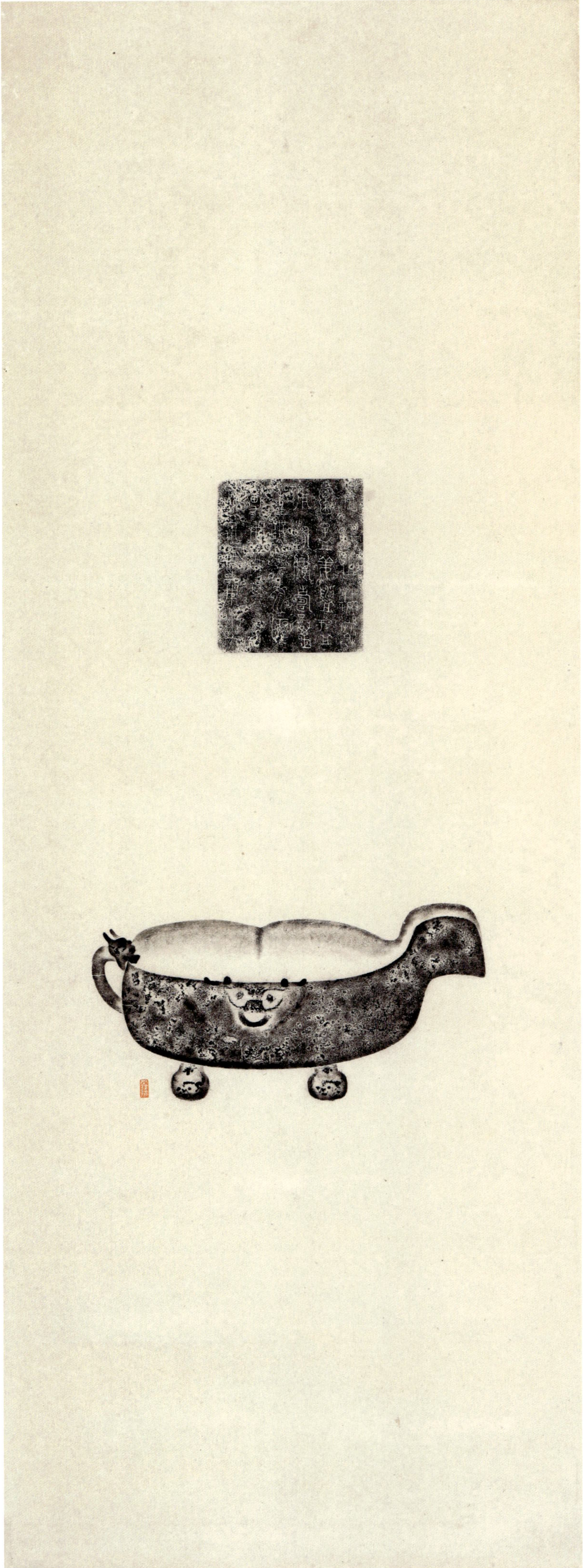

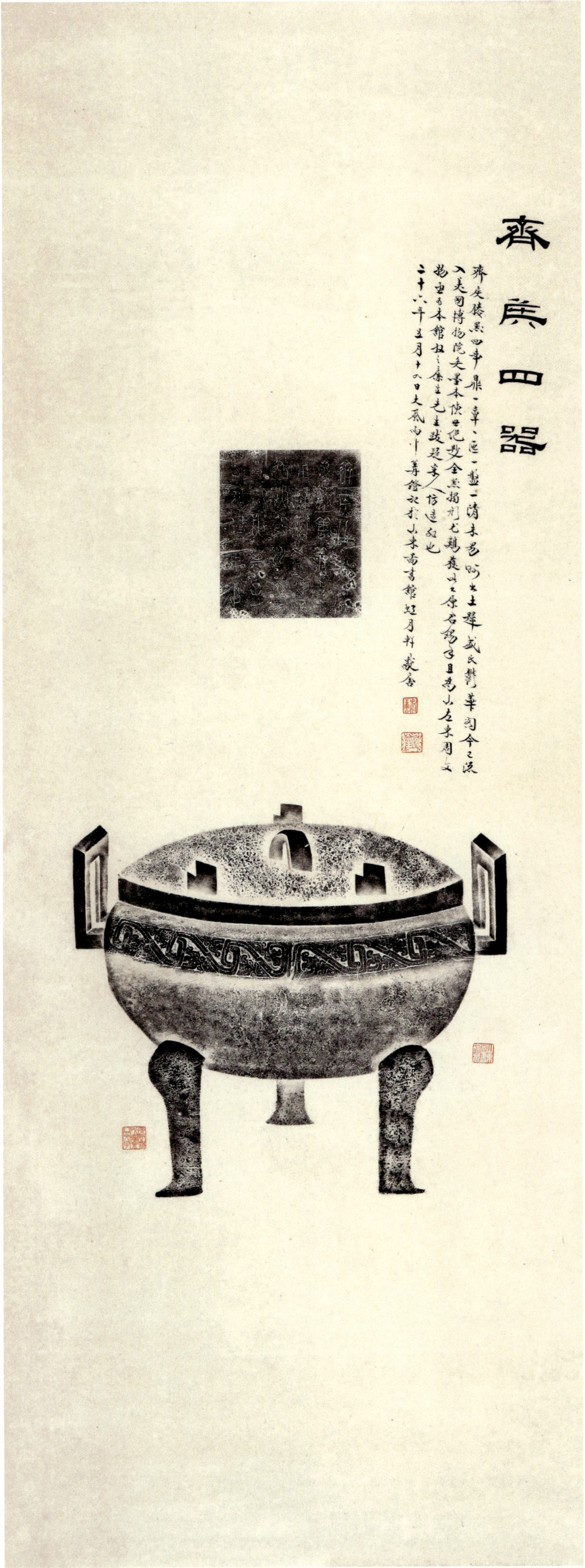
齊侯四器

此四器近年直隸完縣所出与同治間山西榮河所出齊侯鎛字形相同即此五器文亦与
宋人著錄各齋器之文相出入俱以姜齋之器形製与秦漢之際各器相類吾固疑其
為宋人所仿為後又入於土者毋有真鑒請視此說　吳錫先生屬題　懿榮記

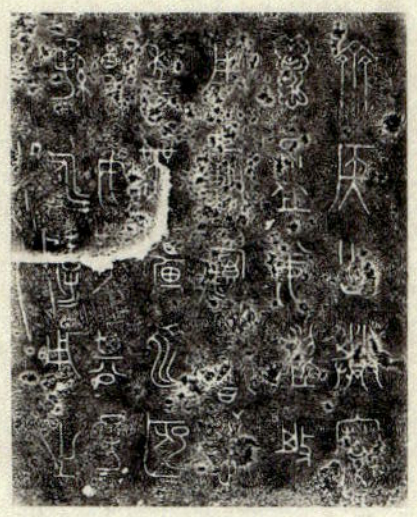

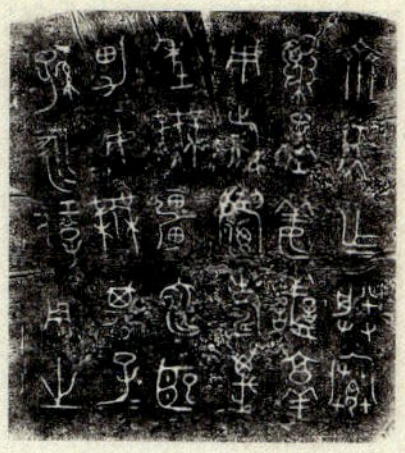

齊侯鼎全形拓

拓本信息

時期：清

尺寸：横五五厘米，縱一二五厘米

鈐印：原君錫所拓金石文字、獻唐、山東圖書館藏

製拓：原君錫

題跋：王獻唐題跋：齊侯四器。齊侯媵器四事，鼎一、敦一、匜一、盤一，清末易州出土，歸盛氏鬱華閣，今已流入美國博物院矣。墨本傳世絶尟，全器搨形尤難獲，此出原君錫手，且爲山左東周文物，亟爲本館收之，廉生先生跋，疑宋人仿造，非也。二十六年五月十九日大風雨中篝鐙記於山東圖書館虹月軒，獻唐。

備注：《王譜》一九三六年五月九日：『賈人送齊侯四器拓本屏來售，爲原君錫拓，王廉生跋。』

器物信息

器名：齊侯鼎

類别：食器

時期：春秋晚期

尺寸：通高二九點一厘米，口徑二六厘米，足高一二厘米

釋文：齊厌（侯）乍（作）賸（媵）寬圝孟姜善（膳）鼎，用旛（祈）釁（眉）耇（壽），萬（萬）年無疆（疆），它它（施施）熙熙（熙熙），男女無碁（期），子子孫孫，永保用之。

出土時地：清光緒十九年（一八九三）河北易縣燕下都故城

遞藏：盛昱

現藏：美國紐約大都會藝術博物館

著録：《山東存》齊2·1、《周金》2補、《大系録》254、《小校》3·6、《國史金》2246、《山東成》212、《商周》2363

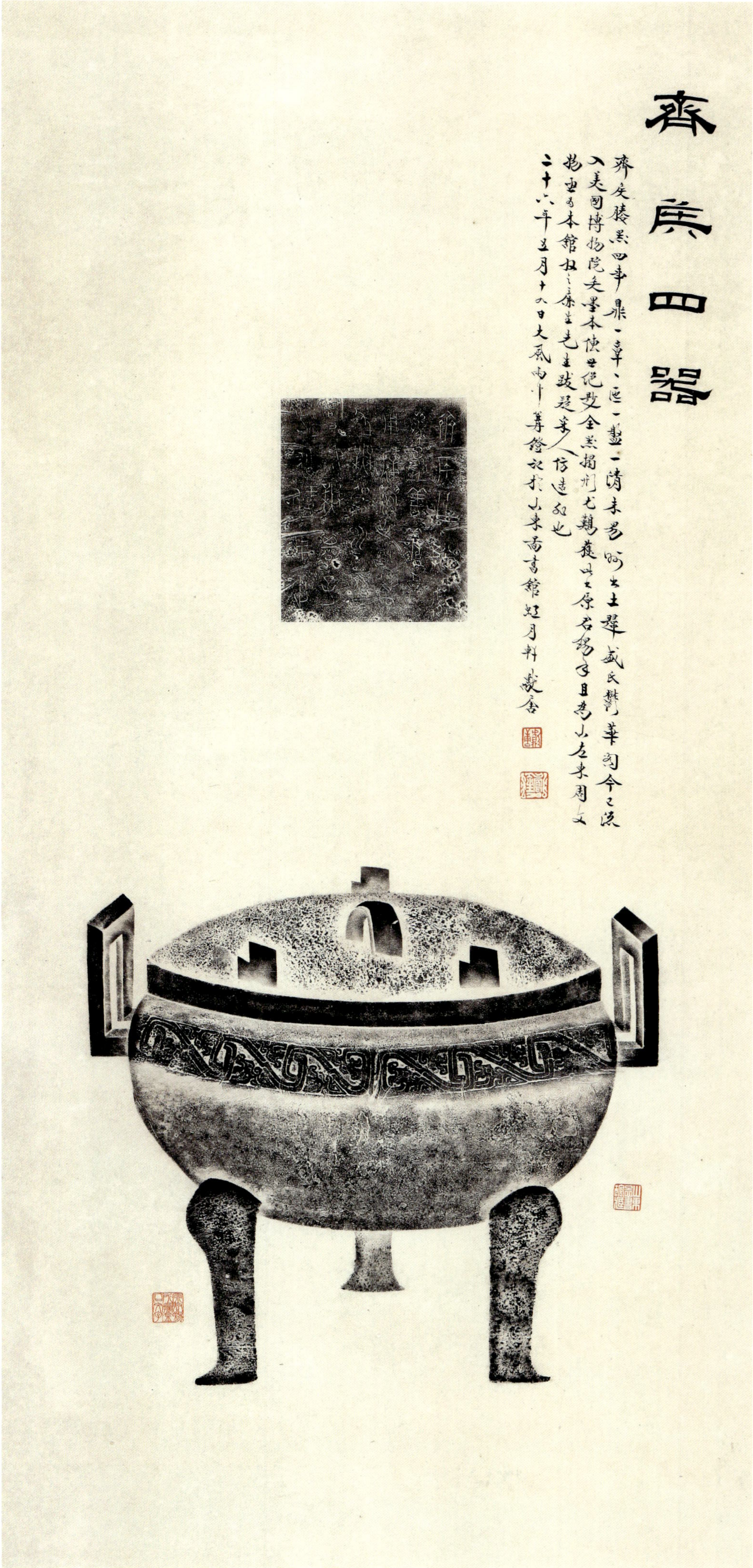
齊侯四器
齊侯媵器四事鼎一敦一匜一盤一清末易縣出土歸盛氏鬱華閣今已流
入美國博物院矣墨本使世絕少全器揭形尤難獲此文原石錫予且為山左東周文
物重為本館收藏康生先生跋題其上彷述叙也
二十六年五月十八日大風雨中葉瓮記於山東圖書館虹月軒敦齋

齊侯匜全形拓

拓本信息

時期：清

尺寸：橫五五厘米，縱一二五厘米

製拓：原君錫

鈐印：君錫拓

器物信息

器名：齊侯匜

類別：水器

時期：春秋晚期

尺寸：通高一四點二厘米，長三二點五厘米，寬二〇厘米

釋文：齊戾（侯）乍（作）賸（媵）𡨦（寡）𨟭孟姜盥𥁰（盂），用𧽊（祈）釁（眉）壽（壽），萬（萬）年無彊（疆），它它（施施）熙熙（熙熙），男女無碁（期），子子孫孫，永保用之。

出土時地：清光緒十九年（一八九三）河北易縣燕下都故城

遞藏：盛昱

現藏：美國紐約大都會藝術博物館

著録：《總集》6873、《三代》4·14·2、《綴遺》28·2、《奇觚》6·38·2、《周金》4補、《大系》253、《小校》9·65·1、《山東存》紀3、《通考》858、《美集録》424、《彙編》4·198、《集成》10283、《商周》14997

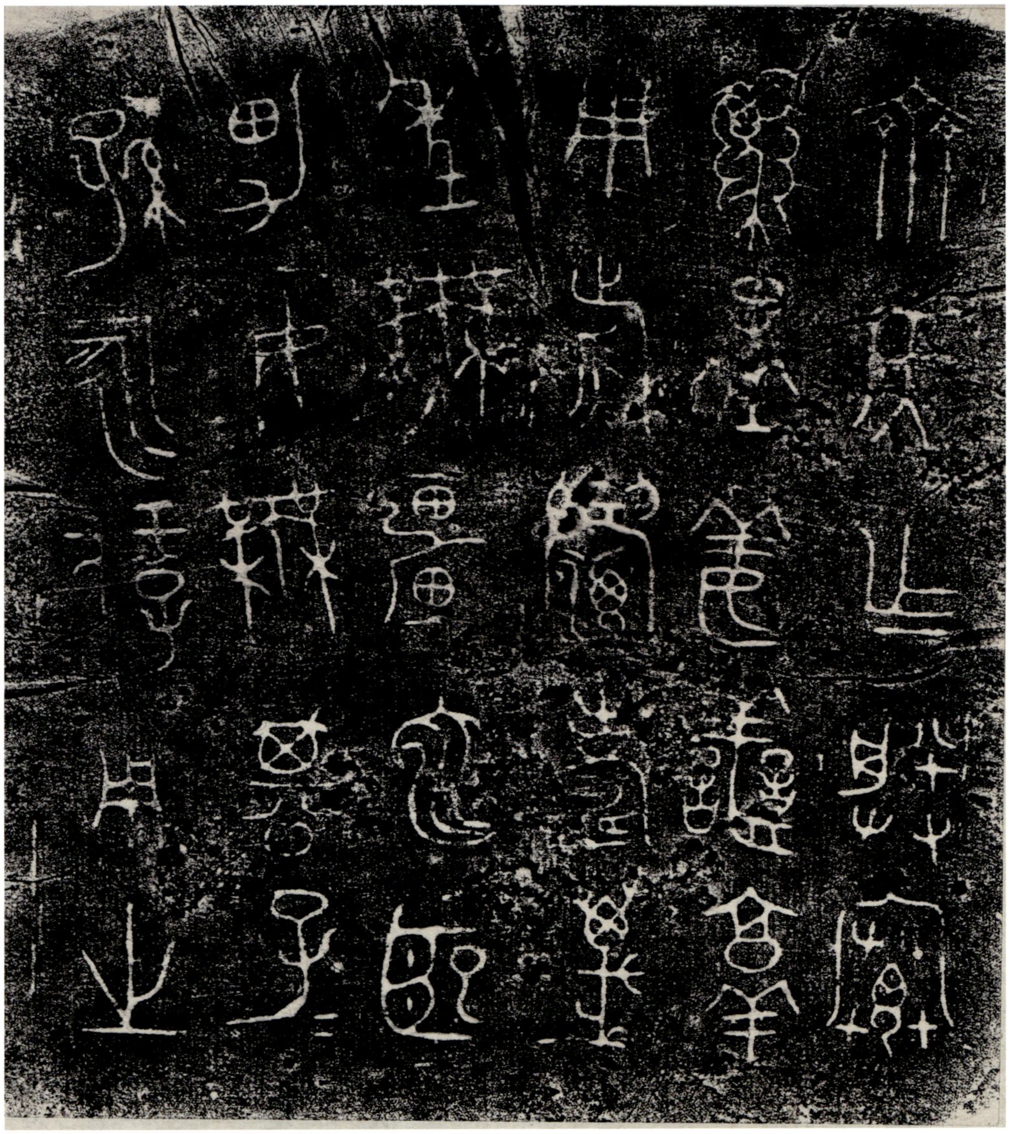

齊侯敦全形拓

拓本信息

時期：清

尺寸：横五五厘米，縱一二五厘米

製拓：原君錫

鈐印：原君錫所拓金石文字

器物信息

器名：齊侯敦

類別：食器

時期：春秋晚期

尺寸：通高一八點三厘米，寬二四厘米

釋文：齊厌（侯）乍（作）䑣（媵）寡𪏮孟姜膳（膳）𦎫（敦），用旟（祈）釁（眉）耆（壽），萬（萬）年無疆（疆），它它（施施）巸巸（熙熙），男女無碁（期），子子孫孫，永保用之。

出土時地：清光緒十九年（一八九三）河北易縣燕下都故城

遞藏：盛昱

現藏：美國紐約大都會藝術博物館

著録：《總集》3096、《三代》8•35•1、《奇觚》3•29、《周金》4•20•2、《小校》8•35•1、《山東存》紀2•2、《大系》25•41、《歐精華》3•203、《通考》390、《美集録》422、《銘文選》860、《集成》4645、《商周》6076

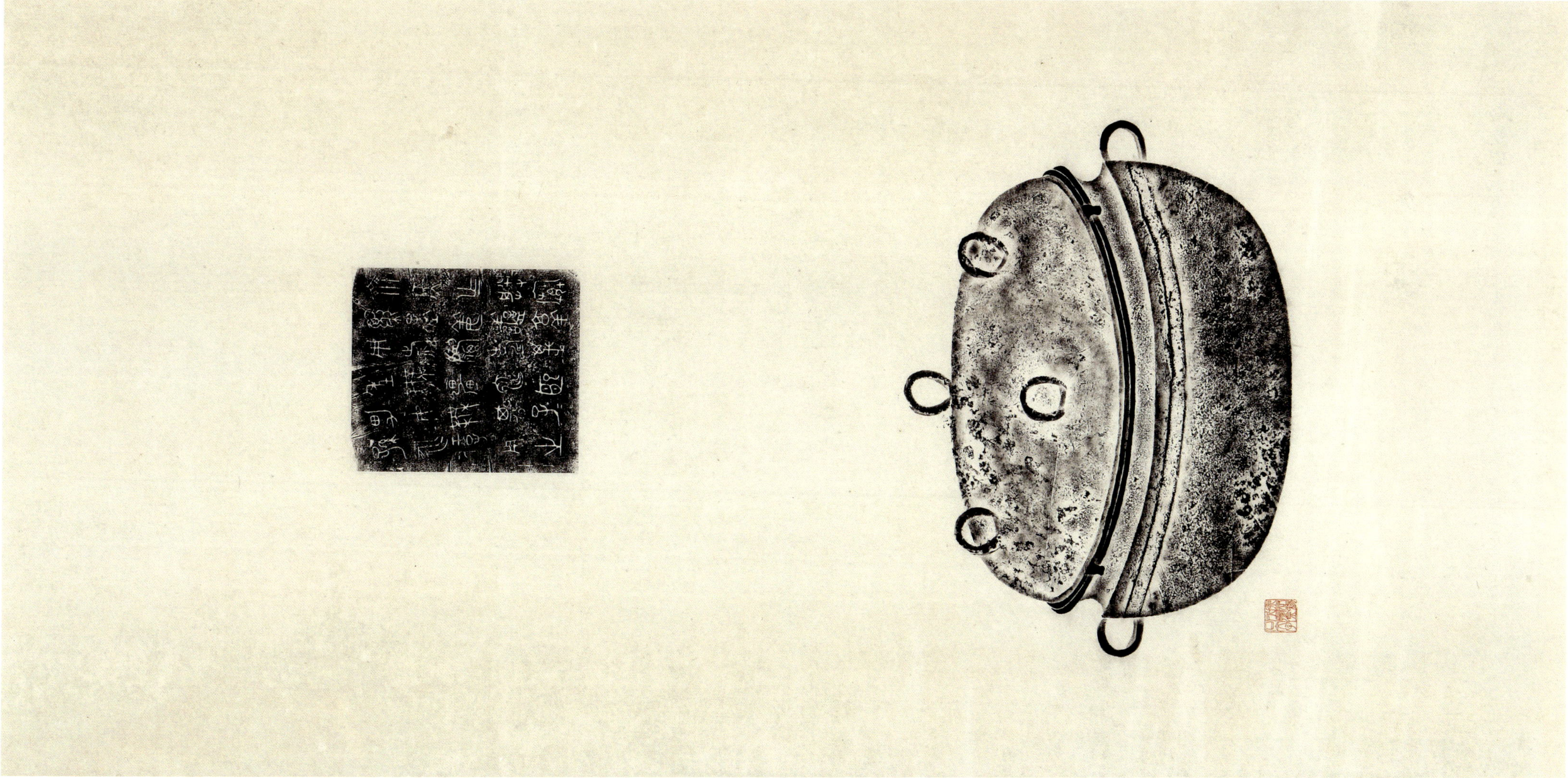

齊侯盤全形拓

拓本信息

時期：清
尺寸：橫五五厘米，縱一二五厘米
製拓：原君錫
鈐印：原君錫所拓金石文字、王懿榮印、獻唐審定
題跋：王懿榮題跋：此四器近年直隸完縣所出，與同治間山西榮河所出齊侯鎛字形相同，即此五器文亦與宋人著録各齊器之文相出入，俱以姜齊之器形製與秦漢之際各器相類，吾固疑其爲宋人所仿，爲後又入於土者，世有真鑒請視此語。君錫先生屬題。懿榮記。

器物信息

器名：齊侯盤
類別：水器
時期：春秋晚期
尺寸：通高八點二厘米，口徑四三點七厘米
釋文：齊厌（侯）乍（作）賸（媵）寡圈孟姜盥般（盤），用旛（祈）鬚（眉）耇（壽），萬（萬）年無彊（疆），它它（施施）配配（熙熙），男女無碁（期），子子孫孫，永保用之。
出土時地：清光緒十九年（一八九三）河北易縣燕下都故城
遞藏：盛昱
現藏：美國紐約大都會藝術博物館
著録：《總集》6779、《三代》17·16·4、《奇觚》8·14、《周金》4·7、《大系》253、《小校》9·78·1、《山東存》紀3、《周録》845、《美集録》423、《彙編》4·197、《銘文選》859、《集成》10159、《商周》14518

此匜器近年真隸完縣所出與同治間山西榮河所出齊侯鑄字形相同即此五器文亦與
宋人著錄各齋器之文相出入俱以姜齋之器形製與秦漢之際各器相類吾固疑其
為宋人所仿為後又入於土者也有真鑒請視此語
共錫先生屬題　懿榮記

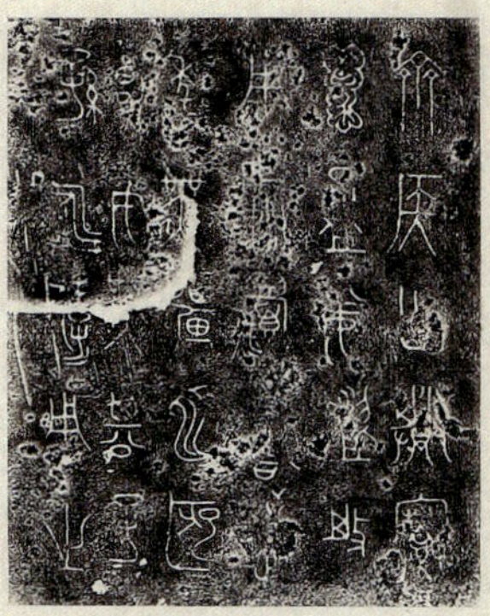

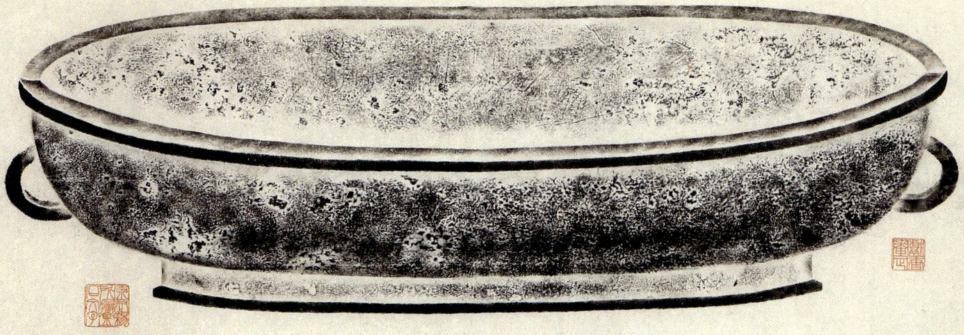

陳介祺後裔監拓王獻唐跋十鐘山房藏鐘全形拓十二條屏

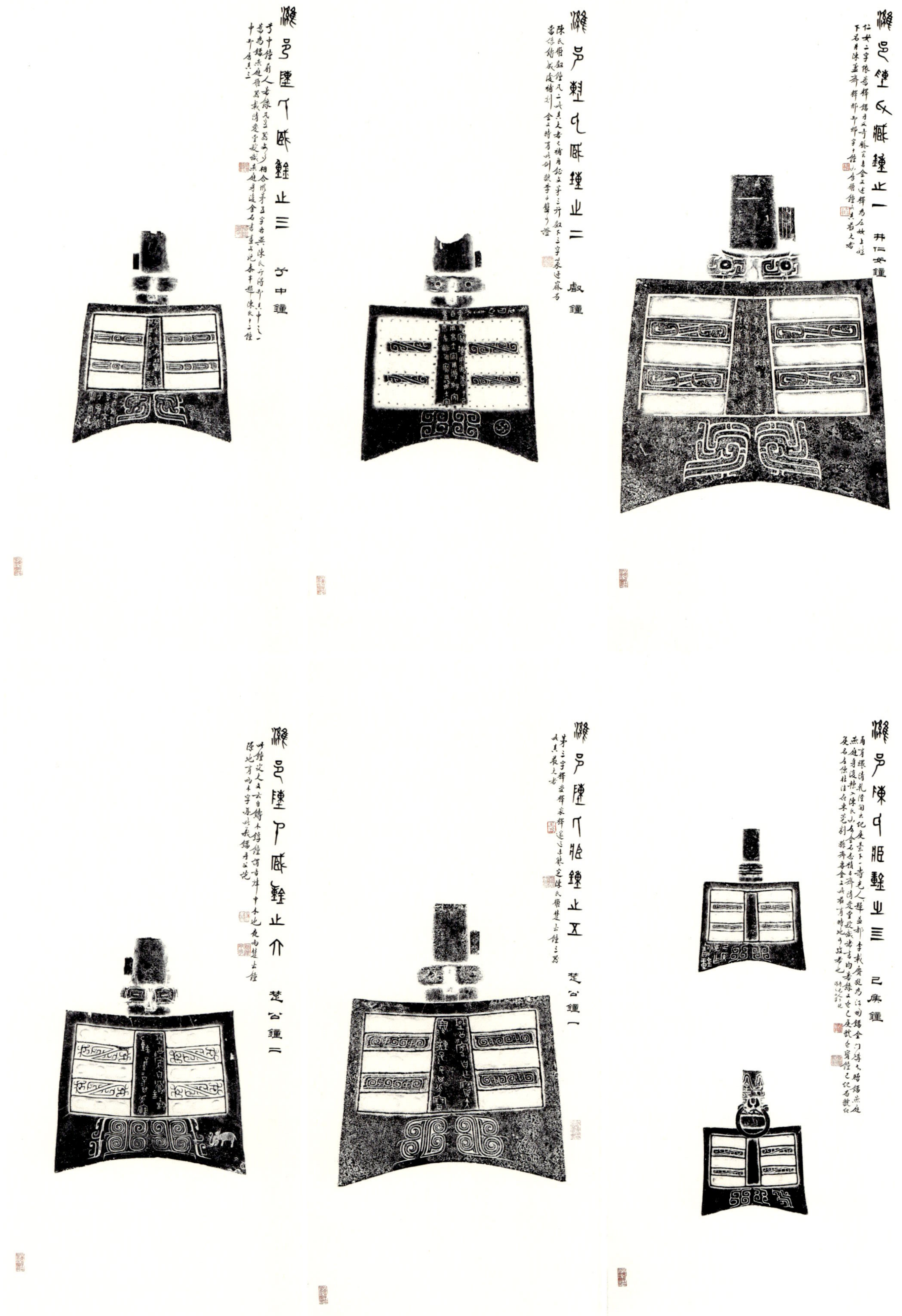

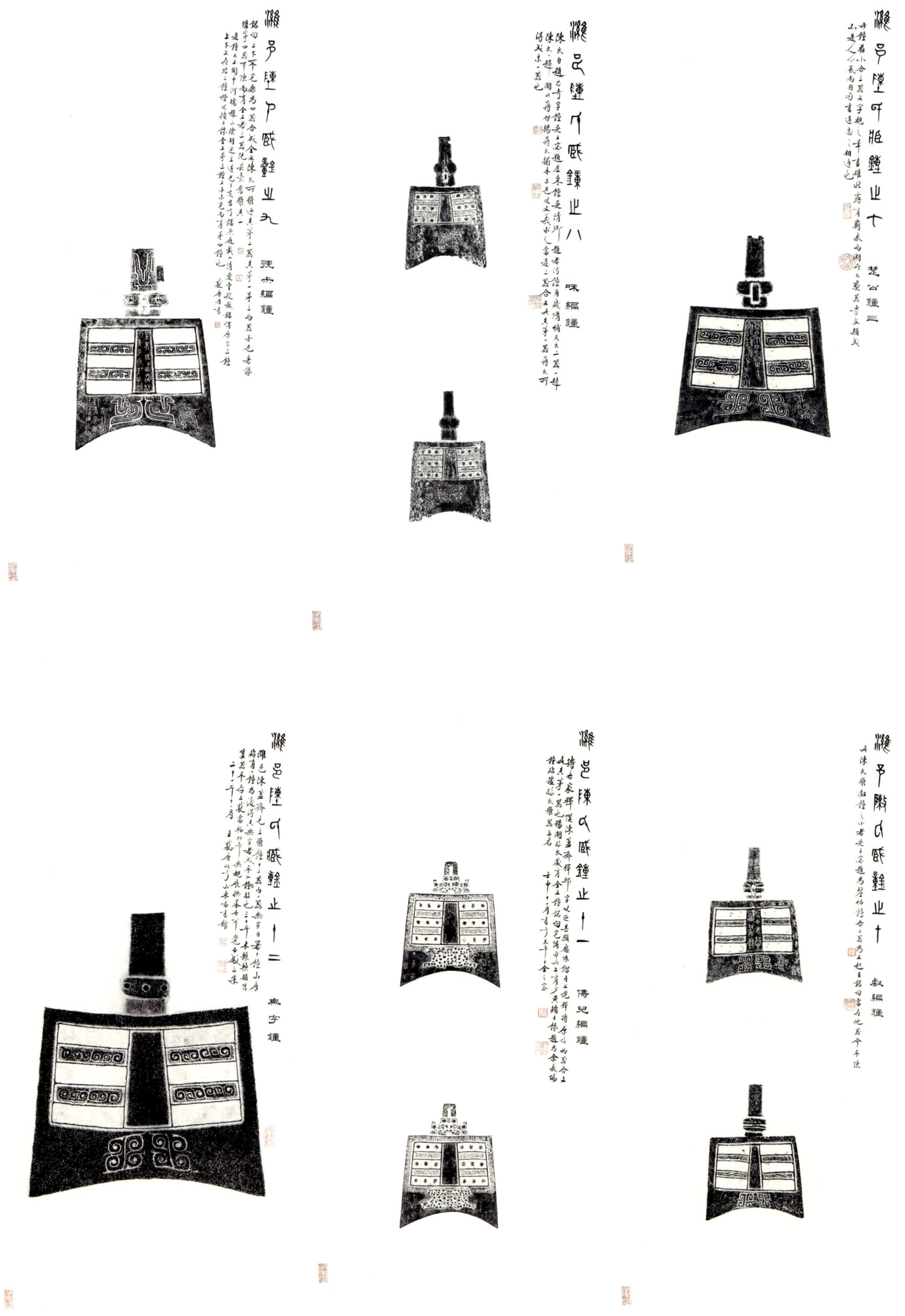

井人妄鐘全形拓

拓本信息

時期：清末民初

尺寸：横五二厘米，縱一三三厘米

監拓：陳介祺後裔

鈐印：山東省立圖書館藏、獻唐、太平十全之室

題跋：王獻唐題跋：濰邑陳氏藏鐘之一。井仁妄鐘。

『仁妄』二字依舊釋，劉丹父《奇觚室吉金文述》釋爲『尼妞』，上姓下名。井，陳簠齋釋『邢』，即邢字。十鐘山房藏鐘，此其最大者。

流傳：敬古齋王仁敬、山東省立圖書館

備注：《王譜》一九三一年八月二十七日：『王允敬來，送陳氏所藏十一鐘拓本，爲圖書館留之。』

器物信息

器名：井人妄鐘（妄鐘、邢人鐘）

類别：樂器

時期：西周晚期

尺寸：通高六四點六厘米

釋文：井（邢）人人妄曰：覭盄（淑）文且（祖）、皇考克質（哲）卑（厥）德，賓（得）屯（純）用魯，永終於吉，妄不敢弗帥用文且（祖）、皇考。穆穆秉德。妄憲憲（憲憲）聖趩（爽），疐處。

出土時地：不明

遞藏：劉喜海、陳介祺

現藏：日本京都泉屋博古館

著録：《總集》7047、《三代》1•24•2-1•25•1、《積古》3•7、《筠清》5•28、《綴遺》1•14、《攈古》3•1•18、《奇觚》9•17、《周金》1•53、《簠齋》1鐘1、《大系》140-141、《小校》1•35（又1•39•2）、《海外吉》132、《通考》950、《泉屋博古》147、《集成》111、《商周》15322、《國圖拓》6•1574、《北圖拓》15

虘鐘全形拓

拓本信息

時期：清末民初

尺寸：横五二厘米，縱一三三厘米

監拓：陳介祺後裔

鈐印：山東省立圖書館藏、獻唐題記

題跋：王獻唐題跋：濰邑陳氏藏鐘之二。䱷鐘。陳氏藏䱷鐘凡二，此其大者，已補角。鉦文第三行『䱷』下三字篆迹窳劣，當係鑄成後補刻，金文時有此例，號季子盤可證。

流傳：敬古齋王仁敬、山東省立圖書館

器物信息

器名：虘鐘（䱷鐘）

類别：樂器

時期：西周中期

尺寸：通高四四點九厘米

釋文：隹（唯）正月初吉丁亥，虘乍（作）寶鐘，用追孝於己白(伯)，用亯(享）大宗，用濼(樂)好宥（賓），虘眔耑（蔡）姬永寶，用卲大宗。

出土時地：不明

遞藏：劉喜海、陳介祺

現藏：日本京都泉屋博古館

著録：《總集》7021、《三代》1·17·1、《愙齋》2·10、《綴遺》1·24、《奇觚》9·11、《周金》1·57、《簠齋》1鐘2、《海外吉》135、《小校》1·28·1、《山東存》紀4、《通考》953、《彙編》4·194、《銘文選》390甲、《泉屋博古》144、《集成》88、《商周》15269、《國圖拓》6·1536、《北圖拓》14

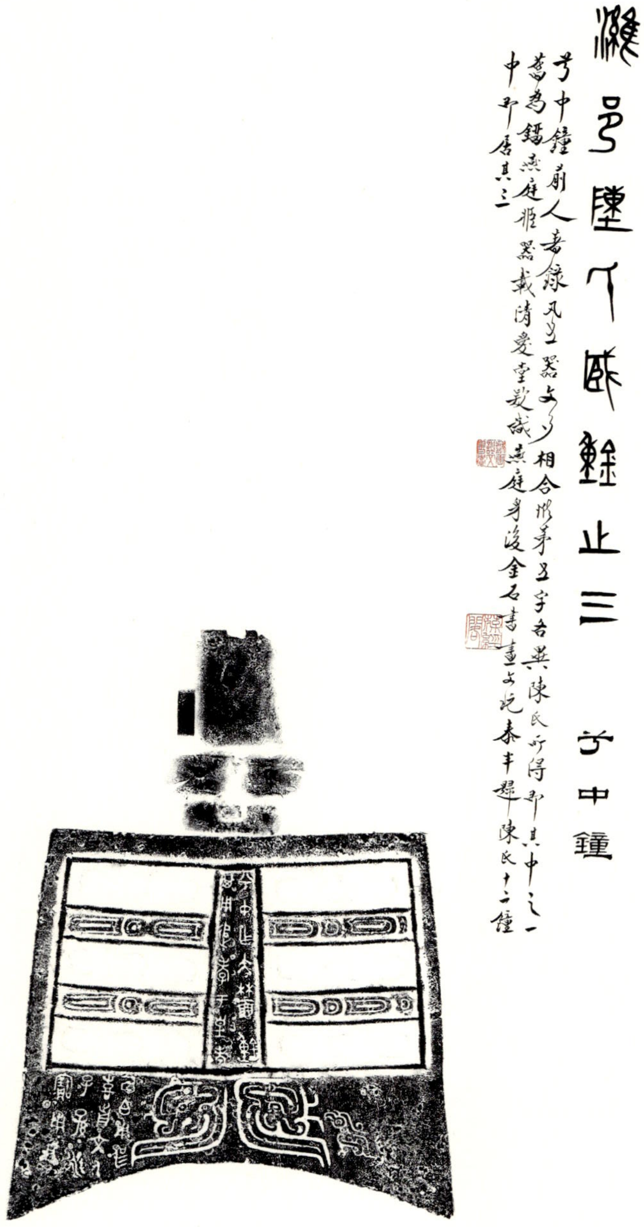

兮中鐘全形拓

拓本信息

時期：清末民初

尺寸：横五二厘米，縱一三三厘米

監拓：陳介祺後裔

鈐印：山東省立圖書館藏、獻唐詩文書畫、葆經閣

題跋：王獻唐題跋：濰邑陳氏藏鐘之三。兮中鐘。兮中鐘前人著録凡五器，文多相合，惟第五字各異，陳氏所得即其中之一，舊爲鎦（劉）燕庭藏器，載《清愛堂款識》。燕庭身後，金石書畫文玩泰半歸陳氏，十二鐘中即居其三。

流傳：敬古齋王仁敬、山東省立圖書館

器物信息

信息見前陳介祺監拓兮中鐘全形拓

己侯虓鐘全形拓

拓本信息

時期：清末民初

尺寸：横五二厘米，縱一三三厘米

監拓：陳介祺後裔

鈐印：山東省立圖書館藏、小三昧室、獻唐題記

題跋：王獻唐題跋：濰邑陳氏藏鐘之四。己侯鐘。甬有環，清乾隆間出紀侯臺下，一壽光人，歸益都李載賡，旋爲江西劉金門購去，贈鎦（劉）燕庭。燕庭身後，轉入陳氏，《山左金石志》《積古齋》《清愛堂款識》諸書均著録，文作『己侯虓作寶鐘』。己，紀省。虓，紀侯名，《左傳》杜注在東莞劇縣，齊魯金文此最有時地可考者也。（『壽光』人下漏『得之』二字。）

流傳：敬古齋王仁敬、山東省立圖書館

器物信息

信息見前陳介祺監拓己侯虓鐘全形拓

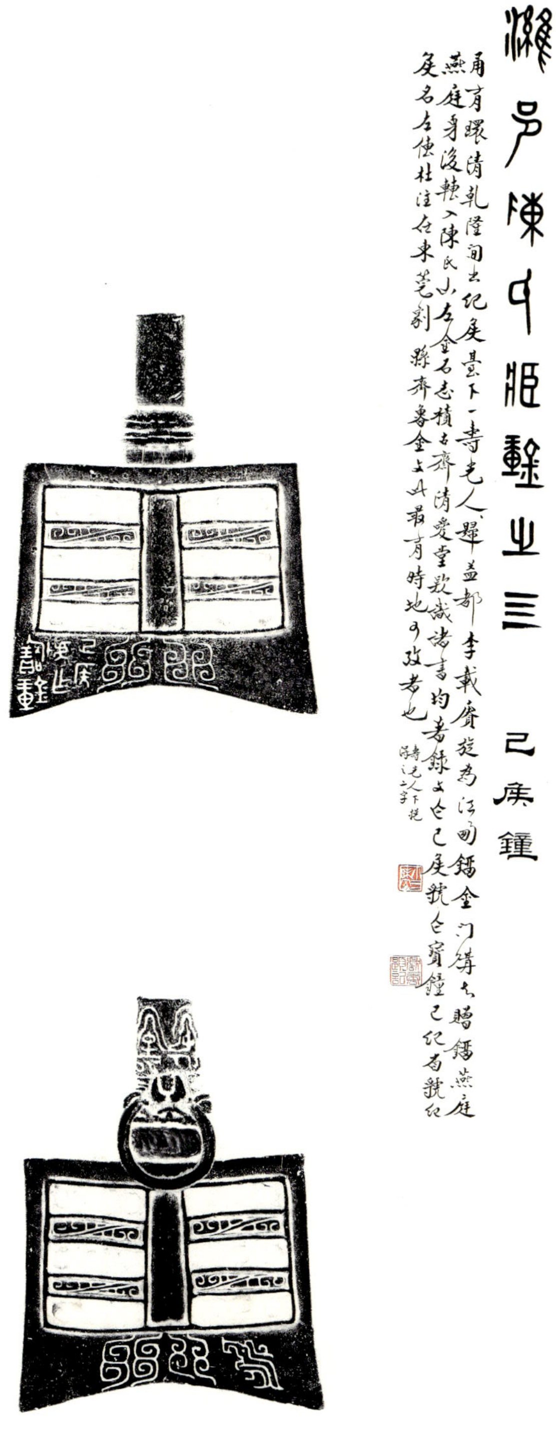

楚公彖鐘全形拓

拓本信息

時期：清末民初

尺寸：橫五二厘米，縱一三三厘米

監拓：陳介祺後裔

鈐印：山東省立圖書館藏、獻唐審定金石書畫、王、顧黄書寮

題跋：王獻唐題跋：濰邑陳氏藏鐘之五。楚公鐘一。第三字釋『受』釋『家』釋『遂』，迄未能定。陳氏藏楚公鐘三器，此其最大者。

流傳：敬古齋王仁敬、山東省立圖書館

器物信息

器名：楚公彖鐘（楚公家鐘）

類別：樂器

時期：西周中晚期

尺寸：通高五三點二厘米

釋文：楚公彖自乍（作）寶大斆（林）鐘，孫孫子子其永寶。

出土時地：不明

遞藏：陳介祺

現藏：日本京都泉屋博古館

著録：《總集》6995、《三代》1•6•1、《攈古》2•2•22、《愙齋》2•3•2-4•1、《綴遺》1•3•1、《奇觚》9•3•2、《周金》1•68•1、《簠齋》1鐘6、《大系》178•2、《小校》1•14•1、《海外吉》129、《銅玉》114、《彙編》5•371、《銘文選》468、《泉屋博古》150（大）、《集成》43、《商周》15170、《國圖拓》6•1554、《北圖拓》7

楚公冡鐘全形拓

拓本信息

時期：清末民初

尺寸：橫五二厘米，縱一三三厘米

監拓：陳介祺後裔

鈐印：山東省立圖書館藏、獻唐書畫、棲禪亭長

題跋：王獻唐題跋：濰邑陳氏藏鐘之六。楚公鐘二。此鐘次大。文云『自鑄木鎛鐘』，謂音律中木也。夜雨楚公鐘隙地有兩木字，亦此義，劉丹父說。

流傳：敬古齋王仁敬、山東省立圖書館

器物信息

器名：楚公冡鐘（楚公家鐘）

類別：樂器

時期：西周中晚期

尺寸：通高四四點一厘米

釋文：楚公冡自鑑（鑄）鍚（錫）鐘，孫孫子子其永寶（寶）。

出土時地：不明

遞藏：陳介祺

現藏：日本京都泉屋博古館

著録：《總集》6994、《三代》1•5•2、《從古》13•3•1、《攈古》2•2•22、《愙齋》2•2•2-3•1、《綴遺》1•4、《奇觚》9•5•2、《周金》1•69•1、《大系》178•4、《小校》1•17•2、《海外吉》130、《簠齋》1鐘7、《通考》945、《彙編》5•373、《吉志》6•112、《泉屋博古》151、《集成》42、《商周》15171、《國圖拓》6•1550-1553、《北圖拓》6

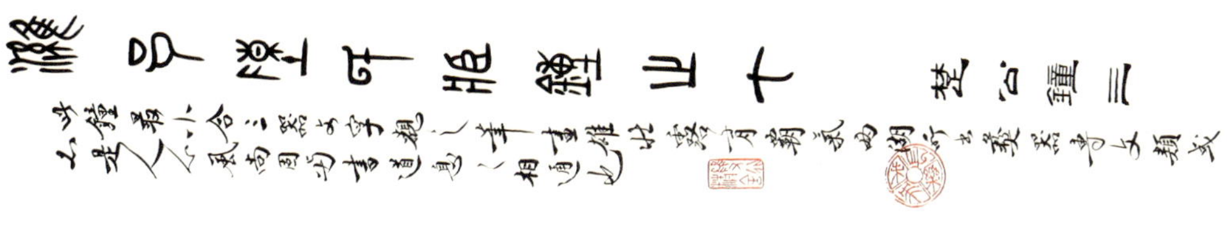

楚公豪鐘全形拓

拓本信息

時期：清末民初

尺寸：橫五二厘米，縱一三三厘米

監拓：陳介祺後裔

鈐印：山東省立圖書館藏，雙行精舍，長樂未央

題跋：王獻唐題跋：濰邑陳氏藏鐘之七。楚公鐘三。此鐘最小，合三器文字觀之，筆畫雄壯，露有霸氣，兩湖所出彝器事文類，或亦是人心風尚，固與書道息息相通也。

流傳：敬古齋王仁敬，山東省立圖書館

器物信息

器名：楚公豪鐘（楚公家鐘）

類別：樂器

時期：西周中晚期

尺寸：通高三六點七厘米

釋文：楚公豪自乍（作）寶大歠（林）鐘，孫孫子子其永寶。

出土時地：不明

遞藏：陳介祺

現藏：日本京都泉屋博古館

著錄：《總集》6996，《三代》1·6·2，《愙齋》2·1，《綴遺》1·5·1，《奇觚》9·4·2，《周金》1·69·2，《簠齋》1鐘8，《海外吉》131，《大系》178·1，《小校》1·15·2，《通考》946，《彙編》5·371，《泉屋博古》150（大），《集成》44，《商周》15172，《國圖拓》6·1556

者汈鐘全形拓

拓本信息

時期：清末民初

尺寸：横五二厘米，縱一三三厘米

監拓：陳介祺後裔

鈐印：山東省立圖書館藏、王獻唐、與古爲徒、葆經閣

題跋：王獻唐題跋：濰邑陳氏藏鐘之八。和編鐘。陳氏自題爲奇字鐘，吴子宓題虘秉鐘，吴清卿題者汈鐘。角殘修補。凡出二器，一歸陳氏，一歸湖北蔣啓揚，蔣氏拓本未見，以文義求之，當是二器合文。此其第一器，蔣氏所得或末一器也。

流傳：敬古齋王仁敬、山東省立圖書館

器物信息

信息見前陳介祺監拓者汈鐘全形拓

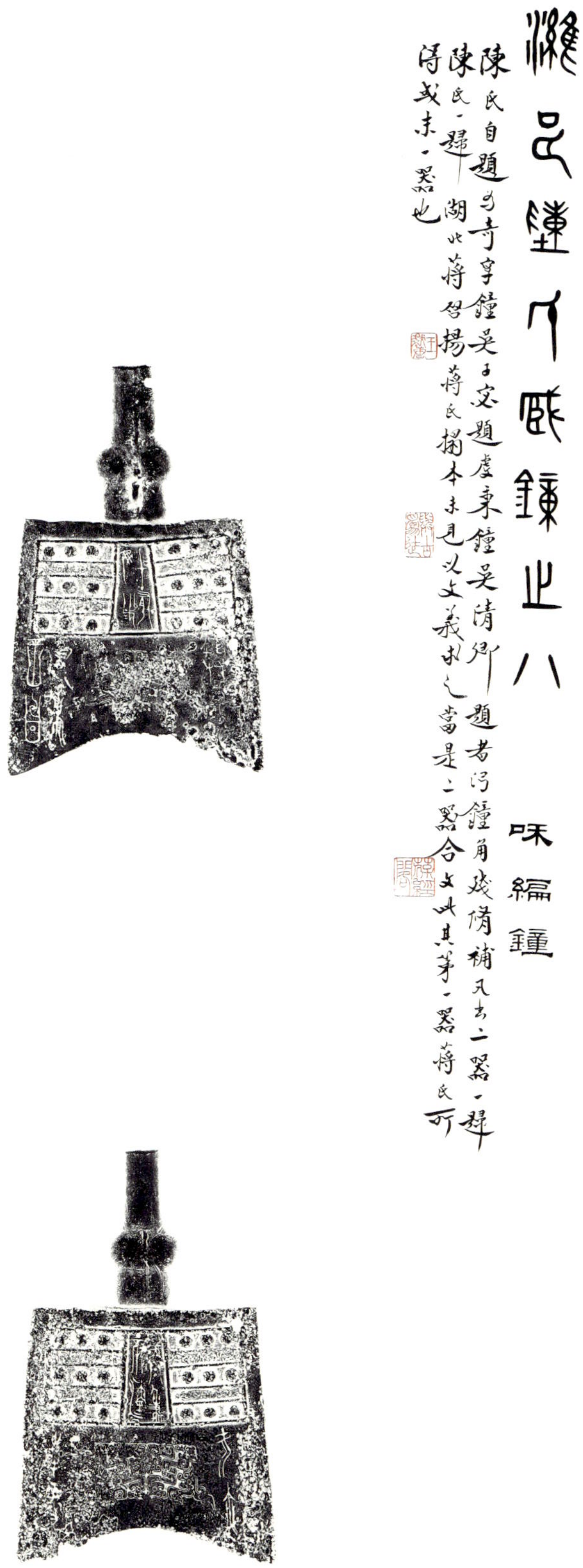

號叔旅鐘全形拓

拓本信息

時期：清末民初

尺寸：橫五二厘米，縱一三三厘米

監拓：陳介祺後裔

鈐印：山東省立圖書館藏、五硯主人、王、獻唐

題跋：王獻唐題跋：濰邑陳氏藏鐘之九。號叔編鐘。銘詞上下不完，原爲四器合成全文。陳氏所藏乃其第二器。其第一、第三兩器亦見著録。惟第四器不傳，尚有全文者三器，阮芸臺舊藏其一。

是鐘出土關中河壖，歸山陰胡定生，道光丁亥售於鎦（劉）燕庭，載入《清愛堂款識》，鎦（劉）謂原爲三鐘，上下文在彼二鐘，證以《攈古録金文》第三鐘，文亦未完，尚有第四鐘也。獻唐再書。

流傳：敬古齋王仁敬、山東省立圖書館

器物信息

器名：虢叔旅鐘

類別：樂器

時期：西周晚期

尺寸：通高三六厘米

釋文：皇考威義（儀），淄（祗）御于天子。迺天子多易（錫）旅休。旅對天子魯休䚄（揚），用乍（作）朕（朕）……

出土時地：傳清末陝西寶鷄虢川司，或長安河壖（《窓賸》）

遞藏：胡生海、劉喜海、陳介祺

現藏：日本京都泉屋博古館

著録：《總集》7155、《三代》1·61·2、《清愛》2、《筠清》5·27、《攈古》3·2·5·2、《窓齋》1·16·1、《綴遺》1·22、《奇觚》9·32、《從古》10·5、《周金》1·10、《簠齋》1鐘10、《大系》13、《小校》1·88、《海外吉》134、《通考》947、《彙編》4·171、《綜覽》鐘47、《泉屋博古》146、《集成》243、《商周》15589、《國圖拓》6·1558-1563、《北圖拓》11

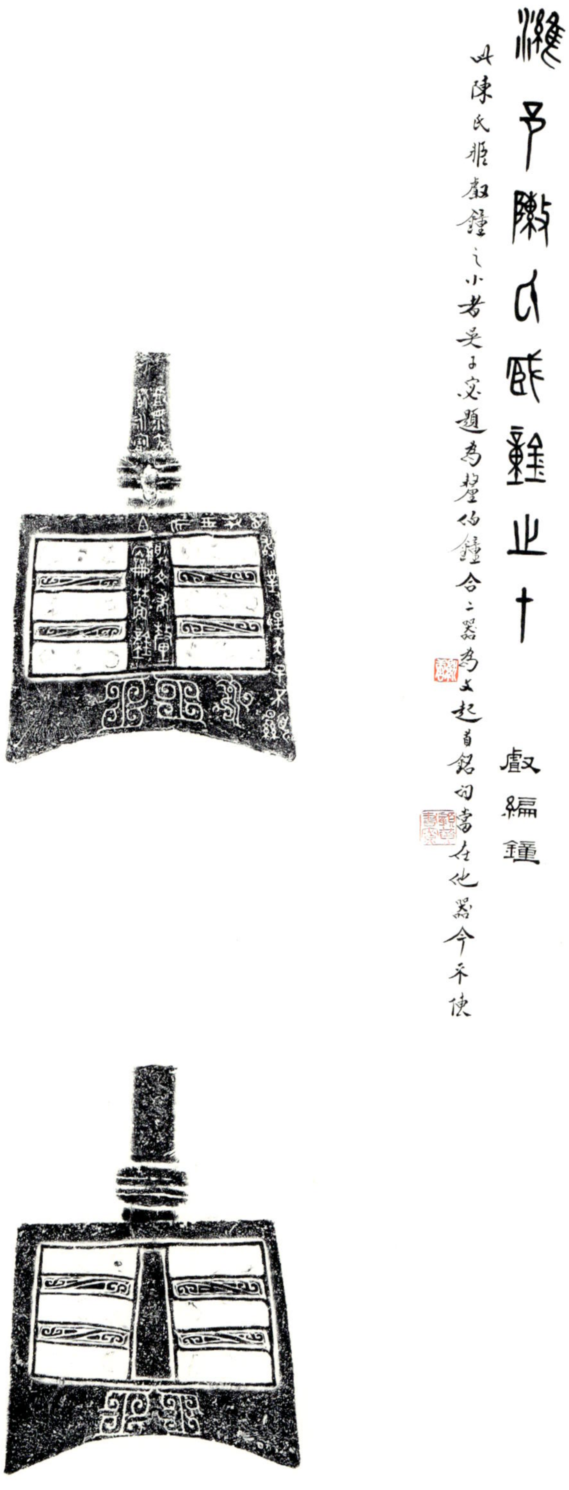

虘鐘全形拓

拓本信息

時期：清末民初

尺寸：橫五二厘米，縱一三三厘米

監拓：陳介祺後裔

鈐印：山東省立圖書館藏、獻唐、顧黄書寮

題跋：王獻唐題跋：濰邑陳氏藏鐘之十。䱷編鐘。
此陳氏藏䱷鐘之小者，吳子苾題爲鼄伯鐘。
合二器爲文，起首銘詞當在他器，今不傳。

流傳：敬古齋王仁敬、山東省立圖書館

器物信息

信息見前陳介祺監拓虘鐘全形拓

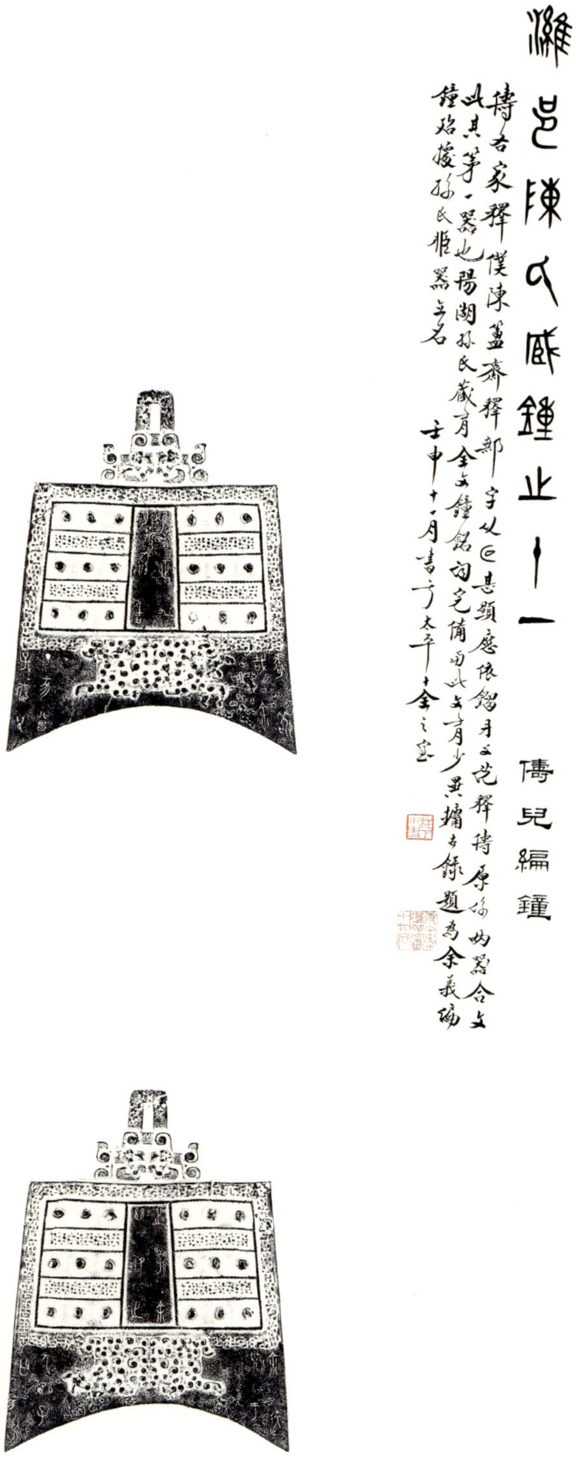

余購逐兒鐘全形拓

拓本信息

時期：清末民初

尺寸：横五二厘米，縱一三三厘米

監拓：陳介祺後裔

鈐印：山東省立圖書館藏、柱下小吏、庚午年得漢畫十七石

題跋：王獻唐題跋：濰邑陳氏藏鐘之十一。儔兒編鐘。儔，各家釋僕。陳簠齋釋『鄦』，字從𠤎甚顯。應依鎦（劉）丹父説，釋儔。原係兩器合文。此其第一器也。陽湖孫氏藏有全文鐘，銘詞完備，與此文有少異。《攈古録》題爲余義編鐘，殆據孫氏藏器立名。壬申十一月書於太平十全之室。

流傳：敬古齋王仁敬、山東省立圖書館

器物信息

信息見前陳介祺監拓余購逐兒鐘全形拓

無字鐘全形拓

拓本信息

時期：清末民初

尺寸：橫五二厘米，縱一三三厘米

監拓：陳介祺後裔

鈐印：獻唐審定金石書畫、山東省立圖書館藏、守藏吏、獻唐詩文書畫

題跋：王獻唐題跋：濰邑陳氏藏鐘之十二。無字鐘。濰邑陳簠齋先生藏鐘十二器，内一器無字，自署『十鐘山房』，殆有一鐘爲後得。其無字者或不入録故也。三十年來輾轉販售，隻器不存，文獻當軸相率無睹，展撫墨本，不覺百感交集。二十一年十一月，王獻唐記於山東圖書館。

流傳：敬古齋王仁敬、山東省立圖書館

器物信息

器名：無字鐘

類别：樂器

時期：周

出土時地：不明

遞藏：陳介祺

現藏：不明

備注：《秦前》：『伯寅尊兄少農世大人臺座八月八日奉手書……無字鐘多薄，余藏其八，平生所見亦一二十器。』

陳介祺後裔監拓齊量三器全形拓

齊左關鋘

膠州靈山衛出土濰邑陳氏舊藏
山東圖書館藏本

陳純釜全形拓

拓本信息

時期：清末民初

尺寸：横五二厘米，縱一三三厘米

監拓：陳介祺後裔

鈐印：山東省立圖書館藏、獻唐審定金石書畫

流傳：敬古齋王仁敬、山東省立圖書館

器物信息

信息見前陳介祺監拓陳純釜全形拓

備注：三量拓本先後聚於山東省圖書館。《王譜》一九三二年十一月二十八日：『路過敬古齋，取其秦元年詔版（已殘角，見《長安獲古編》）……齊甌全角拓一軸（陳介祺藏器）。』一九三三年一月三日：『王筌甫來，由濰縣帶來古物字畫計鎏金殘佛片一事……陳氏藏田氏量全形拓（凡三器，日前已得一器，合此爲二，尚有左關鋘未獲）。』二月十五日，敬古齋又送『左關鋘全形拓本一軸，前得二器，合此則膠州所出田氏三器全矣』。

子禾子釜全形拓

拓本信息

時期：清末民初

監拓：陳介祺後裔

尺寸：橫五二厘米，縱一三三厘米

鈐印：山東省立圖書館藏

流傳：敬古齋王仁敬、山東省立圖書館

器物信息

器名：子禾子釜

類别：權量器

時期：戰國中期

尺寸：通高三八點五厘米，口徑二二點三厘米，腹徑三一點八厘米，底徑一九厘米

釋文：□□立（涖）事歲，禝月丙午，子禾（和）子□□内者御梠（莒）市，□命誃陞（陳）㝵（得）：左關釜（釜）節于敶（廩）釜（釜）。關鉌節于敶（廩）柈（半）。關人築桿戚釜（釜）。閉料于□外，𩰫釜（釜）而車人制之。而台（以）發退，女（汝）關人，不用命，則寅之，御關人□□丌（其）事。中刑斤遂（殺）。贖台（以）金半鎰（鈞）。□□丌（其）乑。氒（厥）辟□述（遂）。贖台（以）□犀。□命者。于丌（其）事區夫。丘關之釜（釜）。

出土時地：清咸豐七年（一八五七）山東膠縣（今青島膠南）靈山衛古城

遞藏：陳介祺、上海博物館

現藏：中國國家博物館

著録：《總集》7871、《三代》18•23•2、《窓齋》24•1、《綴遺》28•18•1、《奇觚》6•35•2-36•1、《簠齋》3區1、《周金》6•122•1、《大系》261•2、《小校》9•104•2、《山東存》齊20•3、《度量衡》78、《銘文選》856、《青全》9•44、《辭典》914、《集成》10374、《商周》18818

左關之鋘全形拓

拓本信息

時期：清末民初

尺寸：横五二厘米，縱一三三厘米

監拓：陳介祺後裔

鈐印：海嶽樓、獻唐審定金石文字

題跋：王獻唐題跋：齊左關鋘。膠西靈山衛出土，濰邑陳氏舊藏。山東圖書館藏本。

流傳：敬古齋王仁敬、山東省立圖書館

器物信息

器名：左關之鋘

類別：權量器

時期：戰國中期

尺寸：通高一〇點八厘米，口徑一九點四厘米

釋文：左關之鈚（鋘）

出土時地：清咸豐七年（一八五七）山東膠縣（今青島膠南）靈山衛古城

遞藏：陳介祺

現藏：上海博物館

著録：《總集》7872、《三代》18·17·1、《愙齋》24·5·1、《綴遺》28·21·1、《奇觚》6·37·1、《周金》6·123·1、《簠齋》3·27·1、《善齋》12·1·2、《大系》262·2、《小校》9·103·8、《善彝》168·2、《通考》913、《山東存》齊22·1、《度量衡》80、《銘文選》858、《辭典》915、《上海》（2004）594、《集成》10368、《商周》18809、《國圖拓》7·1832、《北圖拓》256

齊左關鋘

膠西靈山衛出土濰邑陳氏舊拓
山東圖書館拓本

清供及頴拓

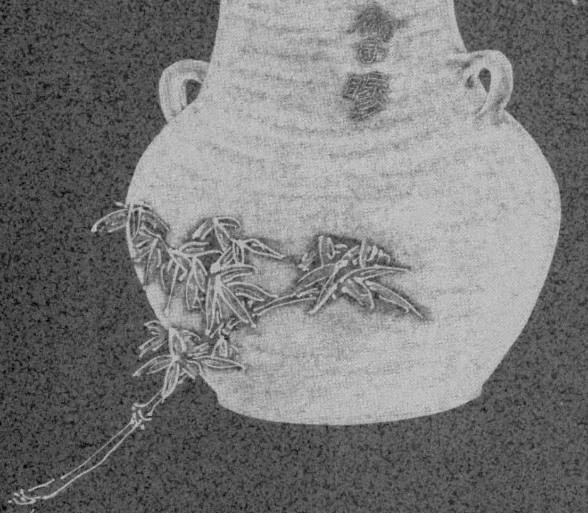

黃賓虹齊陽瓦罍清供圖

拓本信息

時期：清末民初

尺寸：横六九厘米，縱一二〇厘米

鈐印：黃賓虹

補繪：黃賓虹

題跋：黃賓虹題跋：齊陽瓦罍。六國文字之異體，予向補圖。

器物信息

器名：陶罍

類别：酒器

時期：戰國

出土時地：疑古齊地

遞藏：方子才

現藏：不明

著録：不明

備注：《王獻唐金石書畫輯存・跋齊陶罍文字》：『歙邑方子才於齊地得古陶罍，面、背各作劃文三字，甚奇肆。』

齊陽瓦罍
六國文字之異體
子向補圖

姚華穎拓古器四條屏

拓本信息

時期：清末民初

尺寸：橫三六厘米，縱八〇厘米

穎拓匜君壺

鈐印：茫父、茫父手拓金石、茫父、姚華、茫

題跋：姚華題跋：商匜君壺銘器。

此器高七寸九分，口徑二寸，腹有橫柄，底徑四寸七分。

此爲簠齋陳氏寶，銘刻於器之腹上，文十餘字，未殘可識，兹得拓本，用穎法摹之。茫父并記。

穎拓周夌壺

鈐印：茫父、茫父手拓金石、茫父、姚華私印、茫父

題跋：姚華題跋：周周夌壺銘器。

此器高七寸六分，口徑二寸五分，底三寸四分，左右兩環耳。

此菊如張士保所藏，銘刻在器内口下，文字不缺，可稱希世珍品，兹從拓本用以穎法摹之并記耳。茫父。

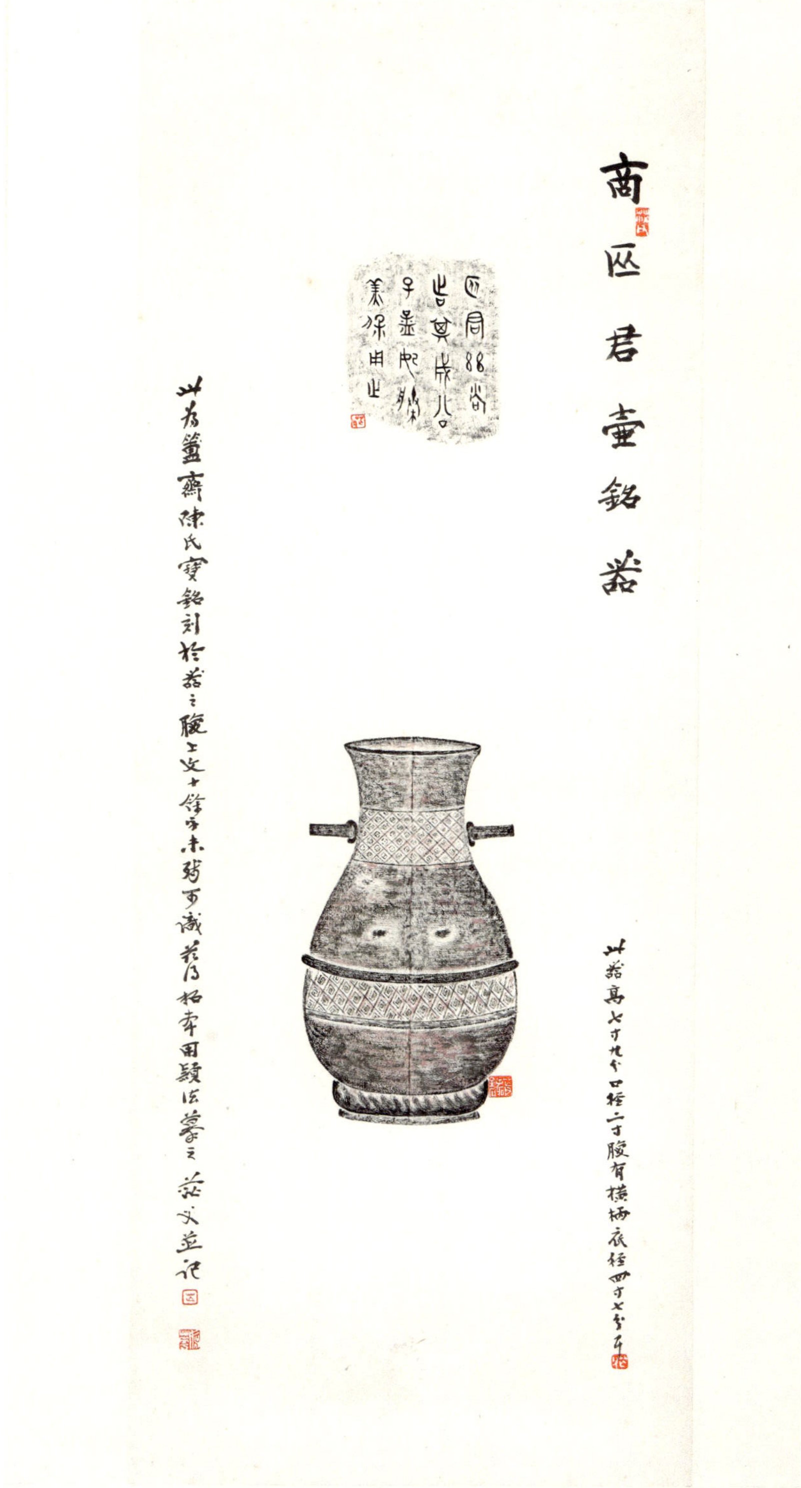

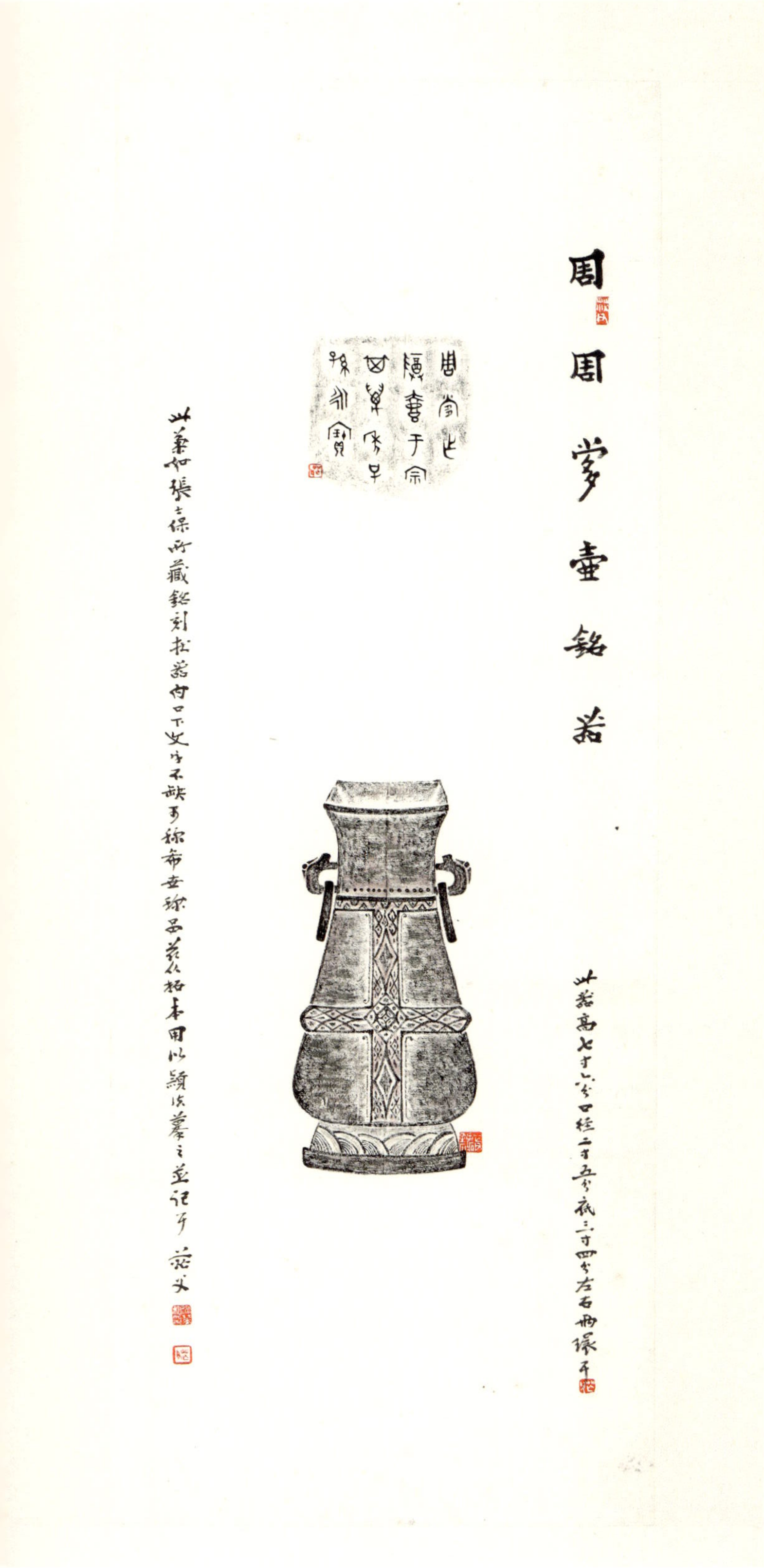

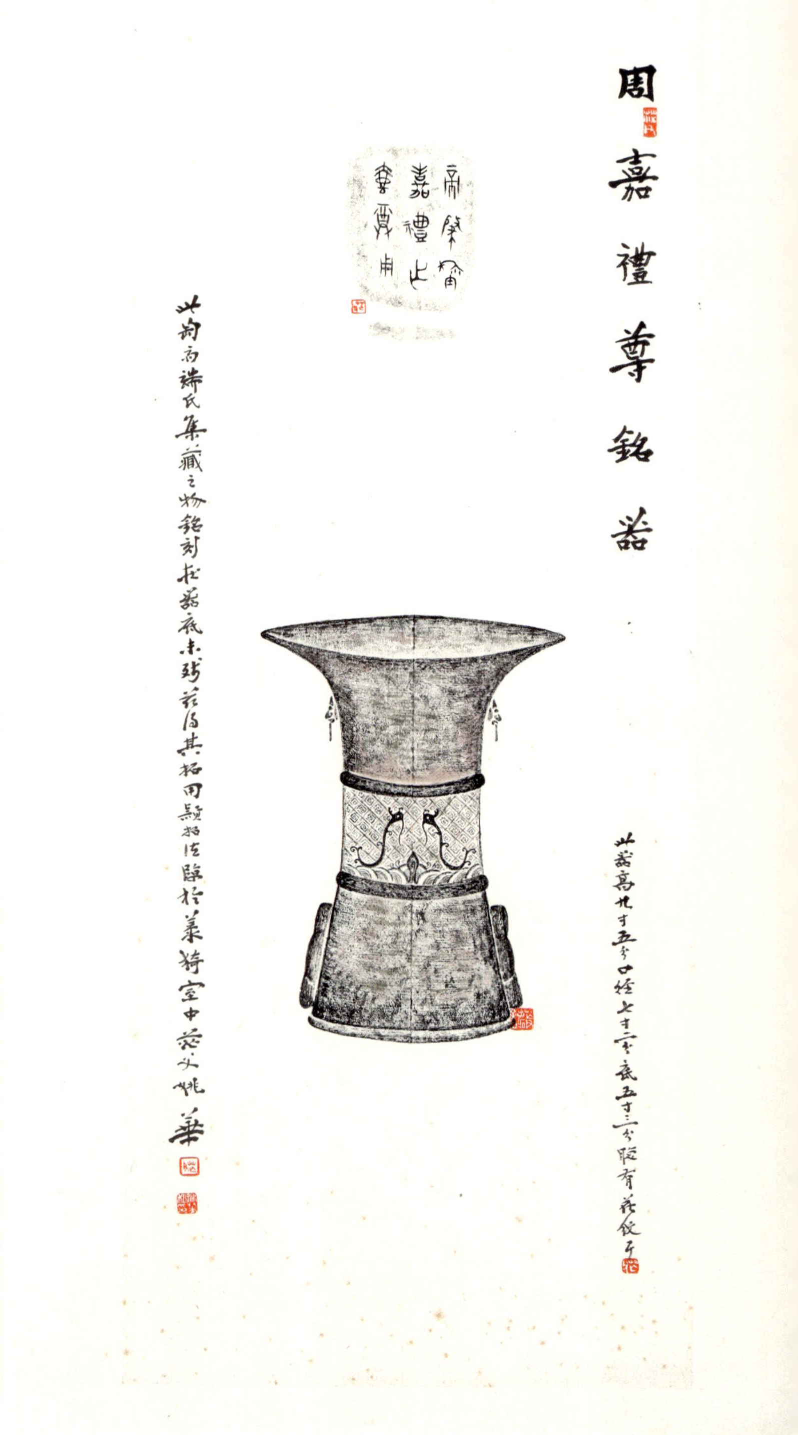

穎拓嘉禮尊

鈐印：茫父、茫父、茫父手拓金石、茫父、姚華私印

題跋：姚華題跋：周嘉禮尊銘器。此器高九寸五分，口徑七寸二分，底五寸三分，腹有花紋。此匋齋端氏集藏之物，銘刻在器底未殘，茲得其拓，用穎拓法臨於蒹猗室中，茫父姚華。

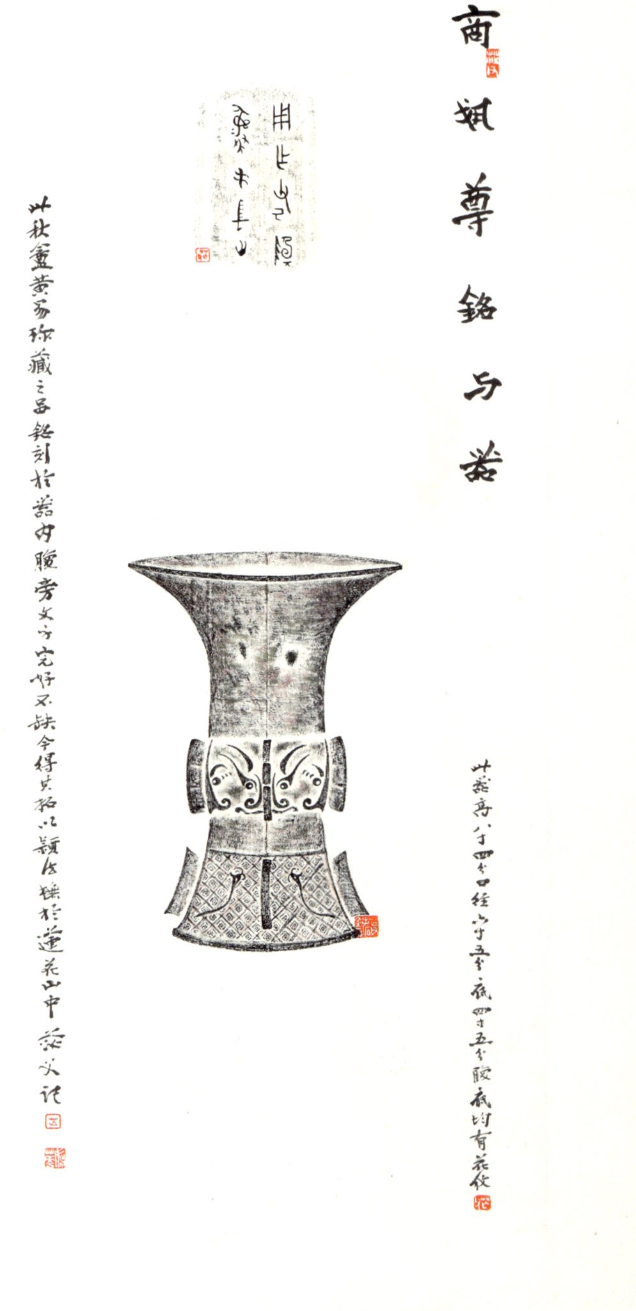

穎拓娸尊

鈐印：茫父、茫父、茫父手拓金石、茫父、姚華私印

題跋：姚華題跋：商娸尊銘與器。此器高八寸四分，口徑六寸五分，腹底均有花紋。此秋盦黃易珍藏之品，銘刻在器内腹旁，文字完好不缺，今得其拓，以穎法槱於蓮花山中，茫父記。

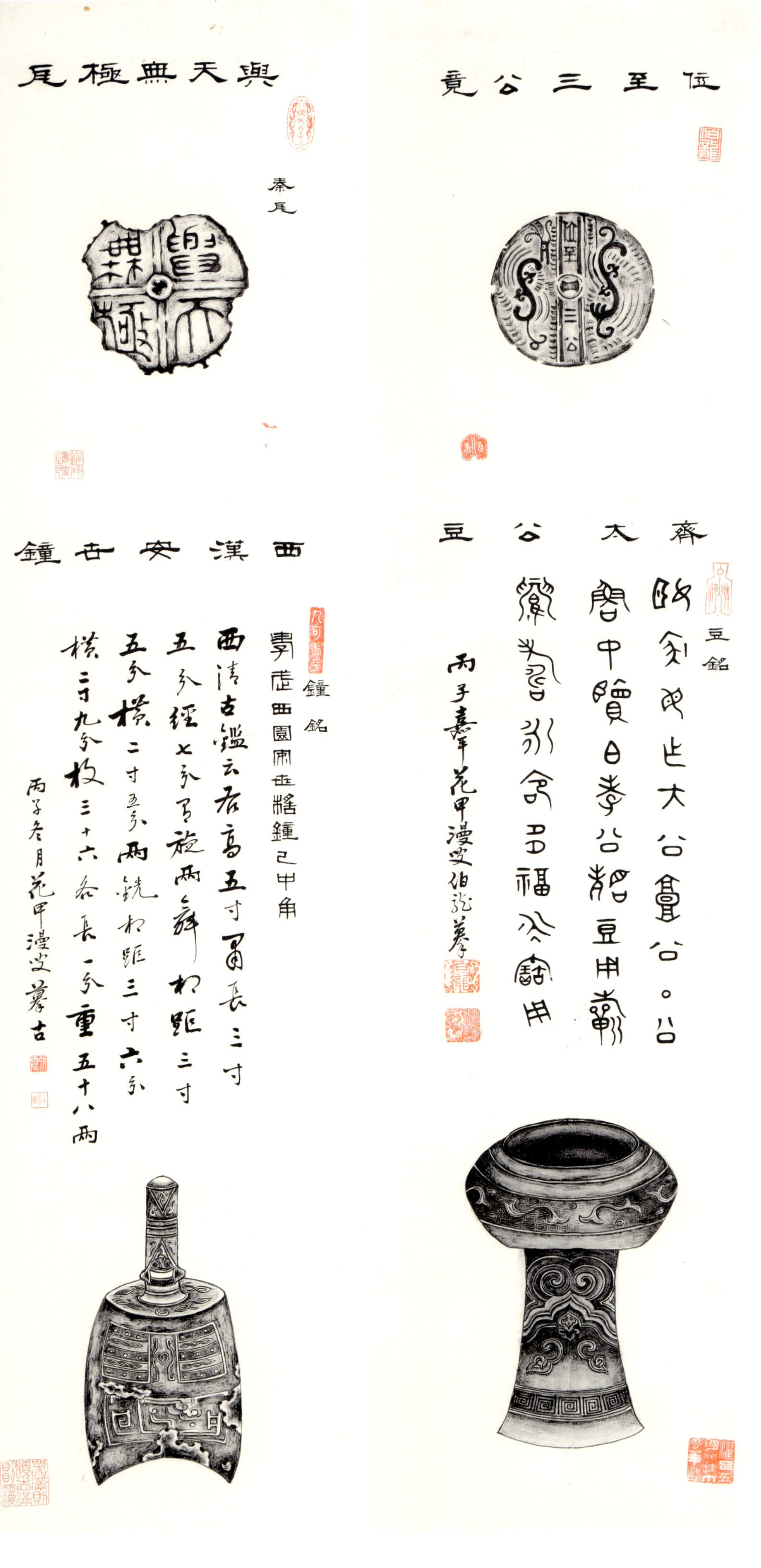

張震穎拓古器四條屏

拓本信息

時期：清末民初

尺寸：横三二厘米，縱一三二厘米

條屏（一）

鈐印：伯龍、永延年張震印、清涿、濯足五湖水掛巾九華峰

題跋：張震題跋：齊太公豆。豆銘……丙子嘉平花甲漫叟伯龍摹。

條屏（二）

鈐印：張震、伯龍、器滿則傾，志滿則覆、伯龍金石書畫之印、人可壽乎、張父伯子

題跋：張震題跋：西漢安世鐘。鐘銘：孝武西園安世摇鐘己中角。《西清古鑑》云：『右高五寸，甬長三寸五分，徑七分，有旋，兩舞相距三寸五分，横二寸五分，兩銑相距三寸六分，横二寸九分，枚三十六，各長一分，重五十八兩。』丙子冬月花甲漫叟摹古。

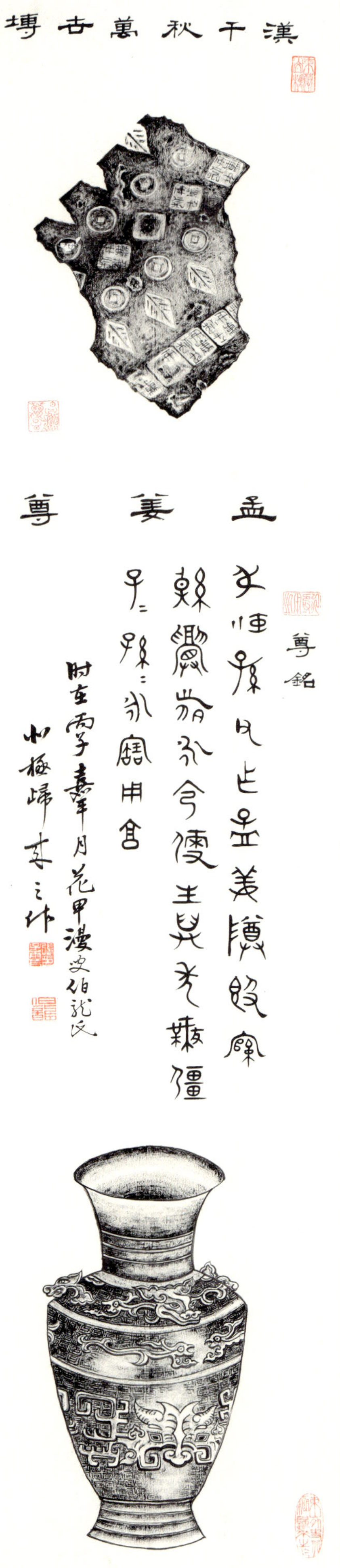

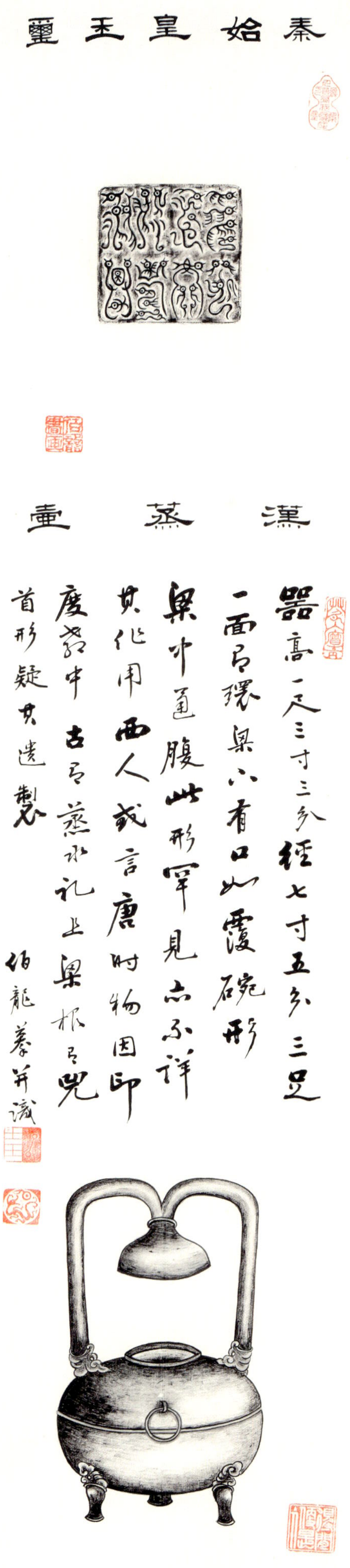

條屏（三）

鈐印：張子震印、伯龍、東山外史北極歸來之作、東蒙山樵、永壽用之、伯龍心賞

題跋：張震題跋：孟姜尊。尊銘……時在丙子嘉平月花甲漫叟伯龍氏北極歸來之作。

條屏（四）

鈐印：伯龍書畫、得閒便是主人、伯龍、人皆有一癖我癖在糊塗、草色入帘青、震

題跋：張震跋：漢蒸壺。器高一尺三寸三分，徑七寸五分，三足，一面有環，梁下有口如覆碗形，梁中通腹，此形罕見，亦不詳其作用。西人或言唐時物，因印度教中古有蒸水禮。且梁根有兕首形，疑其遺製。伯龍摹并識。

郗允賢穎拓博古圖

拓本信息

時期：清末民初

尺寸：橫五二厘米，縱九二厘米

鈐印：金石、古處、窮年弄墨衫袖烏、保擧生

題跋：郗允賢題跋：少巖世兄姻大人囑畫，劍晴郗允賢仿古。

跋父丁鼎：周父丁鼎銘曰"□"。按尊彝乃古器之通名，此鼎而言尊，古人質也。尊字古文作"□"，又有湭（省）作□者，此亦尊之省文。據崇川馮氏本。

跋漢鐸：漢鐸文六字，葉東卿所得。

跋周兕觥：周兕觥，齊河蔣氏藏。《詩》云：『兕觥其觩。』觩，曲貌。此器偏曲，但可持飲，置之則傾，正與觩義合。

跋金左副元帥印：案《金石索》，此金左副元帥之印，曲阜孔氏藏。考《金史》兵制，太宗天會元年始置此官。

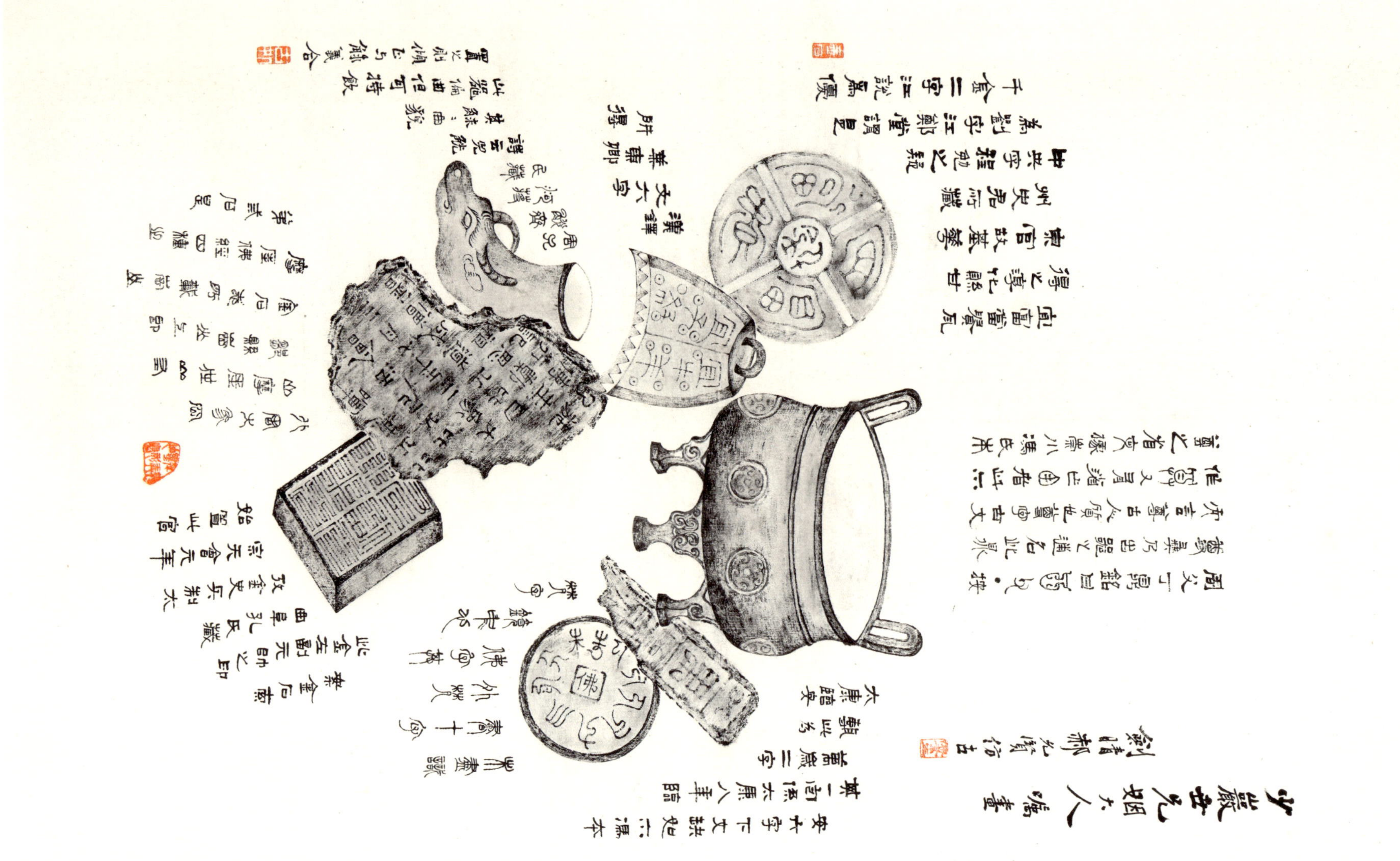

周雲雷斝

茲器著象雲雷而足作戈以示戒周詩言洗爵奠斝則斝亦飲器也商曰斝周兼四代禮爵斝於是乎有辨然則於周亦謂之斝可也

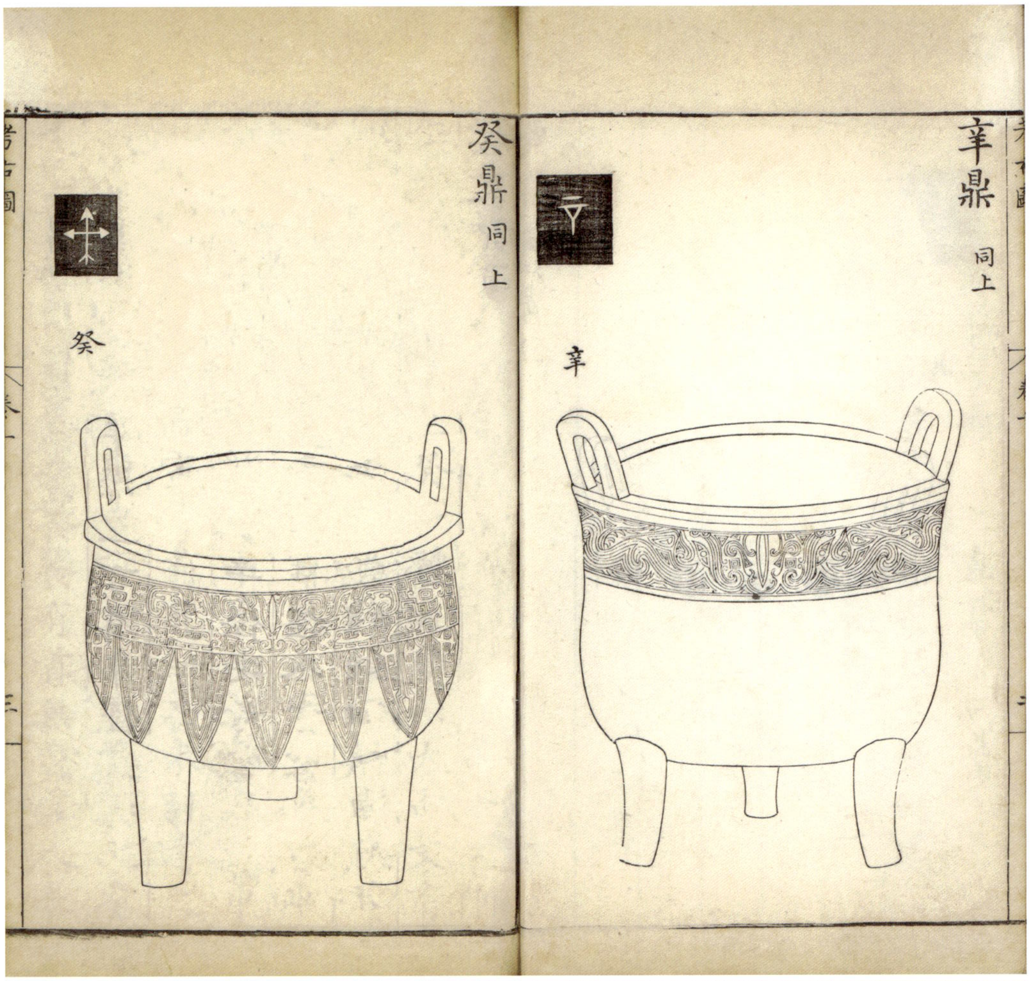
辛鼎 同上
辛
癸鼎 同上
癸

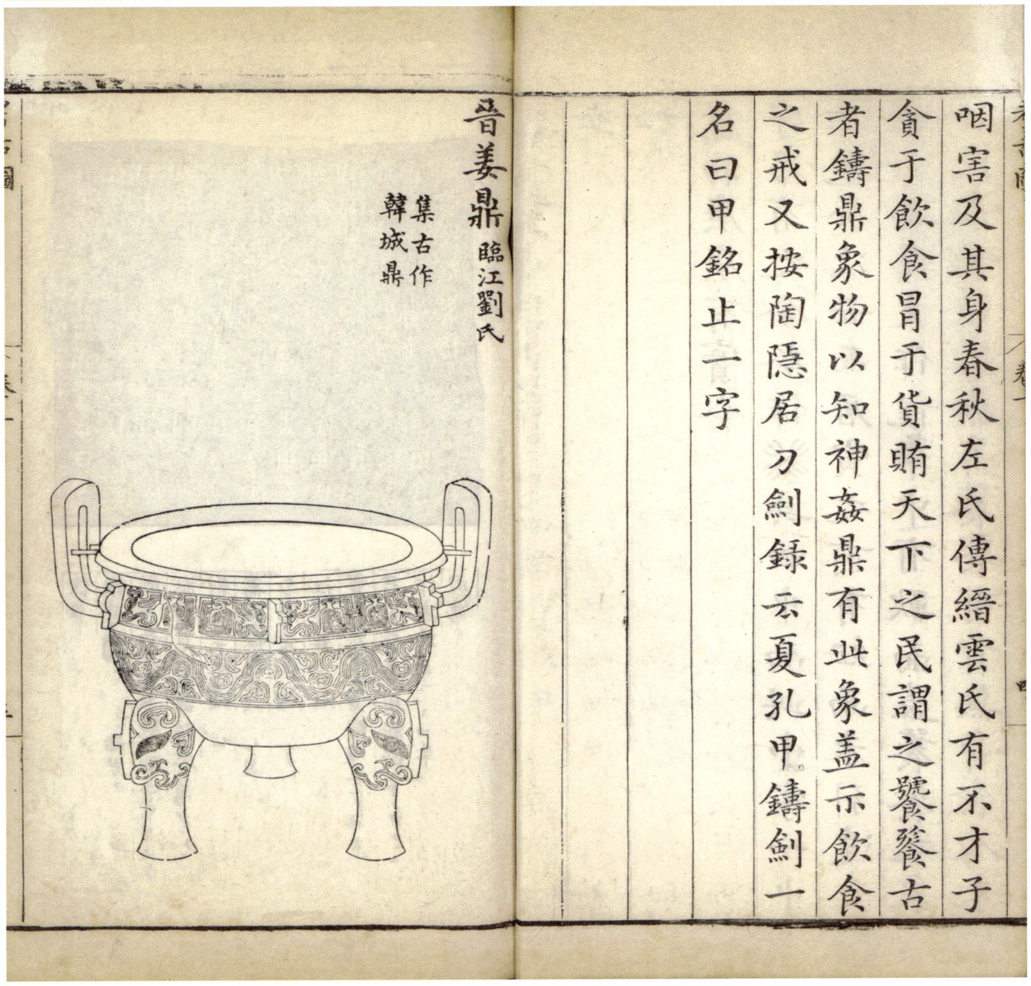
咽害及其身春秋左氏傳縉雲氏有不才子
貪于飲食冒于貨賄天下之民謂之饕餮古
者鑄鼎象物以知神姦鼎有此象蓋示飲食
之戒又按陶隱居刀劍録云夏孔甲鑄劍一
名曰甲銘止一字
晉姜鼎 臨江劉氏
集古作
韓城鼎

《泊如齋重修考古圖》十卷

宋呂大臨撰，明泊如齋刻本，中國現存年代最早且較有系統的古器圖録著述。因圖録表述器形費工費時，其在宋代金石著述中占比相對較少。

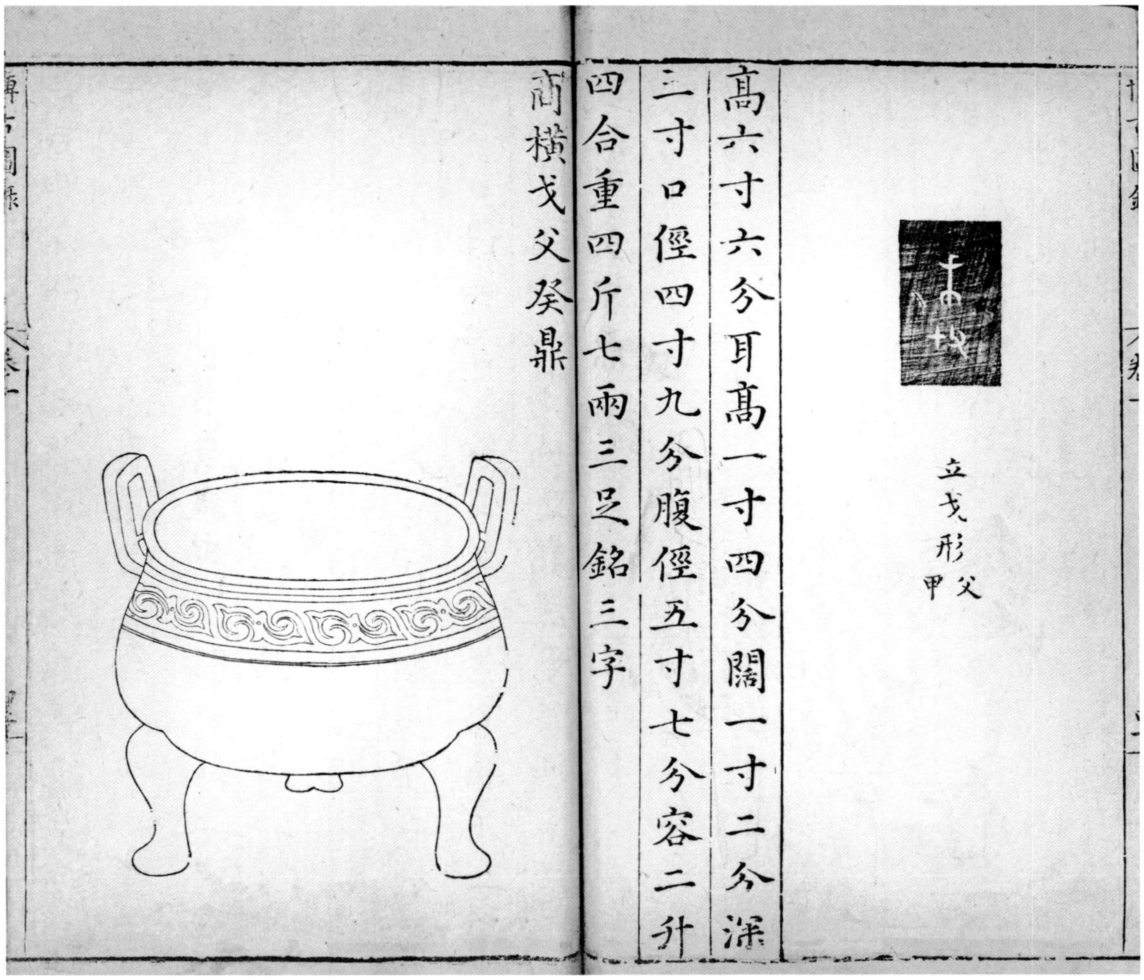
立戈形父甲

高六寸六分耳高一寸四分闊一寸二分深
三寸口徑四寸九分腹徑五寸七分容二升
四合重四斤七兩三足銘三字

商横戈父癸鼎

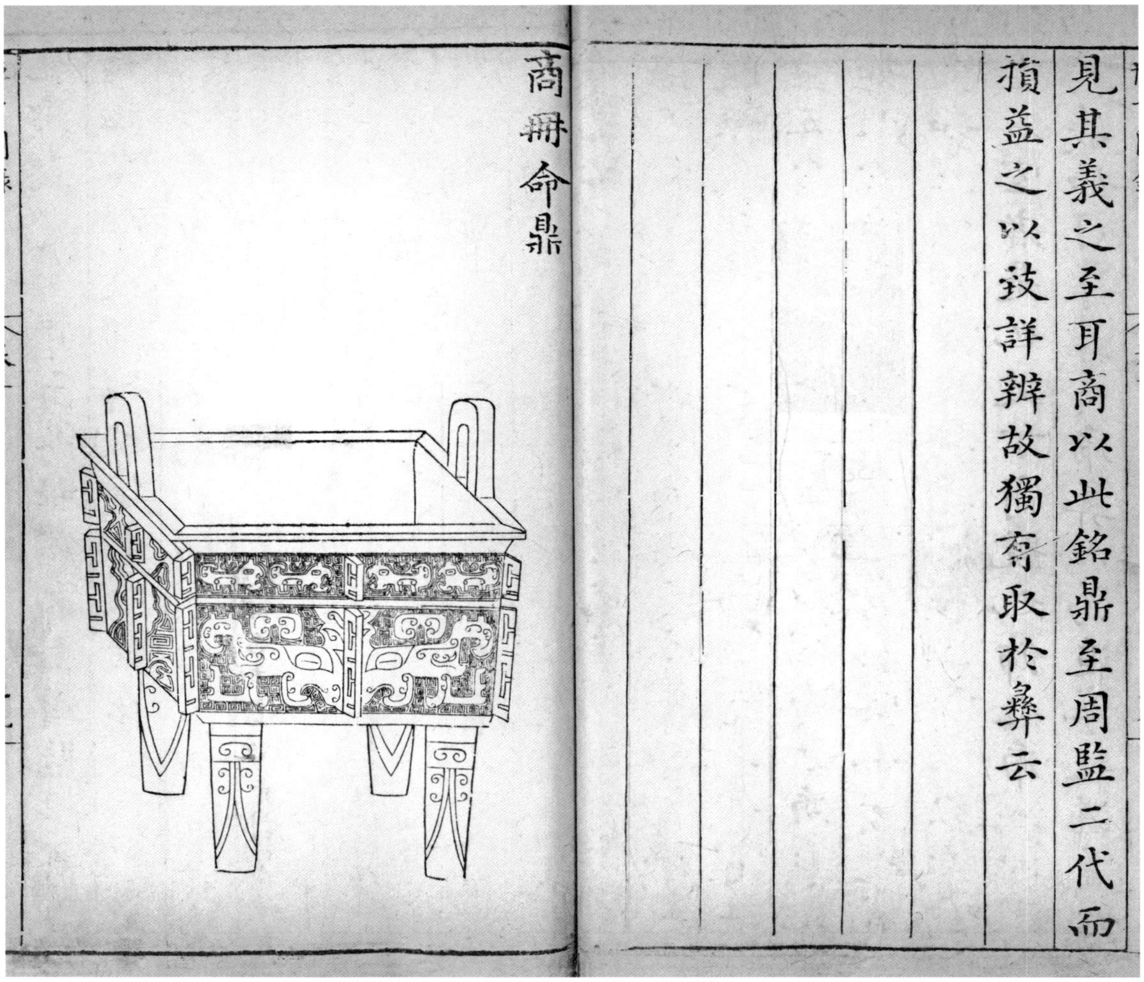
見其義之至耳商以此銘鼎至周監二代而
損益之以致詳辨故獨有取於彝云

商冊命鼎

《泊如齋重修宣和博古圖》三十卷

宋王黼編，明萬曆十六年（一五八八）泊如齋刻本，收録宋宮廷所藏古器八百多件。

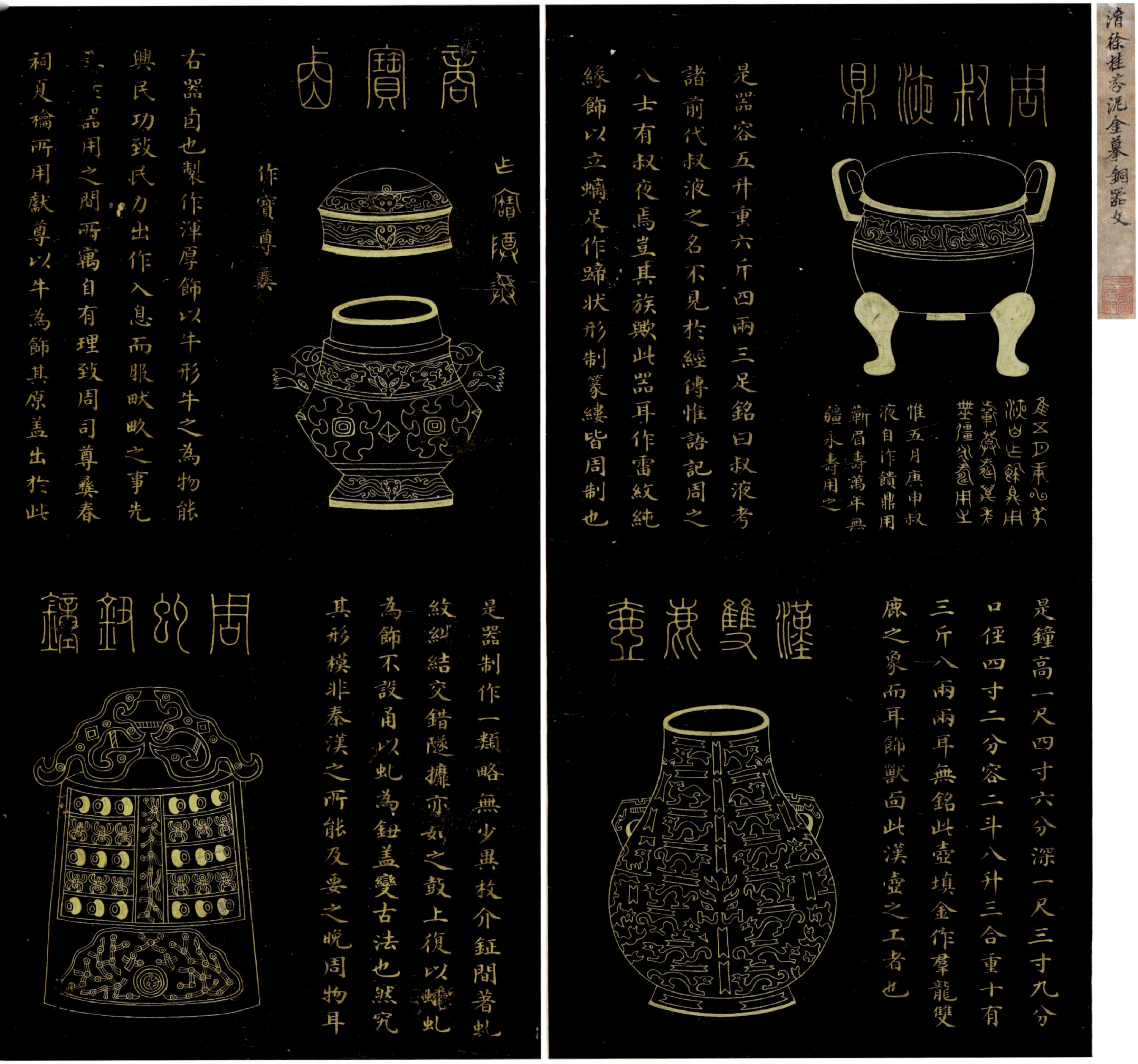

徐念馥泥金摹寫器形圖四條屏

繪本信息

時期：清

尺寸：橫三〇厘米，縱六七厘米

鈐印：徐念馥印、桂芬、古歡室金石記

繪製：徐念馥

流傳：□藴謙、古歡室

題跋：清徐桂芬泥金摹銅器文。

備注：八器皆取自宋王黼《宣和博古圖》，分別爲周叔液鼎、漢雙鹿壺、商寶卣、周虬鈕鐘、周雷紋甗、周劉公鋪、周雲雷罍、商子孫彝。徐念馥題記也均録自《博古圖》。除商子孙彝外，其他三件有銘器爲後世所采信。

周雷紋甗

是器甗也所以為炊物之具三面飾饕餮間以雷紋如連珠下有垂花隔作三象出鼻為足中有隔可以熟物古人創物之智其所以造形窮理為備於此是必周器也

周劉公鋪

劉公作杜嬬尊鋪永寶用

按周靈王時有劉定公景王時有劉獻公此曰劉公未審其誰也然言公而不言謚蓋劉公自作是器追高杜嬬也杜嬬者無見於書銘曰鋪者雖無所經見蓋豆類名之或異者

周雲雷斝

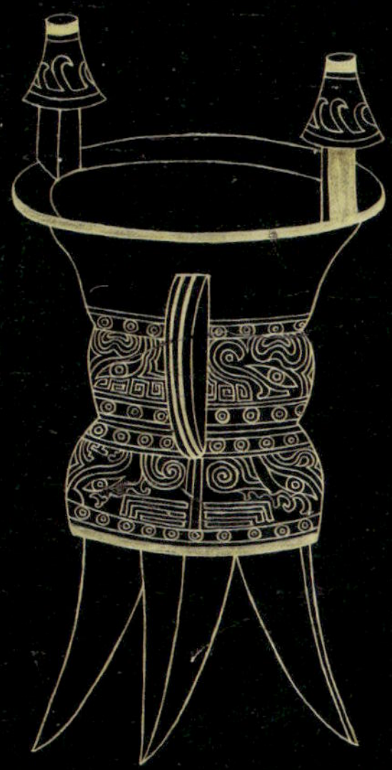

茲器著象雲雷而足作戈以示戒周詩言洗爵奠斝則斝亦飲器此商曰斝周兼四代禮爵斝於是乎有辨然則於周亦謂之斝可也

商子孫卣

子孫

孫作兩手拱日之飾

銘有[illegible]孫及子孫者皆取其相承之意是器言子孫而有拱日之飾蓋取日象君道臣禮盡則君道尊銘辭甚簡真商物也

蘊謙觀察大人 教政

徐念馥謹摹

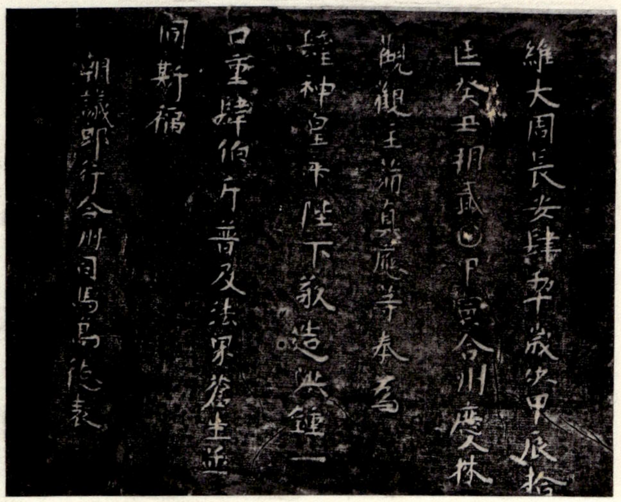

慶林觀蒲真應鑄鐘彩繪本

繪本信息

時期：清末民初

尺寸：横四六厘米，縱八七厘米

備注：銘文拓製

器物信息

器名：慶林觀蒲真應鑄鐘

類別：樂器

時期：武周長安四年（七〇四）

釋文：維大周長安肆年歲次甲辰拾月癸丑朔貳日甲寅，合州慶林觀觀主蒲真應等奉爲聖神皇帝陛下敬造洪鐘一口，重肆佰斤，普及法界蒼生，并同斯福。朝議郎行合州司馬高德表。

遞藏：不明

現藏：閬中市博物館

附録一

鑒藏、監拓人物小傳

阮元（一七六四—一八四九），字伯元，號芸臺、頤性老人等，江蘇揚州人。乾隆五十四年（一七八九）進士。經乾隆、嘉慶、道光三朝，歷任禮部、工部侍郎，山東、浙江學政，浙江、河南巡撫，兩廣、雲貴總督等職。於經史、金石、天算等均有較高造詣，被尊爲三朝閣老、九省疆臣、一代文宗。金石收藏豐富。生平著述三十多種，編著如《積古齋鐘鼎彝器款識》《揅經室集》《十三經注疏》《宛委別藏》《皇清經解》《山左金石志》等。本書所涉其用印：阮氏家廟藏器、太傅、阮元私印、頤性延齡、揚州阮氏家祠藏器、阮元伯元之印、禄膺鐘鼎羹和鹽梅。

張廷濟（一七六八—一八四八），字順安，號叔未，晚號眉壽老人，浙江嘉興人。嘉慶三年（一七九八）解元。擅書法，精金石考據之學，爲阮元所重，著《清儀閣所藏古器物文》《清儀閣金石題識》《桂馨堂集》等。本書所涉其用印：眉壽老人、張廷濟印、張叔未。

徐同柏（一七七五—一八五四），原名大椿，字春甫，號籀莊，浙江海鹽人。從舅氏張廷濟守業，精六書，篆籀。著有《從古堂款識學》等。

許槤（一七八七—一八六二），字叔夏，號珊林，浙江海寧人。道光十三年（一八三三）進士。歷官平度知州、徐州知府、江蘇糧儲道等。擅斷獄，嗜金石，精小學。著《說文解字疏箋》《刑部比照加減成案》等。本書所涉其用印：許槤私印、叔夏、虎節魚符之室。

吳式芬（一七九六—一八五六），字子苾，山東無棣人。道光十四年（一八三四）進士，官至內閣學士。長於訓詁，精於考訂，凡鼎彝、碑碣、漢磚、唐鏡之文，皆拓本收錄。著有《金石匯目分編》《陶嘉書屋鐘鼎彝器款識》等。本書所涉其其用印：海豐吳氏、戊辰兵燹壬辰灰盡之餘。

僧達受（一七九一—一八五八），號六舟等，浙江海寧白馬寺僧，嗜金石書畫，擅全形拓，是早期全形拓最重要的代表人物。名流碩彥無不樂與之交，頗受阮氏賞識，稱之金石僧。本書所涉其用印：六舟所拓金石、頴僧所摹吉金全象印。

吳廷康（一七九九—一八七三），字元生，號康甫、贊甫，安徽桐城人。宦游浙江多年，喜金石碑版，最富古磚瓦當之屬。本書所涉其用印：吳廷康印、晉齋、龍眠吳廷康印、康甫、康父。

劉喜海（一七九三—一八五二），字燕庭、吉甫等，山東諸城人，出身名門望族，叔祖即著名宰相劉墉。嘉慶二十一年（一八一六）舉人，嗜金石，尤擅古泉。著有《清愛堂家藏鐘鼎彝器款識法帖》《長安獲古編》等。本書所涉其用印：東武劉燕庭氏審定金石文字、燕庭收藏鐘鼎文字。

翁大年（一八一一—一八九〇），字叔鈞、叔均，江蘇蘇州人。畫家翁廣平之子。精金石，通篆刻。著有《古官印志》八卷、《古兵符考》八卷、《泥封考》一卷、《瞿氏印考辨證》一卷等。本書所涉其用印：翁大年印、赤均。

陳介祺（一八一三—一八八四），字壽卿，號簠齋、海濱病史等，山東濰坊人。清代金石學領軍人物，爲海内宗仰。道光二十五年（一八四五）進士，官至翰林院編修，返鄉後專注金石之好。其以文字爲切入點，銅器、璽印、石刻、磚瓦、造像等無不搜集，所藏鐘鼎彝器爲近代之冠。是古陶文首位發現及研究者，爲傳統金石學開拓了新領域。與同時代絶大多數收藏家不同的是，他極度重視傳拓，甚至認爲『拓與刻之功，與藏器并大』。他改進全形拓技法，創立分紙拓，大大減少了工時，再加上格外注重透視圖準確性、濃淡墨運用等，所監製全形拓享有盛譽，對全形拓技法的發展有突出貢獻。重要金石著作有《簠齋傳古别録》《簠齋藏古册目并題記》《濰縣陳氏寶簠齋藏器目》《十鐘山房印舉》《封泥考略》等。本書所涉其用印：濱海病史、簠齋、文字之福、收秦燔所不及、簠齋藏古、十鐘主人、平生有三代文字之好、簠齋藏三代器、十鐘山房藏鐘、齊東陶父、半生林下田間、秦前文字之語、有周匋正之後、介祺、卜居孝子之里、秦鐵權齋、集秦斯之大觀、簠齋古兵、萬印樓、簠齋兩京文字、簠齋西漢器圖、簠齋藏虎龜魚符之印、古陶主人、君車漢石亭長、秦鐵權齋、壽考維祺、寶康瓠室、簠齋吉金文字、簠齋先秦文字、秦詔量瓦之齋。

吳公謹（一八〇四—？），後易名吳慈，字修梅，號鐵琴等，齋號小天籟閣，浙江杭州人。河東河道總督吳璥子，阮元婿，道光元年（一八二一）蔭生，官廣西直隸州知州、南寧府知府，致仕山東平度知州。藏品精，以明項子京舊藏明『天籟』鐵琴（今藏故宫博物院）最知名，曾以『携琴遍示江湖客』而逍遥。本書所涉其用印：吳慈、臣慈、慈園所藏金石文字、小天籟閣印、惕勤審定。

張慶榮（一八〇六—一八五四後），張廷濟之子，字大豫，號稚春，别署勿藥居士。道光二十六年（一八四六）解元。承家學，亦嗜古。本書所涉其用印：嘉興張慶榮稚春手拓。

李佐賢（一八〇七—一八七六），字仲敏，號竹朋，山東利津人。道光八年（一八二八）鄉試解元，十五年（一八三五）進士，歷文淵閣校理、國史館總纂、福建汀州知府等，擅書畫治印，喜金石，尤以古錢爲專好。著有《書畫鑒影》《石泉書屋書目》等。其中《古泉匯》最被推崇，有歷代泉學之冠之稱。

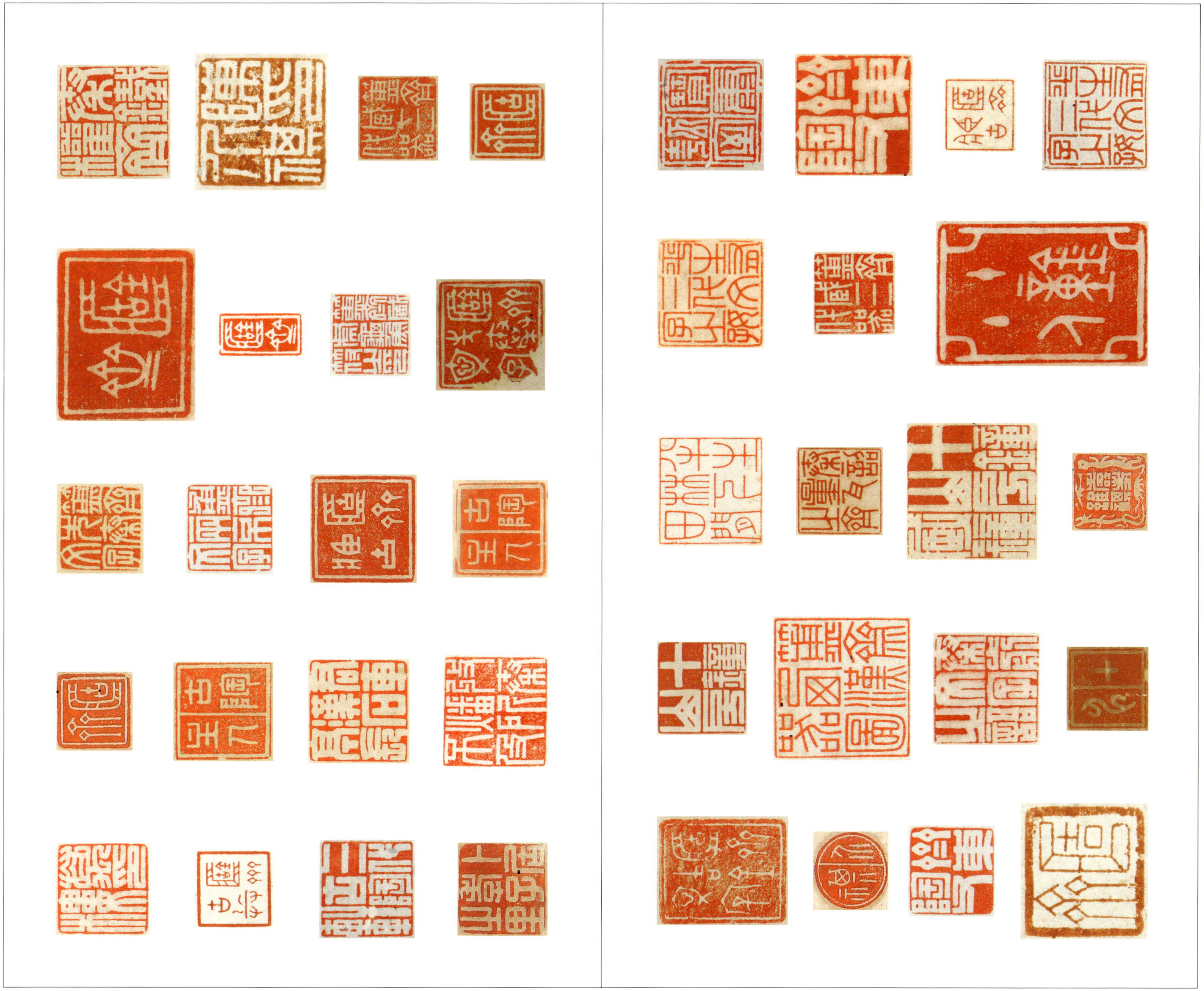

張守敘（一八二一—一八九二），字秩山、芷衫，山東無棣人。道光年間諸生。喜繪事，游士卿間，一時名噪大江南北。本書所涉其用印：無棣張守敘、張芷衫手拓、守敘之印、芷衫手拓、秩山、無棣張秩山手拓吉金樂石、張守敘、秀才人情。

陳麟炳（一八三〇—一九〇八後），字寅生，北京人。同治年間秀才。首創墨水匣刻銅藝術，與張樾臣、姚茫父并稱三大刻銅大師，作品深受文人墨客、達官貴人的追捧。本書所涉其用印：陳、寅生。

潘祖蔭（一八三〇—一八九〇），號伯寅、鄭盦等，江蘇蘇州人。咸豐二年（一八五二）探花，官至工部尚書。藏金石甚富，名器衆多，著有《攀古樓彝器款識》《滂喜齋書目》等，刊刻有《滂喜齋叢書》等。亦與濰縣陳介祺等相交甚厚。本書所涉其用印：御賜敏則有功、潘祖蔭、鄭盦所藏吉金、鄭盦藏古金文。

丁彥臣（一八二九—一八七三），字筱農，浙江湖州人。宦游山東十餘年，官至山東鹽運使。善書畫，精鑒賞，富收藏。著有《梅花草庵藏書目》《梅花草庵藏器目》等。室名梅花草庵、小玲瓏山館等。本書所涉其用印：筱農眼福、吴興丁彥臣印、物常聚於所好。

吴大澂（一八三五—一九〇二），字清卿等，號愙齋等，江蘇蘇州人。同治七年（一八六八）進士。歷左都御史、湖南巡撫等。工篆刻書畫，更以精金石與古文字考釋而聞名，與濰縣陳介祺等相交甚厚。本書所涉其用印：壽成、吴大澂印。

尹彭壽（一八三五—一九〇四後），字慈經，號竹年，山東諸城人。光緒十四年（一八八八）副貢，官沂州府署教授、沂州琅玡書院山長等。嗜金石，精小學。著有《漢隸辨體》《益都金石志》等。本書所涉其用印：尹彭壽字慈經。

吴重憙（一八三八—一九一八），字仲飴，號石蓮等，山東無棣人。吴式芬次子，陳介祺東床快婿。同治元年（一八六二）舉人，歷直隸布政使、江西巡撫、河南巡撫等。能傳家學，著有《石蓮庵藏書目》《海豐吴氏藏書目録》等。本書所涉其用印：石蓮闇拓、延陵筱山、重禧。

王懿榮（一八四五—一九〇〇），字廉生、蓮生等，山東烟臺人。光緒六年（一八八〇）進士，官至國子監祭酒。嗜好金石書畫，收藏豐富。最大貢獻是首先發現和鑒藏甲骨文，著有《福山金石志》等。本書所涉其用印：光緒十年二月臣懿榮請得真古文尚書、古龍節館、王懿榮、蓮生所藏金石、王懿榮印。

王瓘（一八四七—？），字孝玉、孝禹，號遯庵，四川銅梁人。清末舉人，官至江蘇道員。工篆隸，擅篆刻，精鑒別，富收藏，時以金石、書法名於時。本書所涉其用印：王（押）。

柯劭忞（一八四八—一九三三），字鳳蓀，山東膠州人。光緒十二年（一八八六）進士，歷任國子監司業、湖南學政、京師大學堂總監督等。治學廣博，尤精史學，纂修《新元史》《清史稿》等。本書所涉其用印：訓思堂印。

李盛鐸（一八五九—一九三四），字義樵等，號木齋等，江西德化人。光緒十五年（一八八九）進士，歷任江南道監察御史、山西布政使、陝西巡撫等。承三代之好，喜藏書，收藏巨富。本書所涉其用印：木齋。

馬家桐（一八六〇—一九三〇），後更名家同，字景韓等，號耿軒主人、樂思居士等，天津人。清同治、光緒年間『津門書家四子』之一，工山水花卉。本書所涉其用印：馬家桐印。

端方（一八六一—一九一一），字午橋，號陶齋，滿族人。光緒八年（一八八二）舉人，歷任湖北巡撫、湖廣總督、兩江總督等。篤嗜金石書畫，收藏巨富。張貴男墓誌，全稱『隋邯鄲縣令蔡府君故妻張夫人墓誌』，光緒十五年（一八八九）河北邯鄲出土，爲端方藏石，其考辨甚詳。據端方此跋，此石也是由杜錫九訪得。本書所涉其用印：永壽齋、陶齋、陶齋經眼、陶齋鑒藏。

盛昱（一八五〇—一八九九），字伯熙等，肅武親王豪格七世孫。光緒二年（一八七六）進士，授編修、國子監祭酒等，有清譽。喜典籍，所藏精品極多。著有《意園藏書目》《雪屐尋碑録》等。本書所涉其用印：盛昱父印。

高鴻裁（一八五二—一九一八），字翰生、翰聲，山東濰坊人。父慶齡酷愛金石、古印，集有《齊魯古印攈》。受家庭熏陶，好古文，嗜金石，後專心古磚瓦收藏與研究，著有《上陶室磚瓦文攈》十二册。

黃紹箕（一八五四—一九〇八），號穆琴等，浙江里安人。光緒六年（一八八〇）進士，歷任翰林院編修、京師大學堂總辦、湖北提學使等，爲清流健將。精金石書畫，嗜蓄舊槧，蔘綏閣頗多秘本。與盛昱、同年王懿榮等往來甚密。本書所涉其用印：穆琴。

周鑾詒（一八五九—一八八五），字季貺等，湖南江永人。光緒三年（一八七七）進士，散館任編修，入直內廷。喜金石，尤嗜印璽，輯《共墨齋藏古璽印譜》《淨硯齋印譜》等多種。與潘祖蔭、盛昱等交好。本書所涉其用印：周鑾詒印、羊年生兒。

劉大同（一八六五—一九五二），原名建封，晚年又名劉顛，字桐階，號芝叟、芝里老人等，山東諸城人，後定居濟南。民主革命志士，一生爲民主革命事業奔波。擅書法，喜收藏，著有《古玉辨》。本書所涉其用印：顛所好、劉、百花洲裏人家、劉顛、詩顛酒狂、老顛、芝叟過目、萬泉山莊、彭城子印。

黃賓虹（一八六五—一九五五），安徽歙縣人，字樸存，號賓虹、虹叟、黃山山中人等。近現代著名畫家，擅畫山水，爲山水畫一代宗師。本書所涉其用印：黃賓虹。

丁樹楨（一八六一—一九一五），字榦圃，號陶齋等，齋號『六秦詔量之館』，山東龍口人。丁氏一族善經商，主營錢莊當鋪，乾隆年間家族已有『山東首富』之稱。丁樹楨爲泰來商號掌管者，嗜金石，所獲頗豐。中華人民共和國成立後，遺孀將頌簋等五十二件器物及許多其他藏品捐獻國家。本書所涉其用印：徐鄉丁氏、黃縣丁榦圃考藏金石、陶齋所得、陶齋所藏金石文字印、六秦詔量之館、鑒齋。

張廣建（一八六四—一九三八），字勳伯，安徽合肥人。歷任山東布政使、山東巡撫。歷任甘肅都督甘肅巡撫等。本書所涉其用印：合肥張勛伯氏藏器、合肥張廣建勛自父藏器。

姚華（一八七六—一九三〇），字茫父等，號蓮花庵主等，貴州息烽人。光緒三十年（一九〇四）進士，歷工部主事、郵傳部主事等，民國任貴州參議院議員、北京女子師範大學校長等。工書畫篆刻，民國時期穎拓製作鑒賞代表性人物。本書所涉其用印：茫父、茫父手拓金石、姚華私印、姚華、茫。

丁佛言（一八七八—一九三一），字芙緣等，山東龍口人。善書工篆，曾任故宫博物院古物審查委員會委員。著有《說文古籀補補》《古陶初釋》等。本書所涉其用印：佛言、還倉、魚人、戊寅生、邁鈍、善哉。

吳隱（一八六七—一九二二），字石潛等，號潛泉等，浙江紹興人。工書擅治印，長於碑刻，善製印泥，杭州西泠印社創始人之一，在滬經營書畫篆刻用品，輯有《遯盦印存》《古今楹聯匯刻》等數十種。本書所涉其用印：石潛、石潛手拓、吳隱私印。

隆勤（一八七〇—一八九八），肅武親王愛新覺羅・豪格後裔，肅恪親王華豐第三子，第九代肅親王。

丁麟年（一八七〇—一九三〇），字芾臣、紱臣等，光緒十八年（一八九二）進士。歷任户部郎中、興安知府等，民國後任山東省圖書館館長，兼理山東金石保存所。嗜金石，收羅頗富。著有《移林館吉金圖錄》等。本書所涉其用印：日照丁麟年、丁麟年印、紱臣父、市臣藏簠、紱臣所藏酒器、市臣藏鼎、韍臣藏鐘。

勞福泉（一八八四—一九五七），名慶礽，以字行，山東濱州人，後定居濟南。山東高等學堂畢業，後任縣長、道尹等，民國時期濟南國畫界之名家，中華人民共和國成立後被聘爲山東省文史研究館館員。本書所涉其用印：繞溪草堂勞氏珍藏。

杜尚（一八八五—一九五三），字友棠，山東掖縣人。商業望族後裔，歷任工部、農工商部主事等職。民國後曾任山東省財政廳廳長等，善左手書。本書所涉其用印：臣尚私印、友棠。

熊夢賓（一八八六—一九五三），字觀民，山東陽穀人。清末秀才，曾加入中國同盟會。民國初，歷任山東省教育廳廳長、膠澳督辦公署秘書長等。中華人民共和國成立後，任山東省文史研究館首任館長。本書所涉其用印：陽穀熊氏所藏圖書金石文字、寶楚齋。

唐仰杜（一八八八—一九五一），字露岩，山東鄒城人。早年畢業於山東公立法政專門學校，民國時歷任山東財政廳科長、省議會議員等。日軍侵華時期，任僞山東省長。日本投降後，雖被以漢奸罪拘捕，但遲遲未作判決。中華人民共和國成立後，被以漢奸罪處以死刑。

葛家修（一八八八—一九七二），字憲臣，號伊齋，山東蓬萊人。通文字音訓學、考據學，中華人民共和國成立後任山東文史研究館館員。

張天雲（一八九〇—一九五三），原名高冠伍，曾任職於山東古代文物管理委員會、山東省文史研究館。本書所涉其用印：天雲。

周希丁（一八九一—一九六一），名康元，原名家瑞，以字行，齋號石言館，江西臨川人，長居北京，晚清民國間全形拓大家。本書所涉其用印：康元四十以後作。

羅原覺（一八九一—一九六五），原名澤堂，字韜庵等，廣東南海人。喜古籍碑帖。一九二八年參與籌建廣州博物院。新中國成立後，將隋王夫人墓誌、宋傅二娘造石水覔記石刻等捐獻。本書涉及其鈐印：羅原覺傳本、家有文君淳于隋大業南海王夫人墓志宋熙寧潮州陳十五娘造瓷佛紹定廣州城南傅二娘造石水覔記石刻。

臺繼武（一八九三—一九七四），字增緒，山東諸城人。曾任職於濟南茹古齋古董店。一九四八年濟南解放後，先後任職於山東省古代文物管理委員會、山東省文物總店。本書所涉其用印：繼武手拓。

鄭作禎（一八九五—一九六二），字榦丞，後以字行，山東鄒平人，室號蕉雨山房。精書法，善篆刻，曾供職於山東古代文物管理委員會。本書所涉其用印：榦丞之印。

王獻唐（一八九六—一九六〇），號鳳生、鳳笙，以字行，山東日照人。一九二九年，任山東省立圖書館館長，兼理山東金石保存所。在任期間，極大豐富了館藏。如益都李氏大雲山房、曲阜孔氏微波榭、聊城楊氏海源閣、歷城馬氏玉函山房、諸城劉氏嘉蔭簃、濰縣陳氏十鐘山房、海豐吴氏雙虞壺齋等齊魯名家故物皆有所獲。日軍逼近濟南時，將館藏珍品輾轉萬里，運至四川後方保存。中華人民共和國成立後，這批文物完璧歸魯。著有《炎黄氏族文化考》《中國古代貨幣通考》《山東古國考》等五十餘部著述。本書所涉其用印：琯、王獻唐、舉古爲徒、知白守墨之室、王、獻唐長物、獻唐詩文書畫、三禪室主丁卯年後所得、日思誤書便是一適、獻唐、獻唐審定金石書畫、奠生所藏、小三昧室、五硯主人、鳳生審定、獻唐詩文書畫、庚午年得漢畫十七石、太平十全之室、獻唐題記、葆經閣、海嶽楼、顧黄書寮、獻唐書畫、栖禪亭長、雙行精舍、長樂未央、柱下小吏、守藏吏、獻唐審定金石文字。

龐鏡塘（一九〇〇—一九七七），山東菏澤人，清兩廣水師提督龐玉璞之孫。曾任黄埔軍校政治教官、國民政府山東省黨部主任委員等，後被俘并特赦。精收藏，工書法。

呂佺孫（？—一八五七），字堯仙，江蘇陽湖人。道光十六年（一八三六）進士，歷任四川按察使、貴州布政使、福建巡撫。工書法，嗜金石，藏磚尤富，何紹基、趙之謙推爲海内藏磚家之冠，著《百磚考》等。

趙世駿（？—一九二七），字聲伯，號岐齋，江西南豐人。光緒十一年（一八八五）拔貢，官内閣中書。擅書法繪畫，精鑒別碑帖，海内鑒賞家頗推重。本書所涉其用印：浚儀趙氏秘笈之印、聲伯、趙世駿印、聲伯審定。

柯昌泗（一八九九—一九五二），字燕舲，號謐齋，山東膠縣人。著名史學家柯劭忞長子。歷任東北大學文學院教授、故宫博物院委員、北京師範學院教授等，精於史學以及金石研究。著《後漢書校注》《山左訪碑録校補》等。本書所涉其用印：燕舲。

陳畯，生卒年不詳，陳介祺之孫，陳厚滋之子。一九一〇年不顧家人反對，將毛公鼎售予端方。本書所涉其用印：陳畯拓先藏金石文字、陳畯續拓先藏金石。

郭炳堂，生卒年不詳，字煥之，山東濰縣人。與陳介祺等相交，善傳拓。本書所涉其用印：郭煥之印、炳堂、酷嗜金石、瓦石齋鑑藏金石圖章。

徐蔭田（？—一九五二），字少山，號周遺等，山東龍口人。因任黄縣（今龍口）日僞縣長而伏法。喜書畫金石，所藏頗豐。本書所涉其用印：周遺、周遺心賞、己卯七品、戎馬書生、徐蔭田字少山别號周遺山東省黄縣、周遺審定。

杜錫九，生卒年不詳，山東濰縣人。陳介祺尋古重要助手之一，從本書題跋知，其與衆多金石學家皆有交往。

程謙吉，生卒年不詳，字六皆，江西德興人。客居杭州，咸豐、同治年間著名的吉金拓家。本書所涉其用印：六皆手拓。

鶴顛，生卒年不詳，疑清晚期製壺藝人余生。民國李景康、張虹《陽羨砂壺圖考》：『披雲樓藏「鶴顛軟耳提梁中壺」一具，砂極瑩潤，深紫色，身形如權，製作精美，罕有其倫，且饒雅韵，似出嘉道間名手所製。流下鐫「鶴顛」二字楷書，酷有唐賢風格，底有「松鶴盧」篆書陽文方印，蓋内有「余生」篆文方印，皆類文人手刻，所見軟耳提梁壺，無出其右者。』本書所涉其用印：鶴顛、金石契、别存古意。

郝允賢，生卒年不詳，字劍晴，山東蓬萊人。光緒貢生，以軍功保舉直隸州知州，民國任職於河南財政廳，工書法。著有《公餘筆記》《就正草》《熱河游記》等。本書所涉其用印：金石、古處、保舉生、窮年弄墨衫袖烏。

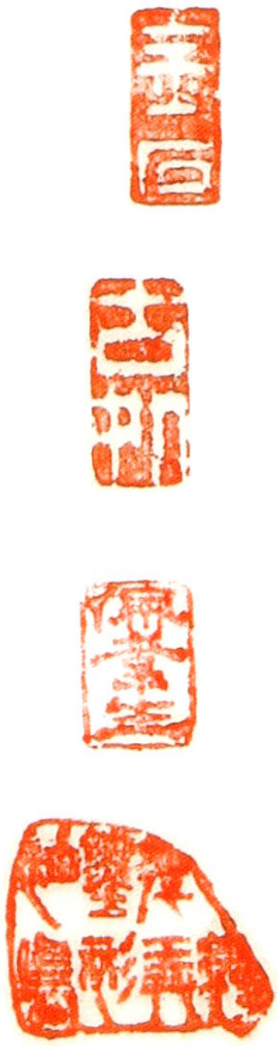

李椿齡，生卒年不詳，字廣文，山東泰安寧陽人。曾參與編纂（光緒）《寧陽縣鄉土誌》。本書所涉其用印：李椿齡印、壽麐、鴻都精舍。

李錦鴻，生卒年不詳，江蘇陽湖人。善全形拓，得之達受，爲吴式芬、劉喜海、吴雲、吴榮光等金石學家賞識。本書所涉其用印：李錦鴻拓、陽湖李錦鴻手拓金石。

丽生，生卒年不詳，拓工，見於阮元家廟四器全形拓。本書其所涉用印：丽生所拓。

宋啓福，生卒年不詳，字向五，山東萊州人。道光年間武進士。萊州名紳宋夔龍長子，與其弟同爲道光帝御前侍衛。晚年以五品銜告老還鄉。本書所涉其用印：宋氏家藏、向五、宋啓福桂堂印。

孫汝梅，生卒年不詳，字問羹，號春山，北京人。光緒六年（一八八〇）進士，官兵部主事。善書畫，與張仰山布衣稱『二山』。能鑒金石，得鮑康舊藏古印甚多，也是王懿榮《南北朝存石目》重要商討者之一。本書所涉其用印：孫汝梅、問羹。

王宗彝，生卒年不詳，字幼泉。陳介祺重要傳古助手王石經之子，承家學，善篆刻。本書所涉其用印：王宗彝印、幼泉。

胥倫，生卒年不詳，字芰堂，號芰塘，山東濰坊人。濰坊仿古銅創始人。本書所涉其用印：芰塘、胥倫手拓

蕭子飛，生卒年不詳，拓工，見於阮元家廟四器全形拓。本書所涉其用印：揚州蕭子飛所拓金石。

于藹，生卒年不詳，字吉臣，又字鶴生，附貢生，山東濰縣人。與郭槐堂、陳介祺諸人爲友。性嗜金石，舊藏季良父壺，後轉鬻潘祖蔭。輯《得壺軒印存》。

原君錫，生卒年不詳，本館藏其拓本有王懿榮天壤閣《秦漢瓦當拓本册》、王懿榮王獻唐跋齊侯四器全形拓、肅親王隆勤監拓陳麟炳跋父甲卣全形拓，當是京師知名拓工。本書所涉其用印：原君錫所拓金石文字、君錫拓、君錫。

姚學桓，生卒年不詳，字公符，山東濰縣人。陳介祺重要傳古助手。性靈敏，善製器。簠齋所藏鼎彝等復原圖皆出其手，常爲簠齋古物配置底座、盒子、撑架等，開創了在紅木漆器上鑲嵌金銀絲，製作嵌銀漆器的先河。本書所涉其用印：姚公符作圖、公符。

張篤誠，生卒年不詳，字允勤，山東蓬萊人，諸生。篤賢好古，尤好磚瓦。與陳介祺、王懿榮等皆爲金石之交，常有贈拓。簠齋稱之『年家故人之孫』。王懿榮稱『近年蓬黄福三縣所出之古磚，大約西歸黄縣王穆庵、丁彝齋，北歸蓬萊張允勤』。所藏石刻以東漢琴亭侯李夫人墓門刻石最著名。本書所涉其用印：允勤藏器、張篤誠印。

張震，生卒年不詳，字伯龍，晚號花甲漫叟，清末民初人。本書所涉其用印：伯龍、永延年張震印、張子震印、東山外史北極歸來之乍、器滿則傾，志滿則覆、伯龍金石書畫之印、伯龍書畫、人皆有一癖我癖在糊塗、草色入帘青、伯龍心賞、得間便是主人、清涿、濯足五湖水掛巾九華峰、張震、張父伯子、人可壽乎、永壽用之、東蒙山樵。

王仁敬，生卒年不詳，也作『允敬』，字筌甫，民國濟南文物店敬古齋經理，店址在布政司大街路東，曾以收得海源閣旧藏聞名，王獻唐從其處購得《穆天子傳》等珍本。

王幼石，本書所涉其用印：幼石拓圖。

吴道芬，本書所涉其用印：道芬。

陳陶，本書所涉其用印：陳季子、陶、金石臣之家學。

松生，本書所涉其用印：松生手拓。

阮楚三，本書所涉其用印：儀徵阮氏寶藏吉金印、文達公五世孫楚三拓。

中賢，本書所涉其用印：中賢拓彝器。

知齋，本書所涉其用印：知齋珍藏

馮水，本書所涉其用印：馮水珍秘

其他用印：故宮博物館古物館傳拓金石文字之記

附録二
參考書目

二畫

《二百》——《二百蘭亭齋收藏金石記》四卷，清吳雲著，咸豐六年（一八五六）刻本。

《十二》——《十二家吉金圖録》二册，商承祚編，一九三五年哈佛燕京學社影印本。

《十六》——《十六長樂堂古器款識考》四卷，清錢坫著，嘉慶元年（一七九六）刻本。

三畫

《大系》——《兩周金文辭大系圖録考釋》八册，郭沫若著，科學出版社，一九五八年。

《三代》——《三代吉金文存》二十卷，羅振玉著，一九三七年。

《山東存》——《山東金文集存·先秦編》一册，曾毅公輯，齊魯大學國學研究所，一九四〇年。

《山東藏品》——《山東省博物館藏品選》，山東省博物館編，山東畫報社，一九九一年。

《山東精粹》——《山東文物精粹》，山東美術出版社，一九九六年。

《上海》（二〇〇四）——《夏商周青銅器研究——上海博物館藏品》，陳佩芬編，上海古籍出版社，二〇〇四年。

《上海》——《上海博物館藏青銅器》，上海博物館編，一九六四年。

《小校》——《小校經閣金文》十八卷，劉體智編，一九三五年影印本。

四畫

《王譜》——《王獻唐年譜長編》二册，張書學、李勇慧編，華東師範大學出版社，二〇一七年。

《日精華》——《日本搜儲支那古銅精華》六册，（日）梅原末治編，一九五九—一九六二年。

《支美》——《支那美術圖譜》二册，（日）大村西崖，一九三二年。

《從古》——《從古堂款識學》十六卷，清徐同柏著，光緒三十二年（一九〇六）蒙學報館石印本。

五畫

《古文審》——《古文審》八卷，清劉心源著，光緒十七年（一八九一）刻本。

六畫

《北圖拓》——《北京圖書館藏青銅器銘文拓本選編》，北京圖書館金石組編，文物出版社，一九八五年。

《西清》——《西清古鑒》四十卷，乾隆二十年（一七五五）清内府刻本。

《吉志》——《吉金志存》四卷，清李光庭著，咸豐九年（一八五九）自刻本。

《考古》——《考古圖》三十卷，宋呂大臨著，乾隆十八年（一七五三）槐蔭草堂黄晟刻本。

七畫

《希古》——《希古樓金石萃編》十卷，劉承幹編，一九三三年。

《吳越文》——《吳越文字彙編》，施謝捷編，江蘇教育出版社，一九九八年。

八畫

《定興》——光緒《定興縣志》二十六卷，清張譜之編，光緒十九年（一八九三）刻本。

《長安》——《長安獲古編》二卷，清劉喜海著，光緒三十一年（一九〇五）劉鶚補刻標題本。

《兩罍》——《兩罍軒彝器圖釋》十二卷，清吳雲著，同治十一年（一八七〇）吳氏自刻本。

《金匱》——《金匱論古初集》，陳仁濤著，香港亞洲石印局，一九五二年。

《金索》——《金石索》十二卷，清馮雲鵬、馮雲鵷輯，道光四年（一八二四）邃古齊刊本。

《奇觚》——《奇觚室金文述》二十卷，清劉心源著，光緒二十八年（一九〇二）石印本。

《周金》——《周金文存》六卷（附補遺），鄒安編，一九一六年倉聖明智大學刊本。

《周録》——《故宮西周金文録》，臺北故宮博物院，二〇〇一年。

《青全》——《中國青銅器全集》一—十六册，中國青銅器全集編纂委員會，文物出版社，一九九三—一九九八年。

九畫

《貞補》——《貞松堂集古遺文補遺》三卷，羅振玉編，一九三一年原刻本。

《貞續》——《貞松堂集古遺文續編》三卷，羅振玉編，一九三四年原刻本。

《貞松》——《貞松堂集古遺文》十六卷，羅振玉編，一九三〇年原刻本。

《陝西》——《陝西金石志》三十二卷《補遺》二卷，武善樹著，三秦出版社，二〇一六年。

《陝歷》——《陝西歷史博物館藏古器物全形拓整理與研究》，萬曉編，三秦出版社，二〇二二年。

《度量衡》——《中國古代度量衡銘圖》，國家計量總局，巫鴻編，文物出版社，一九八一年。

《故圖》——《故宮銅器圖録》二册，臺北故宮博物院、『中央博物館』聯合管理處編，一九五八年。

《故青》——《故宮青銅器》，故宮博物院編，文物出版社，一九九九年。

《恒軒》——《恒軒所見所藏吉金録》一卷，清吴大澂著，光緒十一年（一八八五）吴氏自刻本。

《美集録》——《美帝國主義劫掠我國殷周青銅器集録》一册，陳夢家編，一九六三年。

《美全》——《中國美術全集》，中國美術全集編委會編，文物出版社，一九八八年。

《泉博》——《中國古銅器編》，（日）日本京都泉屋博古館編，二〇〇二年。

《音樂（北京）圖》——《中國音樂文物大系》（北京），大象出版社，一九九九年。

《宣和》——《宣和博古圖》，宋王黼等撰，明嘉靖刻本。

十畫

《海外吉》——《海外吉金圖録》三册，容庚著，考古學社，一九三五年。

《移林》——《移林館吉金圖識》，清丁麟年著，宣統二年（一九一〇）丁氏石印本。

《通考》——《商周彝器通考》，容庚著，哈佛燕京學社，一九四一年。

《秦前》——《秦前文字之語》二卷，陳介祺著，光緒元年（一八七五）稿本。

十一畫

《商周》——《商周青銅器銘文暨圖像集成》三十五册，吴鎮烽編，上海古籍出版社，二〇一二年。

《國圖拓》——《國家圖書館藏青銅器全形拓集成》八卷，國家圖書館編，上海書畫出版社，二〇一九年。

《國史金》——《國史金石志稿》，王獻唐著，青島出版社，二〇〇四年。

《梅花》——《梅花草庵藏器目》，清丁彦臣著，《金文文獻集成》第十八册，綫裝書局，二〇〇五年。

《陶齋》——《陶齋吉金録》八卷，清端方著，光緒三十四年（一九〇八）石印本。

《清愛》——《清愛堂藏鐘鼎彝器識法帖》一卷，清劉喜海著，光緒三年（一八七七）尹彭壽刊本。

《夢郼》——《夢郼草堂吉金圖》三卷，羅振玉編，一九一七年羅振玉印本。

《夢續》——《夢郼草堂吉金圖録續編》一卷，羅振玉編，一九一八年影印本。

十二畫

《集成》——《殷周金文集成》（修訂增補本）九册，中華書局，中國社會科學院考古研究所編，二〇〇七年。

《敬吾》——《敬吾心室彝器款識》二册，清朱善旂編，光緒三十四年（一九〇八）朱之溱石印本。

《善彝》——《善齋彝器圖録》三册，容庚編，哈佛燕京學社，一九三六年。

《善齋》——《善齋吉金録》二十八卷，鮑鼎編，一九三四年原印本。

《尊古》——《尊古齋所見吉金圖》四卷，黄濬撰，一九三六年北平尊古齋印本。

十三畫

《彙編》——《中日歐美澳紐所見所拓所摹金文彙編》十册，（澳）巴納、張光裕編，臺北藝文印書館，一九七八年。

《蔭軒》——《李蔭軒所藏中國青銅器》，李氏自印中英文對照本，一九八八年。

《愙齋》——《愙齋集古録》二十六卷，清吴大澂著，清光緒二十二年（一八九六）刊本。

《愙賸》——《愙齋集古録釋文賸稿》，清吴大澂著，商務印書館，一九一九年。

《筠清》——《筠清館金文》五卷，清吴榮光編，道光二十二年（一八二四）宜都楊氏重刻本。

十四畫

《銅玉》——《殷周青銅器と玉》，（日）水野清一著，日本經濟新聞社，一九五九年。

《綴遺》——《綴遺齋彝器考釋》三十卷，清方濬益編，一九三五年商務印書館石印本。

《綜覽》——《殷周時代青銅器の研究・殷周青銅器綜覽》三冊，（日）林巳奈夫編，吉川弘文館，一九八四年。
《銘文選》——《商周青銅器銘文選》，上海博物館編，文物出版社，一九八六年。

十五畫

《歐精華》——《歐米搜儲支那古銅精華》六冊，（日）梅原末治編，（日）中山商會，一九三三年。

十六畫

《歷博》——《中國歷史博物館》，中國歷史博物館編，文物出版社，一九八四年。
《積古》——《積古齋鐘鼎彝器款識》十卷，清阮元編，嘉慶九年（一八〇四）阮氏自刻本。
《嘯堂》——《嘯堂集古録》，宋王逑著，《四部叢刊續編》涵芬樓影印宋刻本，一九三六年。
《盧氏》——An Exhibition of Ancient Chinese Ritual BronzesC.T. Loo&Company，Detvoit（盧芹齋），New York Printed by the William Bradford Press，一九四〇年。

十七畫

《總集》——《金文總集》，嚴一萍編，臺北藝文印書館，一九八三年。
《賸稿》——《河南吉金圖志賸稿》一冊，孫海波編，一九三九年。

十八畫

《斷代》——《西周銅器斷代》，陳夢家著，中華書局，二〇〇四年。
《簠齋金石》——《簠齋金石文考釋》一卷，清陳介祺撰，一九一四年罗振玉日本京都東山橋舍影本。
《簠齋》——《簠齋吉金録》八冊，鄧實編，風雨樓，一九一八年。
《簠齊藏古册目》——《簠齋藏古册目并題記》一卷，清陳介祺撰，一九二〇年廣倉學宭鉛印本。
《簠齋藏古》——《簠齋藏古目》二冊，清陈介祺撰，一九二五年家印本。
《簠齋金石》——《簠齋金石文考釋》，清陳介祺著，陳繼揆整理，文物出版社，二〇〇五年。

十九畫

《攈古》——《攈古録金文》三卷，清吴式芬撰，光緒二十一年（一八九五）吴氏家刻本。
《羅表》——《三代秦漢金文著録表》八卷，王國維著，羅振玉校補，一九三三年墨緣堂石印本。
《辭典》——《中國文化精華大辭典》（青銅器），馬承源編，上海辭書出版社，一九九八年。

二十一畫

《續殷》——《續殷文存》二卷，王辰編，考古學社，一九三五年。

二十九畫

《鬱華閣》——《鬱華閣金文》，盛昱編，《金文文獻集成》第十五刊，綫裝書局，二〇〇五年。

致謝

本書是山東博物館於二〇二三年十一月二十一日開幕的『古董・今董——山左金石全形拓文化藝術展』的記録和延伸。展覽貫徹『以學術爲支撑、以展覽爲核心』的理念，展示山東百年金石學成就。展覽以其獨特新穎的策展視角和豐富的展品類型，獲得學界及觀衆的積極評價。依託展覽，山東博物館於十二月八日舉辦『晚期銅器與金石學學術研討會』，來自上海博物館、陝西歷史博物館、山西博物院、浙江省博物館、濰坊市博物館、中國科學院自然科學史研究所、北京大學、山東大學、復旦大學等文博單位、科研院所及高校的四十余名專家學者參加了此次學術活動。作爲研討會的重要組成部分，是展獲得了與會專家的高度肯定。

展覽的成功舉辦及本書順利出版是全館，特别是書畫部集體智慧的結晶。于芹主任對展覽思路給予極大指導，鮑艷囡、范菲菲、楊青積極提供書畫輔助展品信息，張媛協助校勘文案，副主任呂健、董倩倩積極協調布展工作，文保部副主任魯元良及時完成展品修復，陳列部副主任張露勝、姜鹿悉力完成陳列設計等相關工作。全體同仁加班加點，艱辛付出，克服重重困難，保證了展覽如期開展。本書攝影工作也是在攝影師阮浩和書畫部付少振、董宣彬、王紅泉、卞長永等的共同努力下得以完成。本書的出版還得到了上海書畫出版社的大力支持，包括總編輯田松青、副社長朱艷萍等社領導，都對圖録的出版予以指導，相關責任編輯認真負責、悉心審校，提出寶貴建議，確保了該書的順利出版，并使本書成功列入『二〇二四年上海市重點圖書出版計劃』。在此一并致謝。

圖書在版編目（CIP）數據

山東博物館藏青銅器全形拓集成 / 山東博物館編.
上海 : 上海書畫出版社, 2025. 1.
-- ISBN 978-7-5479-3528-6

Ⅰ. K876.412

中國國家版本館CIP數據核字第2025GV2547號

山東博物館藏青銅器全形拓集成

山東博物館 編

責任編輯 孫暉 李柯霖 凌雲之君 賴妮
特約審讀 吳旭民
特約顧問 李默甫
審　　讀 雍琦
特約校對 李琦
責任校對 田程雨
技術編輯 包賽明

出版發行 上海世紀出版集團 上海書畫出版社
地　　址 上海市閔行區號景路159弄A座4樓
郵政編碼 201101
網　　址 www.shshuhua.com
E-mail shuhua@shshuhua.com
製　　版 杭州立飛圖文製作有限公司
印　　刷 浙江海虹彩色印務有限公司
經　　銷 各地新華書店
開　　本 965×635 1/8
印　　張 41
版　　次 2025年5月第1版 2025年5月第1次印刷

書　　號 ISBN 978-7-5479-3528-6
定　　價 498.00圓